LA APPLE DE TIM COOK

Leander Kahney

La Apple de Tim Cook

Cómo trabaja el enigmático sucesor de
Steve Jobs que llevó a Apple a lo más alto

 Empresa Activa

Argentina – Chile – Colombia – España
Estados Unidos – México – Perú – Uruguay

Título original: *Tim Cook – The Genius Who Took Apple to the Next Level*
Editor original: Portfolio, an imprint of Penguin Publishing Group, a division of Penguin
Random House LLC
Traducción: Isabel Murillo

El autor ha intentado ser lo más preciso posible en cuanto a direcciones de Internet y otra información de contacto que aparece mencionada en la fecha de publicación de este libro. Ni el editor ni
el autor asumen responsabilidad alguna por los errores o cambios que puedan haberse producido
posteriormente a dicha fecha. El editor no posee, además, ningún tipo de control ni asume responsabilidad alguna sobre las páginas web mencionadas y sus contenidos.

1.ª edición Noviembre 2019

ISBN: 978-84-16997-20-6
E-ISBN: 978-84-17780-51-7
Depósito legal: B-20.452-2019

Fotocomposición: Ediciones Urano, S.A.U.
Impreso por Rotativas de Estella – Polígono Industrial San Miguel Parcelas E7-E8
31132 Villatuerta (Navarra)

Impreso en España – *Printed in Spain*

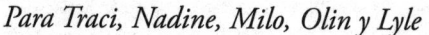

Para Traci, Nadine, Milo, Olin y Lyle

Índice

Introducción

Arrasando con todo

Cada vez que un hombre lucha por un ideal, actúa para mejorar la suerte de los demás o se rebela ante una injusticia, genera una pequeña ola de esperanza, y millones de esas pequeñas olas, cruzándose entre sí y sumando intensidad, forman un tsunami capaz de derribar los muros más poderosos de resistencia y opresión.

ROBERT F. KENNEDY

Cuando Tim Cook asumió el puesto de CEO (Chief Executive Officer / director general) de Apple en 2011, el listón estaba muy alto. Una de las compañías más grandes e innovadoras del mundo acababa de perder a su visionario fundador. Steve Jobs y la compañía que había cofundado eran mucho más que iconos y, con su desaparición, los especialistas vaticinaron el desastre. Con la competencia cada vez más feroz de Android y la incertidumbre que se cernía sobre futuros productos, Cook tenía todas las de perder cuando asumió el puesto de capitán de la nave.

Pero los críticos se equivocaron. Ocho años más tarde, y bajo el liderazgo de Cook, Apple está arrasando. Desde la muerte de Jobs,

Apple ha alcanzado sus éxitos más rotundos, convirtiéndose en la primera compañía de más de un billón de dólares, la más valiosa del mundo. Su acción se ha triplicado prácticamente[1]. Sus reservas de caja se han cuadriplicado con creces desde 2010, hasta alcanzar la cifra record de 267.200 millones de dólares, a pesar de dedicar casi 220.000 millones de dólares[2] en recompras de acciones y repartos de dividendos. Para poner la situación en contexto, el gobierno de los Estados Unidos[3] dispone de una reserva de caja de solo 271.000 millones de dólares.

Para hacerse una idea de lo enorme que se ha hecho Apple con Tim Cook como CEO, basta con tener presente que en el primer trimestre de 2018[4], momento en el cual estoy redactando estas líneas, la compañía presentó unas cifras de 88.300 millones de dólares de facturación y 20.000 millones de dólares de beneficios. En comparación, Facebook[5], con más de 2.200 millones de usuarios activos, obtuvo tan solo 40.600 de millones de dólares en todo 2017. Por no hablar[6] de que, en solo esos tres meses, Apple ganó casi tanto como lo cosechado por su rival, Microsoft —la que en su día fue la mayor compañía tecnológica—, en todo el año 2017, 90.000 millones de dólares.

---

1. Anita Balakrishnan y Sara Salinas, «Apple's Cash Hoard Falls to $267.2 Billion», CNBC, 2 de mayo de 2018, consultado el 10 de septiembre de 2018, www.cnbc.com/2018/05/01/apple-q2-2018-earnings-heres-how-much-money-apple-has.html.

2. Stephen Grocer, «Apple's Stock Buybacks Continue to Break Records», *New York Times*, 1 de agosto de 2018, consultado el 10 de septiembre de 2018, www.nytimes.com/2018/08/01/business/dealbook/apple-stock-buybacks.html.

3. *Financial Report of the United States Government, FY 2017*, Washington, DC., Federal Accounting Standards Advisory Board, 2017, 10, www.fiscal.treasury.gov/fsreports/rpt/finrep/fr/17frusg/02142018_FR(Final).pdf.

4. Apple Inc., «Apple Reports First Quarter Results», nota de prensa, 1 de febrero de 2018, www.apple.com/ca/newsroom/2018/02/apple-reports-fourth-quarter-results.

5. «Facebook Reports Fourth Quarter and Full Year 2017 Results», Facebook, 31 de enero de 2018, consultado el 10 de septiembre de 2018, https://investor.fb.com/investor-news/press-release-details/2018/Facebook-Reports-Fourth-Quarter-and-Full-Year-2017-Results/default.aspx.

6. «Microsoft Annual Report 2017», Microsoft Store, consultado el 10 de septiembre de 2018, www.microsoft.com/investor/reports/ar17/index.html.

Apple, dirigida por Cook, está aplastando a la competencia desde todos los puntos de vista:

- El iPhone es el producto de mayor éxito de todos los tiempos. Es un coloso. Apple ha vendido[7] más de 1.200 millones de iPhone en los diez años transcurridos desde su llegada al mercado (cuatro de ellos bajo el liderazgo de Jobs y el resto con Cook). Las ventas acumuladas se aproximan al billón de dólares solo en facturación. Por mucho que Android[8] pueda vender más unidades, Apple es con diferencia el líder en facturación y acumula el 80% de los beneficios del sector de la telefonía móvil. Mientras que Apple vende[9] dispositivos prémium que le aportan entre un 30 y un 40% de margen de beneficios, el resto del sector de la telefonía móvil lucha por hacerse un hueco en el mercado de gama baja, donde los márgenes son ínfimos. Y con el iPhone X y sus descendientes, la cuota de mercado de Apple[10] continúa creciendo. El resto del sector tiene que limitarse a luchar por unos beneficios que son cada vez más reducidos.

- Apple sigue también cosechando éxitos en el terreno de los ordenadores personales. A pesar de que los ordenadores[11] juegan el

7. «Apple iPhone Sales 2018», Statista, consultado el 10 de septiembre de 2018, www.statista.com/statistics/263401/global-apple-iphone-sales-since-3rd-quarter-2007/.

8. Chuck Jones, «Apple Continues to Dominate the Smartphone Profit Pool», *Forbes*, 3 de marzo de 2018, consultado el 10 de septiembre de 2018, https://www.forbes.com/sites/chuckjones/2018/03/02/apple-continues-to-dominate-the-smartphone-profit-pool/#492b439361bb.

9. «Apple Inc Gross Profit Margin (Quarterly)», YCharts, consultado el 10 de septiembre de 2018, https://ycharts.com/companies/AAPL/gross_profit_margin.

10. «iPhoneWill Grab More Market Share as Samsung Falls in 2018», Cult of Mac, 13 de febrero de 2018, consultado el 10 de septiembre de 2018, www.cultofmac.com/528725/iphone-will-grab-market-share-samsung-falls-2018.

11. «Apple's Market Share Increases After Mac Shipments Rise in 2017», Cult of Mac, 12 de enero de 2018, consultado el 10 de septiembre de 2018, www.cultofmac.com/523037/apples-market-share-increases-mac-shipments-rise-2017/.

papel de segundón con respecto al iPhone, Apple ha incrementado recientemente su cuota de mercado en el sector de los PC por primera vez en décadas, y es la única compañía que crece en este sentido. En términos generales, las ventas de ordenadores personales han caído un 26% desde su máximo, alcanzado en 2011. Gracias a las tabletas y los teléfonos inteligentes, es poco probable que el mercado de los ordenadores personales vuelva a recuperarse algún día. Pero desde que Cook[12] asumió la dirección de Apple, la compañía ha ido aumentando de forma constante su cuota de mercado, desde el 5% que tenía en 2011 hasta el 7% actual. Tal vez parezca un incremento modesto, pero, igual que sucede con el iPhone, Apple solo compite en la parte alta del mercado.

- Apple ha irrumpido con fuerza con la creación de un sector completamente nuevo: el de los accesorios tecnológicos. Lanzado en abril de 2015, el Apple Watch[13] es el primer producto importante de la era Tim Cook concebido sin ninguna influencia de Steve Jobs. Se trata de un éxito inesperado: se estima que hay más de cuarenta millones de usuarios del Apple Watch, y sus ventas se incrementan un 50% trimestre tras trimestre[14]. El negocio del Apple Watch[15] supera ya al de Rolex.

12. Mark Rogowsky, «Race to $1 Trillion: Timm Cook, Apple Redefining "Winner Take All"», *Forbes*, 3 de agosto de 2017, consultado el 10 de septiembre de 2018, www.forbes.com/sites/markrogowsky/2017/08/03/apple-is-redifining-winner-take-all-as-the-cook-era-hits-new-peak/#26981cc44391.

13. Horace Dediu, entrada de Twitter, 2 de mayo de 2018, 4.46 horas, https://twitter.com/asymco/status/991645023119790080.

14. Todd Haselton y Anita Balakrishnan, «Apple Watch Sales Up 50 Percent for Third Consecutive Quarter», CNBC, 2 de noviembre de 2017, consultado el 10 de septiembre de 2010, www.cnbc.com/2017/11/02/apple-watch-sales-up-50-percent-fot-the-third-quarter-in-a-row.html.

15. «Apple Watch Made $1.5 Billion More Than Rolex Last Year», Cult of Mac, 26 de abril de 2016, consultado el 10 de septiembre de 2010, www.cultofmac.com/425038/apple-watch-made-1-5-billion-more-than-rolex-last-year/.

Los AirPods de Apple[16] son otro éxito; se espera que en 2018 la compañía venda más de cincuenta millones de auriculares Air-Pods y Beats. Con el nuevo HomePod[17], el negocio de altavoces inteligentes de Apple podría superar los 10.000 millones de dólares anuales.

• El negocio de los servicios de Apple crece también de manera astronómica. Con unos ingresos de 9.100 millones de dólares[18] en el segundo trimestre de 2018, es el segundo segmento de Apple en cuanto a facturación y es casi tan grande como la compañía de televisión por satélite Dish Networks. De tratarse de una compañía independiente, los servicios de Apple estarían incluidos dentro de las compañías Fortune 500[19]. Algunos expertos prevén[20] que el negocio de los servicios de Apple, sustentado sobre la venta de música, aplicaciones para móvil y suscripciones digitales, alcanzará los 50.000 millones de dólares en 2020, cifra que lo convertiría en más grande que la suma de Mac e iPad, y mayor incluso que Disney o Microsoft.

Y tal vez lo mejor esté aún por llegar. Se rumorea que Apple está construyendo un coche sin conductor que, de tener éxito, amenaza-

16. Joe Rossignol, «KGI: AirPods Shipments Will Double Next Yeat Given Strong Demand», MacRumors, consultado el 10 de septiembre de 2018, www.macrumors.com/2017/12/04/kuo-airpods-shipments-double-in-2018.

17. Felix Richter, «Infographic: Apple's "Other Products" on the Rise», Statista, 26 de junio de 2018, consultado el 10 de septiembre de 2010, www.statista.com/chart/14433/apples-other-products-revenue/.

18. Apple Inc., *Q2 2018 Unaudited Summary Data*, www.apple.com/newsroom/pdfs/Q2_FY18_Data_Summary.pdf.

19. Mike Murphy, «Apple's iPhone Business Has More Revenue Than Amazon», Quarz, 2 de noviembre de 2017, consultado el 10 de septiembre de 2018, https://qz.com/1119147/apple-is-two-fortune-100-businesses-and-three-fortune-250-businesses-in-one-aapl.

20. Chloe Aiello, «Apple Services Revenue Could Soar to About $50 Billion Faster Than Even CEO Tim Cook Lets On: Tech Investor Calacanis», CNBC, 1 de agosto de 2018, consultado el 10 de septiembre de 2018, www.cnbc.com/2018/08/01/apple-services-will-be-a-money-printing-machine-jason-calacanis.html.

ría con convulsionar la industria automovilística a nivel global, un sector que mueve alrededor de dos billones de dólares anuales, del mismo modo que Apple cambió de arriba abajo la industria de la telefonía móvil. General Motors y Ford podrían acabar como Nokia y Motorola.

Bajo el liderazgo de Tim Cook, y desafiando todas las expectativas, Apple disfruta de unos niveles de éxito sin precedentes y tiene por delante un futuro brillante. A pesar del temor de que se produjera un éxodo de talento después del fallecimiento de Jobs y de que la compañía quedara reducida a cenizas con la marcha a la competencia de los elementos clave, Cook ha conseguido mantener cohesionado el equipo directivo que heredó de Jobs, complementándolo con nuevos fichajes, profesionales inteligentes y de perfil elevado. Cook no solo ha capitaneado Apple durante el periodo de incertidumbre que siguió al fallecimiento de Jobs, sino que además ha liderado una revolución cultural en el seno de la compañía. Bajo el mando de Cook, Apple no es tan feroz y despiadada como podía ser antes, y ha conseguido conservar sus productos principales e incrementar beneficios. Mientras que Jobs solía contraponer equipos, e incluso ejecutivos, Cook ha favorecido una estrategia más armoniosa, se ha desprendido de los ejecutivos que generaban conflictos y dramatismo y ha fomentado la colaboración entre equipos que antiguamente trabajan de forma excesivamente autónoma.

Cook cree firmemente que una buena estrategia de compañía debe ir siempre emparejada con unos buenos valores. A finales de 2017[21], sus seis valores fundamentales para dirigir Apple fueron publicados en un desconocido informe financiero y posteriormente pasaron a ocupar sus propias subsecciones en la página web de Apple. A pesar de no haber sido identificados por Cook ni por la compañía de manera formal, y a tenor del estilo de liderazgo que ha exhibido Cook a lo largo de los últi-

---

21. Apple Inc., «SEC Filings», Annual Report, consultado el 10 de septiembre de 2018, http://investor. apple.com/secfiling.cfm?filingid=1193125-17-380130&cik=320193.

mos ocho años, podría decirse que estos seis valores aclaran su forma de entender el liderazgo y sientan las bases de toda su labor en Apple:

- Accesibilidad: Apple considera que la accesibilidad[22] es un derecho humano fundamental y que la tecnología debería ser accesible a todo el mundo.

- Educación: Apple considera que la educación[23] es un derecho humano fundamental y que una educación de calidad debería estar disponible para todo el mundo.

- Medio ambiente: Apple impulsa la responsabilidad medioambiental[24] en el diseño y la fabricación de sus productos.

- Inclusión y diversidad: Apple considera que los equipos diversos[25] son lo que hace posible la innovación.

- Privacidad y seguridad: Apple considera que la privacidad[26] es un derecho humano fundamental. Todos los productos de Apple están diseñados desde cero para proteger la privacidad y la seguridad del usuario.

- Responsabilidad del proveedor: Apple educa y[27] empodera a los distintos integrantes de la cadena de suministro y ayuda

---

22. «Accessibility», Apple, consultado el 10 de septiembre de 2018, www.apple.com/accessibility/.

23. «Education», Apple, consultado el 10 de septiembre de 2018, www.apple.com/education/.

24. «Environment», Apple, consultado el 10 de septiembre de 2018, www.apple.com/environment/.

25. «Inclusion & Diversity», Apple, consultado el 10 de septiembre de 2018, www.apple.com/diversity/.

26. «Privacy», Apple, consultado el 10 de septiembre de 2018, www.apple.com/privacy/.

27. «Supplier Responsibility», Apple, consultado el 10 de septiembre de 2018, www.apple.com/supplier-responsibility.

en la conservación de los recursos medioambientales más preciados.

Cuando escribí este libro comprendí que estos valores fundamentales son los cimientos del liderazgo de Cook en Apple. El lector descubrirá cómo los sacó a la superficie primero y los incorporó luego a la compañía, desde el primer día en que llegó a Apple hasta la actualidad. Exploraremos cómo desarrolló estos valores a lo largo de su vida y cómo llegaron a formar la base del corazón y el alma de la cultura de Apple, investigando las circunstancias en las que Cook heredó el puesto de mando y lo mucho que había en juego. Realizaremos luego un viaje de vuelta a su infancia, repasaremos los inicios de su carrera y llegaremos a su vida en Apple.

En el momento en que la compañía está instalándose en sus nuevos cuarteles generales, un edificio futurista que recuerda una nave espacial y que se cuenta entre los más grandes de Silicon Valley, Apple se prepara también para su tercer gran asalto, en el que pretende introducir la informática en sectores no conquistados hasta la fecha: medicina, salud, automoción y domótica, entre otros. El liderazgo de Cook en Apple ya forma parte de las leyendas del mundo de los negocios y va siendo hora de que sus contribuciones a Apple, y al mundo en general, sean celebradas como se merecen. Al fin y al cabo, Cook ha llevado a Apple a convertirse en la primera compañía de un billón de dólares de la historia. Lo que sigue a continuación es la historia de Tim Cook, el genio silencioso que está liderando a Apple hacia éxitos emocionantes.

Tim Cook

1

La muerte de Steve Jobs

El sábado 11 de agosto de 2011, Tim Cook recibió una llamada que cambiaría su vida. Cuando cogió el teléfono, Steve Jobs, desde el otro lado de la línea, le pidió que fuera a verlo a su casa de Palo Alto. En aquel momento, Jobs estaba convaleciente de un tratamiento para el cáncer de páncreas y del trasplante de hígado que acababan de efectuarle. Había sido diagnosticado de cáncer en 2003 y, después de haberse resistido inicialmente a cualquier tipo de tratamiento, se había sometido a diversos procesos invasivos para combatir la enfermedad que asolaba su cuerpo. Cook, sorprendido por[28] la llamada, le preguntó cuándo le iría bien que fuera a visitarlo, y cuando Jobs le respondió con un «Ahora mismo», Cook entendió que se trataba de un asunto importante. En consecuencia, se presentó rápidamente en casa de Jobs.

Cuando llegó, Jobs le dijo que quería que fuera el próximo CEO de Apple. El plan era que Jobs abandonara el puesto para jubilarse y pasar únicamente a presidir el consejo de administración de la compañía. A

---

28. Brent Schlender y Rick Tetzeli, El *libro de Steve Jobs: luces y sombras de un genio,* Malpaso, Barcelona, 2015, p. 404. [En lo sucesivo (en lo que respecta a las obras traducidas), los números de páginas citados se refieren a la paginación del original].

pesar de que Jobs estaba muy enfermo, ambos creían —o querían creer— que seguiría con vida una buena temporada. Aun habiendo sido diagnosticado de cáncer años atrás, había convivido mucho tiempo con la enfermedad y se había negado tanto a disminuir el ritmo de trabajo como a apartarse de Apple. De hecho, hacía tan solo unos meses, en la primavera de 2011, le había dicho a su biógrafo, Walter Isaacson: «Habrá más[29]; daré el próximo gran salto; venceré el cáncer». Siempre determinado, Jobs se negaba a dar su brazo a torcer y a reconocer que la enfermedad era grave. Y en aquel momento, creía sinceramente que la superaría.

Para ninguno de los dos, el nombramiento de Jobs como presidente era un título honorario ni un puesto para tener satisfechos a los accionistas, sino un puesto de trabajo de verdad y real que le permitiría supervisar y guiar el rumbo del futuro de Apple. Tal y como escribió David Pogue, periodista especializado en tecnología del *New York Times* y *Yahoo*: «Apostemos[30] lo que sea a que, como presidente, el señor Jobs continuará siendo el padrino. Seguirá moviendo muchos hilos, alimentando con su visión a un equipo cuidadosamente construido y ejerciendo su peso sobre la brújula que marca el rumbo de la compañía». Jobs ya había dejado Apple en una ocasión y, ahora que la había convertido en una de las compañías más innovadoras del mundo, no iba a volver a hacerlo.

Cuando aquel trascendental día de agosto Jobs y Cook estuvieron discutiendo la sucesión del CEO, Cook sacó a relucir el papel como «padrino» de Jobs. La pareja estuvo charlando sobre cómo trabajarían en colaboración en sus nuevos puestos, sin tener conciencia de lo próxima

29. «Biographer Isaacson Describes the Man Who Co-founded Apple…», Commonwealth Club, 14 de diciembre de 2011, consultado el 10 de septiembre de 2018, www.commonwealthclub.org/events/archive/transcript/walter-isaacson-talks-steve-jobs.

30. David Pogue, «Steve Jobs Reshaped Industries», *New York Times*, 25 de agosto de 2011, consultado el 10 de septiembre de 2018, https://pogue.blogs.nytimes.com/2011/08/25/steve-jobs-reshaped-industries/.

que estaba en realidad la muerte de Steve. «Pensé [...] que iba a vivir mucho más tiempo —dice Cook, reflexionando sobre aquella conversación—. Entramos a discutir qué significaría para mí ser CEO con él como presidente», recuerda. Cuando Jobs le dijo: «Tú tomarás todas las decisiones», Cook sospechó que algo iba mal. Jobs jamás habría cedido las riendas voluntariamente. De modo que Cook «intentó buscar alguna cosa que lo incitara», formulándole preguntas como «¿Te refieres a que, si reviso un anuncio y me gusta, lo pondremos en marcha sin tu visto bueno?» Jobs se echó a reír y replicó: «Bueno, ¡espero que al menos me preguntes qué me parece!» Cook le preguntó dos o tres veces: «¿Estás seguro de que quieres que haga esto?» Cook estaba preparado[31] para que Jobs volviera a asumir el mando en un momento dado, porque «en aquel momento me daba la impresión de que su salud estaba mejorando».

La respuesta de Jobs a la pregunta sobre el anuncio fue reveladora. Su propensión a entrometerse en todo era legendaria, y era una de las principales razones por las que Cook daba por sentado que seguiría supervisando Apple por mucho que él fuera oficialmente el responsable de la gestión del día a día, algo que llevaba años haciendo Cook en su papel como director de operaciones, con Jobs como CEO. Y, a pesar de que Jobs se apartó de todas las responsabilidades formales, siguió integrado en la compañía. Cook lo mantuvo involucrado, «yendo [a su casa][32] varias veces por semana, y a menudo incluso los fines de semana. Siempre que lo veía, me parecía que estaba mejor. Y él se sentía también mejor». Tanto Jobs como el equipo de prensa de Apple siguieron negando su grave estado de salud; nadie quería reconocer que estaba a punto de morir. Pero, «por desgracia[33], no fue así», recuerda Cook, y la muerte de Jobs sorprendió al mundo entero solo unos meses después.

---

31. Schlender y Tetzeli, *El libro de Steve Jobs*, p. 404.

32. Schlender y Tetzeli, *El libro de Steve Jobs*, pp. 404–405.

33. Schlender y Tetzeli, *El libro de Steve Jobs*, p. 405.

Cook el Tapado

Cuando llegó la hora de elegir el sucesor de Jobs, corrieron rumores de que el consejo de administración de Apple había decidido elegir a alguien externo a la compañía, pero nunca fue así. El consejo era el consejo de administración de Jobs, por mucho que no estuviera exento de polémica, y sus miembros siempre aceptarían a quien Jobs decidiera elegir para el puesto. Jobs quería una persona de dentro que «tuviera» la cultura de Apple y consideraba que nadie daba mejor la talla que Cook, el hombre en quien había confiado en dos ocasiones para dirigir Apple en su ausencia.

Cook, que había estado dirigiendo Apple entre bambalinas durante muchos años, era el sucesor natural de Jobs, pero para muchos espectadores su ascenso al puesto de CEO fue una sorpresa. Nadie de fuera de Apple, o incluso de dentro de la compañía, lo habría calificado de visionario, el tipo de líder que Jobs había personificado y que todo el mundo daba por sentado que necesitaba Apple. Estaba ampliamente aceptado que, después de Jobs, la persona más visionaria de Apple no era Cook, sino Jony Ive, el jefe de diseño.

Al fin y al cabo, nadie poseía el poder operativo y la experiencia de Ive, que había trabajado codo con codo con Jobs desde los tiempos de la primera generación del iMac. Juntos, habían pasado más de una década remodelando Apple para convertirla en una organización guiada por el diseño. Ive era de por sí una figura de culto y había sido la cara de muchos productos Apple en los vídeos promocionales. Sus diseños del iMac, el iPod, el iPhone y el iPad le habían hecho merecedor de importantes galardones y, como consecuencia de ello, era muy conocido entre el público. Cook, por otro lado, era una figura en la sombra. Jamás había aparecido en ningún vídeo promocional y solo había presentado los lanzamientos de productos en unas pocas ocasiones, estando Jobs enfermo. No había dado prácticamente ninguna entrevista sobre su carrera, y solo

había protagonizado unos pocos artículos de prensa (sin haber partici-
pado activamente en ninguno de ellos). Era un perfecto desconocido.

Pero, a pesar de que algunos consideraban que Ive estaba mejor po-
sicionado para suceder a Jobs, puesto que había sido un personaje clave
en la visión y los productos de Apple, no le interesaba dirigir el negocio.
Quería seguir diseñando, y en Apple tenía el puesto que encarnaba todos los sueños de cualquier diseñador: recursos ilimitados y libertad
creativa. No estaba dispuesto a sacrificar algo tan excepcional y liberador
por los dolores de la cabeza que inevitablemente acarrea la dirección de
toda una compañía.

Los especialistas de los medios de comunicación hablaban también
de otro posible candidato[34], Scott Forstall, un ambicioso ejecutivo que
en aquel momento ocupaba el puesto de vicepresidente del departamento responsable del software iOS. Forstall había ascendido por la escalera
del liderazgo de Apple con proyectos de alto nivel como el Mac OS X,
el software de Macintosh. Pero su estrella había brillado con luz propia
con el tremendo éxito del software del iPhone, cuyo desarrollo había
supervisado. Forstall tenía reputación de ejecutivo enérgico y exigente
que pretendía ser una réplica de Jobs, hasta el extremo de conducir incluso el mismo modelo de Mercedes-Benz SL55 AMG plateado. En una
ocasión, Bloomberg se refirió a Forstall como un «mini-Steve»[35], de
modo que para muchos era la apuesta lógica para ocupar el cargo de
CEO. Apple, envuelta siempre en secretismo, seguía sin hacer comentarios sobre posibles sucesores.

Para la mayoría, fue desconcertante que Apple sustituyera un líder
visionario con alguien que tenía un carácter tan distinto al de Jobs, que

---

34. Philip Elmer-Dewitt, «Scott Forstall Is Apple's "CEO-in-Waiting" Says New Book», *Fortune*,
17 de enero de 2012, consultado el 10 de septiembre de 2018, http://fortune.com/2012/01/17/scott-
forstall-is-apples-ceo-in-waiting-says-new-book/.

35. Adam Satariano, Peter Burrows y Brad Stone, «Scott Forstall, the Sorcerer's Apprentice at Apple»,
Bloomberg Businessweek, 13 de octubre de 2011, consultado el 10 de septiembre de 2018, www.
bloomberg.com/news/articles/2011-10-12/scott-forstall-the-sorcerers-apprentice-at-apple.

era casi su polo opuesto. Hoy en día es fácil ver el ascenso de Cook a la cúspide de la compañía tecnológica más grande del mundo como el inicio de una nueva era para Apple, pero en 2011 parecía más un final que un nuevo capítulo.

«Nadie nombraría[36] a Tim Cook CEO —había declarado a *Fortune* Adam Lashinsky, un inversor de Silicon Valley, tan solo unos años antes, en 2008—. Es de risa. No necesitan un tipo que se limite [a hacer cosas]. Necesitan un tipo brillante, de producto, y Tim no es ese tipo. Es un hombre de operaciones, en una compañía donde las operaciones se subcontratan.» Era un análisis duro, pero que tenía algo de verdad; para la mayoría, Cook era una página en blanco, que destacaba más por lo que no era que por lo que era.

Pero al final, aquella elección inesperada resultó ser lo mejor para la compañía. Cook poseía la experiencia esencial de dirigir Apple y lo había hecho, además, de manera efectiva. Había asumido el puesto cuando Jobs cogió dos bajas por enfermedad, en 2009 y 2011, después de que en 2003 le fuera diagnosticado un cáncer de páncreas. En ausencia de Jobs, Cook dirigió Apple como director ejecutivo y supervisó la operativa diaria de la compañía. Era muy distinto a Steve Jobs, pero había comandado con éxito Apple en dos ocasiones, razón por la cual el consejo de administración consideró que sabría mantener la estabilidad de la que Apple venía disfrutando desde hacía tiempo.

Habían depositado su fe en Cook previamente. En 2010, como director de operaciones, había recibido la considerable cantidad de 58 millones de dólares en concepto de salario, bonos y acciones. Con motivo de su transición al puesto de CEO, el consejo votó galardonarlo con un millón de opciones restringidas de compra de acciones. Para asegurarse de que permanecería un tiempo en el puesto, se programó que la mitad

---

36. Adam Lashinsky, «Apple's Tim Cook: The Genius Behind Steve Jobs», *Fortune*, 24 de noviembre de 2008, consultado el 10 de septiembre de 2018, http://fortune.com/2008/11/24/apple-the-genius-behind-steve/.

de esas opciones se otorgaran en agosto de 2016, cinco años más tarde, y la otra mitad[37] pasados diez años, en agosto de 2021. El consejo de administración de Apple estaba seguro de que Tim Cook era el CEO que la compañía necesitaba.

Dimisiones: Cook es el nuevo CEO

Menos de dos semanas después de pedirle a Cook que asumiera el puesto de CEO, Jobs dimitió y anunció públicamente el nombre de su sucesor. Muchos observadores dieron por hecho que Jobs no se marchaba de verdad, que aquel cambio no tendría un impacto significativo y que Jobs seguiría formando parte importante de la compañía. Siempre que había cogido bajas por enfermedad, había vuelto a su puesto. Y además, después de dejar el cargo, fue nombrado de inmediato presidente de la compañía, lo que implicaba que seguiría supervisando el futuro de Apple.

El consejo de administración, sin embargo, estaba preocupado por la opinión pública: sus integrantes querían que el mundo viera lo que ellos habían visto en Cook. Tal vez no fuera una figura tan estimada como Steve Jobs, pero era importante que el público aprendiera a quererlo por unos puntos fuertes que lo diferenciaban de los demás, y que tuviera fe en que, aunque a partir de ahora todo fuera distinto, Cook dirigiría la compañía tan bien como Jobs lo había hecho hasta entonces. Una nota de prensa anunció la dimisión de Jobs y la promoción de Cook al puesto de CEO. «El consejo de administración tiene plena confianza[38] en que Tim es la persona adecuada para ser nuestro próximo CEO —dijo Art Levinson, presidente de Genentech, en nombre del

---

37. SEC Form 4, Statement of Changes in Beneficial Ownership, consultado el 10 de septiembre de 2018, www.sec.gov/Archivedgar/data/320193/000118143111047180/xslF345X03/rrd320669.xml.

38. «Steve Jobs Resigns as CEO of Apple», Apple, 24 de agosto de 2011, consultado el 10 de septiembre de 2018, www.apple.com/newsroom/2011/08/24Steve-Jobs-Resigns-as-CEO-of-Apple.

consejo de administración de Apple—. Los trece años de servicio de Tim en Apple han estado marcados por un rendimiento excepcional, y ha demostrado un gran talento y buen juicio en todo lo que hace.»

El mismo día[39] del anuncio de la dimisión de Jobs, el 25 de agosto de 2011, tanto el *Wall Street Journal* como Walt Mossberg, de AllThingsD,[40] citaron fuentes «conocedoras de la situación» que afirmaban que Jobs continuaría tan activo como siempre dictando la estrategia de productos de Apple. Jobs no se iba; Cook dirigiría Apple a nivel operacional, pero Jobs seguiría implicado en «el desarrollo de los principales productos futuros y la estrategia». La gente buscaba pistas[41] que pudieran demostrar que Jobs seguía bien; Jobs no había anunciado que fuera a abandonar el consejo de administración de Disney ni que fuera a alejarse completamente de Apple. La mayoría se negaba a creer que su salud hubiera sufrido un «empeoramiento repentino»[42]. El precio de la acción de Apple cayó solo un poco, menos de un 6%. Ni siquiera el mercado creía que fuera a quedarse realmente fuera de escena.

Cook aceptó el papel de CEO reconociendo que iba a trabajar dentro del sistema que Jobs había establecido. Lo cual no se parecía en nada al regreso de Jobs en 1997. A diferencia de Jobs, Cook no tenía intención de demoler lo que no funcionaba para luego reconstruir; había sido un capitán firme en su papel como director de operaciones, y pensaba mantener el barco en el rumbo que ya estaba siguiendo. Por lo tanto, a

---

39. Yukari Iwatani Kane, «Jobs Quits as Apple CEO», *Wall Street Journal*, 25 de agosto de 2011, consultado el 10 de septiembre de 2018, https://www.wsj.com/articles/SB10001424053111904875404576528981250892702.

40. Walt Mossberg, «Essay: Jobs's Departure as CEO of Apple Is the End of an Extraordinary Era», AllThingsD, 24 de agosto de 2011, consultado el 10 de septiembre de 2018, http://allthingsd.com/20110824/jobs-leave-a-legacy-of-changed-industries.

41. Jordan Golson, «Steve Jobs to Remain on Disney Board», MacRumors, 24 de agosto de 2011, consultado el 10 de septiembre de 2018, www.macrumors.com/2011/08/24/steve-jobs-to-remain-on-disney-board.

42. Adam Satariano, «Apple's Jobs Resigns as CEO, Will Be Succeeded by Tim Cook», Bloomberg, 25 de agosto de 2011, consultado el 10 de septiembre de 2018, www.bloomberg.com/news/articles/2011-08-24/apple-ceo-steve-jobs-resigns.

nadie sorprendió que no anunciara de inmediato grandes cambios que pudieran preocupar a los inversores y los admiradores de la marca. Quería, antes que nada, ganarse su confianza. Además, según un rumor muy difundido en aquella época, Jobs había dejado[43] un plan detallado para una auténtica batería de proyectos (nuevos iPhone, iPad y Apple TV) que se extendía durante un mínimo de cuatro años. La influencia de Jobs no iba a desaparecer enseguida. Cualquier cambio que Cook implementara sería silencioso y entre bambalinas, igual que habían sido sus anteriores contribuciones a Apple. En la transición entre el puesto de director de operaciones y el de CEO, Cook se implicó en los asuntos administrativos del día a día, algo para lo que Jobs nunca tuvo la paciencia necesaria. Adoptó una estrategia más activa en relación con los ascensos y las estructuras de reporte corporativo. Incrementó también el foco de Apple en la educación y puso en marcha un nuevo programa de donaciones complementarias a las aportaciones que hacían los empleados a entidades benéficas. (Jobs, en cambio, después de asumir el puesto de CEO, había cancelado muchas iniciativas benéficas de Apple.)

Cook quería crear una sensación de camaradería dentro de la compañía, algo que no existía cuando Jobs estaba al timón, y por ello se propuso enviar a todos los empleados de Apple más mensajes de correo electrónico, en los que se dirigía a ellos como «Equipo». Uno de sus primeros mensajes como CEO, enviado en agosto de 2011, utilizaba un tono tranquilizador:

Espero con ganas[44] disfrutar de la maravillosa oportunidad de servir como CEO a la compañía más innovadora del mundo. […] Steve ha

---

43. David Gardner y Ted Thornhill, «Steve Jobs Dead: Apple Boss Left Plans for 4 Years of New Products», *Daily Mail*, 8 de octubre de 2011, consultado el 10 de septiembre de 2018, www.dailymail.co.uk/news/article-2046397/Steve-Jobs-dead-Apple-boss-left-plans-4-years-new-products.html.

44. Jacqui Cheng, «Exclusive: Tim Cook E-mails Apple Employees: "Apple Is Not Going to Change"», Ars Technica, 25 de agosto de 2011, consultado el 10 de septiembre de 2018, https://arstechnica.com/gadgets/2011/08/tim-cook-e-mail-to-apple-employees-apple-is-not-going-to-change.

sido un líder y un mentor increíble […] [y] deseamos que pueda seguir siendo nuestra guía e inspiración desde su puesto como presidente. Quiero que confiéis en que Apple no va a cambiar. […] Steve ha construido una cultura y una compañía que no se parecen a nada en el mundo y vamos a mantenernos fieles a ello. […] Confío en que nuestros mejores años estén aún por llegar y en que juntos sigamos haciendo de Apple ese lugar mágico que es en la actualidad.

La aplicación de una estrategia más activa en la interacción con el personal marcaba una diferencia con respecto al estilo de Jobs. El primer mensaje de Cook puso en marcha una tendencia en el seno de la compañía que colaboró en el desarrollo de una nueva cultura bajo su liderazgo. Sus mensajes de correo electrónico y otras comunicaciones internas, como las reuniones en el auditorio conocido como Apple Town Hall, ayudaron al nuevo CEO a difundir sus valores dentro de la compañía. Cook realizó además el esfuerzo consciente de adoptar algunas de las cosas que Jobs había hecho con el fin de crear una sensación de continuidad entre ambos líderes. Una de las cosas que Jobs había empleado para hacerse más cercano había sido tener una dirección de correo electrónico accesible a todo el mundo: steve@apple.com. o sjobs@apple.com Cook continuó con la tradición[45], respondiendo personalmente a algunos de los centenares de mensajes que recibió después de su nombramiento como CEO.

Un remitente, un hombre llamado Justin R., escribió a Cook diciéndole: «Tim, solo quería[46] desearte muy buena suerte y hacerte saber que somos muchos los que estamos ansiosos por conocer hacia dónde dirigi-

---

45. «Like Steve Jobs, Apple CEO Tim Cook Also Responds to His Email», Cult of Mac, 28 de julio de 2015, consultado el 10 de septiembre de 2018, www.cultofmac.com/111374/like-steve-jobs-apple-ceo-tim-cook-also-responds-to-his-email.

46. Eric Slivka, «A Look at Apple's Handling of Customer Emails to Executives as Tim Cook Takes Charge», MacRumors, 30 de agosto de 2011, consultado el 10 de septiembre de 2018, www.macrumors.com/2011/08/30/a-look-at-apples-handling-of-customer-emails-to-executives.

rá sus pasos Apple. Ah, y una cosa más: *WAR DAMN EAGLE!*» (en clara referencia al grito de guerra de la Universidad de Auburn, el alma máter de Cook). Y, claro está, Cook respondió: «Gracias, Justin. *¡War Eagle* para siempre!*» No era tan solo el típico gestor soso y aburrido. Aquellos mensajes proporcionaron al público una pista de su personalidad y sirvieron para demostrar que era un líder que se consagraría no solo a la compañía, sino también a sus clientes.

Cook iniciaba así una transición suave hacia el puesto de CEO permanente, mientras el líder visionario que había definido Apple como concepto asumía su nuevo puesto como presidente. Pero, por desgracia, Jobs no permanecería mucho tiempo en la presidencia.

La muerte de Steve Jobs

La muerte de Steve Jobs, el 5 de octubre de 2011, dejó conmocionado al mundo. Cuando hacía tan solo un mes que Cook había asumido el puesto de CEO, Jobs falleció con cincuenta y seis años de edad, ocho años después de recibir el diagnóstico inicial de cáncer de páncreas. Había desafiado[47] todas las probabilidades y sobrevivido casi una década con una enfermedad que tiene una tasa de supervivencia a un año de un 20% y de solo un 7% a cinco años. Durante mucho tiempo, la gente había creído que Jobs y Apple eran indestructibles. Apple era la compañía que siempre daba resultados imposibles, bien fuera un dramático vuelco positivo después de estar casi en la bancarrota para alcanzar un éxito corporativo espectacular a finales de los noventa, las hazañas de ingeniería sin parangón que supusieron el iPod y el iPhone o la reinvención de la industria de la música con iTunes. Todo ello, consecuencia de la influencia de Jobs. Apple estaba considerada una compañía intocable

---

47. «Prognosis», Hirshberg Foundation for Pancreatic Cancer Research, consultado el 10 de septiembre de 2018, http://pancreatic.org/pancreatic-cancer/about-the-pancreas/prognosis.

y su líder se había convertido en una figura mitológica. Poca gente había asimilado la idea de que acabaría muriendo.

Jobs falleció el día después de que Apple presentara el iPhone 4S en el Yerba Buena Center for the Arts de San Francisco. La gran innovación del 4S[48] era Siri, el asistente por voz inteligente, uno de los últimos proyectos en los que Jobs había estado implicado activamente. Entre los asientos, había uno vacío con un cartel de «Reservado» destinado a Jobs. Tal vez estuviera ausente en cuerpo, pero su presencia era palpable, y el hecho de que hubiera un asiento reservado para él fue si cabe más conmovedor, presagiando su fallecimiento justo un día más tarde.

La noticia de la muerte de Jobs produjo una oleada de conmoción y duelo en todo el mundo. Jamás antes la muerte de un alto ejecutivo había afectado con tanta intensidad a la gente. La reacción a su muerte no tuvo precedentes: Jobs, a pesar de ejercer a menudo un liderazgo tiránico en una de las compañías más valiosas del mundo, había sabido mantener una imagen pública positiva. Era un hombre muy querido. Murió unas semanas después de que se iniciase el movimiento Occupy Wall Street —una protesta contra la desigualdad económica y «el 1%»—, pero no estaba considerado parte del grupo. La gente lo asociaba con los iPhone y los iPod que llevaba encima a diario, con los MacBook y los iMac que le daban acceso a herramientas nuevas y potencialmente capaces de cambiar el mundo. Cuando Jobs murió, incluso el eterno competidor de Apple, Microsoft, puso su bandera a media asta. El presidente Barack Obama elogió a Jobs situándolo «entre los innovadores americanos más grandes de todos los tiempos[49], lo suficientemente valiente como para pensar diferente, lo suficientemente osado como para creer

48. Luke Dormehl, *Thinking Machines: The Quest for Artificial Intelligence —and Where It's Taking Us Next*, TarcherPerigee, Nueva York, 2017, p. 102.

49. Kori Schulman, «President Obama on the Passing of Steve Jobs: "He Changed the Way Each of Us Sees the World"», White House archive, 5 de octubre de 2011, consultado el 10 de septiembre de 2018, https://obamawhitehouse.archives.gov/blog/2011/10/05/president-obama-passing-steve-jobs-he-changed-way-each-us-sees-world.

que podía cambiar el mundo, y lo suficientemente talentoso como para poder hacerlo». Y todo el mundo coincidía con él.

Las Apple Store de todo el mundo se transformaron en santuarios dedicados a Jobs, los cristales de los escaparates se llenaron de carteles elaborados por los fans y de tarjetas en honor a un directivo que consideraban uno más de ellos. Flores y velas abarrotaron las aceras de los establecimientos. Los escaparates se cubrieron de notas adhesivas con sentidos tributos. En la Apple Store de Palo Alto, la ciudad natal de Steve, las notas cubrieron por completo ambos escaparates. Jamás se había vivido un duelo público de tal calibre por un líder empresarial.

Los meses que siguieron a la muerte de Jobs podrían haber sido una época trágica para Cook y los que conocían y amaban a Jobs, pero los productos Apple se volvieron más populares que nunca. El iPhone 4S[50] superó las cifras de cualquier iPhone anterior en cuanto a reservas y pedidos en fecha de lanzamiento, con más de cuatro millones de productos vendidos solo el primer fin de semana. Las reservas de la biografía autorizada de Jobs, escrita por Walter Isaacson[51], un libro que en cualquier momento habría sido un éxito de ventas, se incrementaron en Amazon un gigantesco 42.000% después de la muerte de Jobs.

Dirigir la compañía de Steve Jobs

Mientras Steve Jobs era inmortalizado en todos los periódicos, las revistas y los blogs, en todos los canales televisivos y las emisoras de radio del planeta, la mirada del mundo se volcó rápidamente en Tim Cook. Las

50. «iPhone 4S First Weekend Sales Top Four Million», Apple, 17 de octubre de 2011, consultado el 10 de septiembre de 2018, www.apple.com/uk/newsroom/2011/10/17iPhone-4S-First-Weekend-Sales-Top-Four-Million.

51. Andy Lewis, «Steve Jobs' Biography Sales Jump 42,000 Percent upon Death», *Hollywood Reporter,* 5 de diciembre de 2011, consultado el 10 de septiembre de 2018, www.hollywoodreporter.com/news/steve-jobs-death-apple-biography-amazon-244747.

dudas sobre el nuevo CEO persistían mientras los encendidos obituarios en honor de Jobs seguían sin cesar. Los expertos se mostraban escépticos con respecto al tipo de compañía en que Apple acabaría convirtiéndose en ausencia de su líder visionario, y los fans de Apple temían por su futuro. Desde un buen principio, se hizo patente que el nombramiento de Cook como CEO iba a ser tanto una bendición como una maldición. El papel de CEO de Apple era un puesto único que muy poca gente se atrevería a soñar con alcanzar, pero era también uno de los puestos con mayor peligro del mundo. Que Jobs hubiera elegido a Cook para liderar la compañía era un respaldo incondicional a su competencia y sus habilidades, pero seguir los pasos de Jobs bajo la presión y el escrutinio del mundo era una aventura abrumadora. Como director de Apple, Cook iba a convertirse en el CEO con más visibilidad del planeta: una empresa de alto riesgo.

Fue un momento alarmante para Cook. A pesar de llevar más de una década en Apple, de haber ascendido hasta convertirse en el lugarteniente más experto de Jobs desempeñando el puesto de director de operaciones, se enfrentaba ahora a una tarea formidable: tomar las riendas de una compañía icónica con millones de fans furibundos, que ocupaba un espacio esencial en el ámbito de los negocios y la cultura de los Estados Unidos. Apple era una de las compañías de crecimiento más rápido del planeta, con una envergadura enorme, pero que, por otro lado, se enfrentaba a una competencia creciente en la floreciente revolución de los dispositivos móviles que se estaba propagando por todo el mundo.

Tim Cook tenía ante él la apuesta más arriesgada imaginable.

Apple está condenada al fracaso

Cook, un hombre tremendamente reservado y discreto, nunca pensó que llegaría a ocupar el puesto de CEO. Y, evidentemente, nunca pensó que iba

La muerte de Steve Jobs • 35

a ser el sustituto de Jobs. En una ocasión dijo: «Anda ya, ¿sustituir yo a Steve?[52] No. Steve es insustituible. Eso es algo que la gente va a tener que entender. Veo a Steve con pelo blanco y dirigiendo la compañía con setenta años, mucho después de que yo me haya jubilado». Las cosas, por supuesto, no salieron como él imaginaba.

En el momento de su muerte, Jobs se había convertido en el CEO moderno más idolatrado de Norteamérica. No solo había salvado a Apple de una muerte segura a finales de los noventa, sino que además había transformado la compañía en una máquina de éxitos impresionante. El Mac, el iPod, el iPhone y el iPad, productos todos ellos que habían definido una época, habían transformado Apple en una de las compañías tecnológicas más grandes y, sin lugar a dudas, en la más copiada.

Cook tenía todas las de perder. Con la intensa competencia de Android, Apple corría el peligro de perder el puesto de liderazgo que ocupaba en el mercado, y muchos creían que, sin su líder visionario, la compañía estaba condenada al fracaso. Nadie tenía ni idea de cómo funcionaría Cook como CEO permanente, puesto que nunca había sido una figura realmente pública.

La reputación de Cook jugó, de entrada, en su contra; era un maestro en la operativa diaria, pero muchos lo consideraban un zángano insípido y sin imaginación. Carecía del carisma y de la personalidad arrolladora de su antiguo jefe, rasgos que la gente esperaba encontrar en un CEO de Apple. Peor aún, no tenía la imaginación de Jobs. ¿De dónde saldría la siguiente generación de productos revolucionarios de Apple? Jobs había sido crucial para los grandes y exitosos productos de la compañía, y los expertos temían que, sin él, la carrera de éxitos de Apple tocara a su fin.

Incluso antes de que Jobs dejara su puesto, los expertos no se anduvieron con chiquitas a la hora de afirmar que, sin Steve al timón, Apple estaba condenada al fracaso. «¿Por qué Apple está condenada al fraca-

---

52. Lashinsky, «Apple's Tim Cook: The Genius Behind Steve Jobs».

so?», rezaba el titular de un editorial de mayo de 2011 del *Huffington Post*. En el artículo, Ty Fujimura predecía que Apple jamás se recuperaría de la muerte de Jobs. Su «dirección, incluso su visión[53] —escribió Fujimura—, son sustituibles. Pero el nuevo régimen nunca podrá equiparar ese sentido del gusto tan brillante, al que Apple debe su éxito. Su muerte dejaría a Apple más cerca del montón que nunca. [...] Sin productos inmensamente superiores, su marketing arrogante caerá en oídos sordos. Los consumidores considerarán las alternativas sin pensárselo dos veces».

Y muchos más estaban de acuerdo con este punto de vista. Jobs era un líder tan singular, y los productos de Apple estaban tan unidos a él, que imaginarse a Apple sin su líder resultaba prácticamente imposible. George F. Colony, CEO de Forrester, empresa especializada en consultoría e investigación de mercados, predijo que Apple se derrumbaría sin Jobs. «Cuando Steve Jobs nos dejó[54], se llevó con él tres cosas: a) un liderazgo carismático y singular que mantenía unida a la compañía y provocaba un rendimiento extraordinario en sus empleados; 2) la capacidad de asumir grandes riesgos; y 3) una capacidad sin parangón de visualizar y diseñar nuevos productos.» La inercia de Apple, sugería Colony, serviría para mantenerla en la cima entre dos y cuatro años, como máximo. «Sin la llegada de un nuevo líder carismático, pasará de ser una gran compañía a ser tan solo una buena compañía, con una caída proporcional en facturación y productos innovadores.»

Cook no era el líder carismático que todo el mundo quería. Era tan distinto a Steve Jobs que muchos analistas, incluyendo Colony, hicieron comparaciones con Sony después del fallecimiento de su legendario cofundador Akio Morita, con Polaroid después de Edwin Land, con Dis-

53. Ty Fujimura, «Why Apple Is Doomed», *Huffington Post*, 31 de mayo de 2011, consultado el 10 de septiembre de 2018, www.huffingtonpost.com/ty-fujimura/why-apple-is-doomed_b_866579.html.

54. George Colony, «Apple = Sony», Forrester, 24 de agosto de 2017, consultado el 10 de septiembre de 2018, https://go.forrester.com/blogs/12-04-25-apple_sony.

ney veinte años después de la muerte de Walt Disney e incluso con la misma Apple después de la primera partida de Jobs, a mediados de la década de 1980. Los libros de historia están llenos de compañías que cayeron como consecuencia de la muerte o la partida de uno de sus fundadores o líderes. Tanto Ford como Walmart sufrieron caídas similares. El gran rival de Apple, Microsoft, pasó dificultades bajo el liderazgo de Steve Balmer, que sustituyó en la dirección al legendario Bill Gates.

Incluso años más tarde, la gente seguía dudando de que Apple fuera a sobrevivir bajo el mando de Cook. «La pregunta de si[55] Cook puede sostener la inercia de Apple sale a relucir más a menudo que cualquier otra pregunta», declaró a la revista *Fortune* Michael Useem, profesor de Wharton y director del Center for Leadership and Change Management de dicha institución, en marzo de 2015, tres años y medio después de la desaparición de Jobs. Tan extendida estaba[56] la pesadumbre, que uno de los libros de mayor éxito de 2014, tres años después del fallecimiento de Jobs, fue *Haunted Empire*, escrito por el periodista del *Wall Street Journal* Yukari Kane, donde se describía a Apple como una compañía angustiada por la ausencia de su antiguo líder. En uno de sus párrafos podía leerse: «Aun tomando[57] el control del extenso imperio de Apple, Tim Cook no podía escapar de la sombra de su jefe. La pregunta era: ¿cómo dejar atrás esa sombra? ¿Cómo competir con un visionario tan brillante e inolvidable que ni siquiera la muerte lograba hacerlo desaparecer?»

Jobs tenía una visión para Apple que muchos temían perder con Cook al mando. En una entrevista concedida en 1985 a la revista *Playboy* —irónicamente, el mismo año en que dejó Apple durante un periodo que se prolongaría una década—, se lamentaba de que, «cuando las

---

55. Adam Lashinsky, «Apple's Tim Cook Leads Different», *Fortune*, 26 de marzo de 2015, consultado el 10 de septiembre de 2018, http://fortune.com/2015/03/26/tim-cook/.

56. Yukari Iwatani Kane, *Haunted Empire: Apple After Steve Jobs*, William Collins, Londres, 2014.

57. Kane, *Haunted Empire*, p. 348.

compañías crecen[58] hasta convertirse en entidades multimillonarias, acaban perdiendo su visión». En el momento de la muerte de Jobs, Apple se había convertido en una compañía multimillonaria. Nunca en su historia, desde el punto de vista de cualquier métrica posible, la compañía había cosechado tantos éxitos. Pero, con Jobs como líder, la visión inicial seguía intacta. ¿Tendría Cook la misma estrategia y pasión por sus productos, y tendría una visión para el futuro de Apple?

Los que trabajaban con Cook sabían la enorme responsabilidad que el anterior director de operaciones estaba asumiendo y, al principio, algunos se pusieron nerviosos. Era «un reto abrumador —declaró Greg Joswiak, vicepresidente mundial de marketing de producto de la compañía, que llevaba más de treinta años trabajando en Apple, veinte de ellos como compañero de Cook—. Era como si vas en bicicleta y de pronto ves que no es solo una bicicleta, sino que es una moto, y es una Harley —me manifestó en una entrevista que mantuvimos en los futuristas cuarteles generales de Apple el 19 de marzo de 2018—. El reto era muy importante».

Pero, si Cook estaba inquieto por asumir ese reto, no lo aparentaba, ni tan siquiera ante compañeros tan allegados como Joswiak. «El mundo estaba nervioso»[59], pero «si [Cook] estaba [nervioso], no lo demostraba». De no haber sido por su actitud fría frente a aquel reto tan importante, Apple habría sido un lugar mucho más complicado donde trabajar después de la muerte de Jobs. Pero, a diferencia del resto del mundo, los empleados de Apple entendían cómo funcionaba Cook. «Al principio recibió un montón de críticas injustas. [...] El mundo exterior quería compararlo con Steve». Pero a Cook «nunca se le pasó por la cabeza intentar ser Steve —afirma Joswiak—. Una postura muy inteligente, porque nadie podía ser Steve. [...] Tim fue Tim. Tim aportó al negocio las cosas que podía aportar».

58. David Sheff, «*Playboy* Interview: Steve Jobs», *Playboy*, febrero de 1985, disponible en Atavist, http://reprints.longform.org/playboy-interview-steve-jobs, consultado el 11 de septiembre de 2018.

59. Entrevista del autor con Greg Joswiak, marzo de 2018.

Como la mayoría de líderes de éxito, Cook recurrió a sus puntos fuertes para dirigir de manera efectiva la compañía. En una entrevista concedida en septiembre de 2014 a Charlie Rose, explicó que Jobs jamás había esperado que liderara Apple igual que lo había hecho él. «Cuando me eligió[60], sabía que yo no era como él, que no era su fotocopia —le explicó Cook a Rose—. Y es evidente que reflexionó en profundidad sobre quién quería que liderara Apple. Siempre he sido consciente de esa responsabilidad.» Cook explicó que deseaba desesperadamente continuar el legado de Jobs y «consagrar a la compañía hasta la última gota de mi ser», pero que su objetivo nunca había sido ser igual que Jobs. «Sabía que solo puedo ser la persona que soy. Y por eso intento ser el mejor Tim Cook posible.»

Y eso es justo lo que ha hecho.

---

60. «Charlie Rose: KQED: September 13, 2014», archivo de Internet, consultado el 11 de septiembre de 2018, https://archive.org/details/KQED_20140913_070000_Charlie_Rose. Chapter 2: A Worldview Shaped by the Deep South.

2

Una visión del mundo conformada por el Sur profundo

Sweet Home Alabama

Timothy Donald Cook nació el 1 de noviembre de 1960 en Mobile, Alabama, una ciudad portuaria de la costa del Golfo y la tercera ciudad en tamaño del estado. Fue el segundo[61] de los tres hijos del matrimonio formado por Don y Geraldine Cook. Sus padres eran nativos de la Alabama rural. Don trabajaba en los astilleros de Alabama Dry Dock and Shipbuilding, la compañía más grande que había en Mobile en aquella época, construyendo y reparando barcos militares en Pinto Island. Geraldine trabajaba a tiempo parcial como farmacéutica y dedicaba el resto de su tiempo a la casa.

Durante su infancia y adolescencia, Cook mantuvo una relación excelente con sus padres y ha seguido estrechamente unido a ellos. «Llama

---

61. Michael Finch II, «Tim Cook—Apple CEO and Robertsdale's Favorite Son—Still Finds Time to Return to His Baldwin County Roots», AL.com, 24 de febrero de 2014, consultado el 11 de septiembre de 2018, http://blog.al.com/live/2014/02/tim_cook_--_apple_ceo_and_robe.html.

todos los domingos[62], pase lo que pase, esté donde esté —explicó el padre de Cook en una entrevista concedida a la televisión en 2009, dos años antes de que Cook asumiera el puesto de CEO de Apple. «Europa, Asia, da igual dónde esté, llama a su madre cada domingo. No se pierde ni uno.» Geraldine falleció en 2015, con setenta y siete años de edad, pero Tim sigue manteniendo una relación muy íntima con su padre.

Hubo un momento en que la familia Cook se mudó por una breve temporada de Mobile a Pensacola, Florida, a una hora en coche, donde Don había encontrado trabajo en una importante base naval. Pero en 1971, cuando Tim estaba en secundaria, la familia regresó a Alabama, instalándose en East Silverhill Avenue, Robertsdale, una pequeña ciudad rural de Baldwin County, el condado más grande de la zona. Don y Geraldine decidieron[63] instalarse en Robertsdale para que sus tres hijos pudieran beneficiarse de una escuela pública de alta calidad.

La época estudiantil

Robertsdale es la típica ciudad pequeña del sur de los Estados Unidos. Pese a ser técnicamente una ciudad, tiene solo una superficie aproximada de trece kilómetros cuadrados[64] y una población que no supera los cinco mil habitantes, es decir, una décima parte de Cupertino. Cuando Cook era joven, la población era de menos de la mitad de la actual, unos dos mil trescientos habitantes. Todo el mundo se conocía.

A principios del siglo xx, y gracias a sus fértiles campos de cultivo, la ciudad había vivido un crecimiento tranquilo. La agricultura era la principal fuente de ingresos, aunque posteriormente la ciudad se beneficiaría de estar situada en la ruta de las playas del Golfo, a cuarenta minutos de

---

62. Don Cook, entrevista realizada por Debbie Williams, WKRG, 16 de enero de 2009.

63. Finch, «Tim Cook».

64. Finch, «Tim Cook».

distancia en coche. Cuando Cook era un muchacho, Robertsdale era una ciudad sencilla, sin cine ni bolera, donde el acontecimiento más excitante era la Baldwin County Fair que tenía lugar en otoño. Geraldine la describía con cariño como «un pequeño agujero[65] en el suelo». La ciudad ha tenido[66] el mismo alcalde durante los últimos treinta años.

La familia Cook era religiosa, y Tim también lo es. A lo largo de su carrera ha hecho diversas referencias a su fe cristiana. «De pequeño[67] fui bautizado en una iglesia baptista, y la fe ha sido siempre una parte importante de mi vida», escribió en un artículo de 2015 del *Washington Post*. Cabe asumir que la fe ha contribuido a hacer de él un líder bondadoso y generoso. Y cuando en un artículo publicado en *Bloomberg* en 2014 anunció que era gay, hizo referencia a Dios, al escribir: «Considero que ser gay[68] es uno de los mayores regalos que me ha hecho Dios». A pesar de que Cook no se muestra últimamente muy franco con respecto a sus creencias religiosas, es evidente que han jugado un papel importante en la construcción del hombre y el líder que es hoy en día.

Según todos los testigos, Cook encajó muy bien de pequeño en el tipo de vida que se llevaba en Robertsdale. A diferencia del adolescente rebelde que Jobs decía haber sido, Cook fue un estudiante modesto, aplicado y con excelentes notas. Las fotografías de la época nos muestran un joven algo desgarbado aunque atlético con un corte de pelo que recuerda al que lucía Donny Osmond, y una sonrisa relajada y sincera.

Cook destacó en asignaturas como álgebra, geometría y trigonometría, es decir, cualquier cosa que tuviera un perfil analítico. Durante sus

65. Finch, «Tim Cook».

66. «Meet Our Mayor», ciudad de Robertsdale, consultado el 11 de septiembre de 2018, www.robertsdale.org/mayors-office.

67. «Tim Cook: Pro-discrimination "Religious Freedom" Laws Are Dangerous», *Washington Post*, 29 de marzo de 2015, consultado el 11 de septiembre de 2018, www.washingtonpost.com/opinions/pro-discrimination-religious-freedom-laws-are-dangerous-to-america/2015/03/29/bdb4ce9e-d66d-11e4-ba28-f2a685dc7f89_story.html.

68. Tim Cook, «Tim Cook Speaks Up», *Bloomberg*, 30 de octubre de 2014, consultado el 11 de septiembre de 2018, www.bloomberg.com/news/articles/2014-10-30/tim-cook-speaks-up.

seis años[69] de enseñanza secundaria y superior siempre fue votado como el alumno «más estudioso», y en 1978 obtuvo las segundas mejores calificaciones de su curso, recibiendo por ello el honor de pronunciar el discurso de bienvenida en la ceremonia de graduación.

Barbara Davis, que fue su profesora de matemáticas, recordaba: «Era un chico de fiar.[70] Era muy meticuloso con su trabajo y sabía que siempre lo hacía bien». Muchos compañeros y antiguos jefes fueron de la misma opinión: siempre sabías que haría un buen trabajo. Y el buen trabajo se convirtió en la marca distintiva de su carrera profesional.

Además de ser estudioso, Cook era una persona sociable y estimada entre sus compañeros. «No ibas por ahí[71] tildándolo de empollón —comentó Davis—. Era de ese tipo de persona con quien te gusta estar». Muchos compañeros hicieron comentarios sobre su inteligencia y su personalidad afable, destacando que tenía también un lado bromista. Teresa Prochaska Huntsman, la única estudiante que sacó en el último curso calificaciones mejores que Cook (y que, por lo tanto, se encargó de pronunciar el discurso de despedida en la ceremonia de graduación), dijo de él: «No era unidimensional[72]. No conocí nunca a nadie a quien Tim no le cayera bien. Tenía una personalidad enorme».

Otra antigua compañera de clase y amiga, Clarissa Bradstock, dijo: «Era tremendamente inteligente[73], estudioso, y tenía un gran sentido del humor. Salíamos por ahí. Veíamos juntos *Saturday Night Live*... y hablábamos de la escuela y de todo. —Y añadió—: Es fantástico que alguien de una pequeña ciudad del sur de Alabama pueda conseguir lo que él ha conseguido. Es un testimonio de lo que es nuestro país... y

69. «Behold Tim Cook's Glory Days as "Most Studious" in High School [Gallery]», Cult of Mac, 27 de julio de 2015, consultado el 11 de septiembre de 2018, www.cultofmac.com/221717/behold-tim-cooks-glory-days-as-most-studious-in-high-school-gallery/.

70. Finch, «Tim Cook».

71. Finch, «Tim Cook».

72. Finch, «Tim Cook».

73. Entrevista del autor con Clarissa Bradstock, febrero de 2018.

también un testimonio de o que es él». Es evidente que los compañeros de clase de Cook se sienten orgullosos de lo que ha conseguido.

Primeras experiencias en el mundo de los negocios

Cook era un estudiante estelar, pero destacó también en sus actividades extracurriculares y exhibió destellos de olfato para los negocios desde muy temprana edad. Tocaba el trombón[74] en la banda de la escuela y actuaba con regularidad en bailes escolares, partidos de futbol, desfiles y otros actos locales que requirieran la presencia de música en directo. Para ganar un poco de dinero, repartía ejemplares del periódico de Mobile, el *Press-Register,* trabajó en un restaurante y también, a tiempo parcial, en la farmacia de la ciudad, Lee Drugs, junto con su madre. El establecimiento estaba en el Spaceway Shopping Center, el único centro comercial de Robertsdale, en la carretera principal que cruza la ciudad. La farmacia sigue allí y es un establecimiento que funciona, a diferencia del resto del centro, ocupado por tiendas anticuadas y cerradas. Los negocios más prósperos son un par de cafeterías donde sirven también platos baratos y uno dedicado al alquiler de tractores. La mayor parte del comercio de Robertsdale ha migrado hacia las afueras de la ciudad, donde hay diversos restaurantes de comida rápida, un par de franquicias de Dollar General y Family Dollar y un Walmart Supercenter, donde puede verse de vez en cuando a Cook haciendo la compra, según un residente con quien hablé cuando visité la ciudad en junio de 2018.

En la escuela, Cook encontró también tiempo para trabajar en el anuario escolar, y en su último año asumió el papel de gerente de la publicación. Su trabajo consistía en llevar la contabilidad y conseguir publicidad suficiente para cubrir los costes de producción del anuario.

---

74. Finch, «Tim Cook».

Una fotografía del anuario muestra a todo el equipo de producción con sudaderas iguales (con Cook en la fila de delante, ocupando el centro de la imagen y riendo de alguna cosa). Las sudaderas llevan estampada la frase «¿Tienes ya el tuyo?», seguramente una táctica de ventas para animar a los estudiantes a adquirir un ejemplar del anuario escolar. Aquel año, gracias a las iniciativas de Cook, el anuario estableció un nuevo record de ejemplares vendidos y dinero recaudado, según una nota que aparece publicada en el mismo anuario. Barbara Davis describió a Cook como «el tipo de persona que se necesita[75]» para un trabajo como ese. El pluriempleo y su trabajo como gerente de aquel proyecto escolar proporcionaron a Cook una experiencia básica en el ámbito de los negocios a muy temprana edad, además de sentar las bases de una ética profesional intachable y una mente afilada para los negocios que desarrollaría más adelante. Y del mismo modo que con el anuario escolar estableció nuevos records, años después Cook consiguió hacer lo mismo con Apple.

Otros aspectos del anuario presagiaban su futuro en Apple. En una imagen del anuario, Cook aparece junto a una compañera de clase, mostrando un par de auriculares enormes y una máquina de escribir eléctrica, una tecnología nueva y excitante en aquella época. En el pie de foto puede leerse: «Teresa y Tim utilizan dos medios modernos para ayudarlos en sus estudios». Nunca se habría imaginado, probablemente, que un día estaría liderando la compañía tecnológica más grande que se haya creado nunca.

Robertsdale como elemento clave en la visión del mundo de Cook

Aunque Robertsdale posee la hospitalidad amable y el tradicional encanto de las típicas ciudades del sur, existe también en ella un desagra-

---

75. Finch, «Tim Cook».

dable trasfondo de racismo. La experiencia que Cook tuvo con el racismo en Robertsdale supuso en él un impacto relevante que influyó sobre su forma de ver el mundo y el énfasis que pondría, en el futuro, en la igualdad.

Aunque los padres de Cook afirmaron haberse trasladado de Pensacola a Robertsdale para que sus hijos pudieran asistir a las mejores escuelas, la mudanza coincidió con numerosos traslados de otras familias. Muchas familias blancas[76], preocupadas por el aumento de las tensiones raciales en Pensacola, resultado de la desegregación de sus escuelas públicas, decidieron trasladarse a Alabama. A pesar de que las escuelas públicas de Alabama[77] habían pasado por el proceso de desegregación ya en 1963, las tensiones raciales eran más notables en una ciudad grande y con más mezcla racial como Pensacola que en Robertsdale, una ciudad mucho más pequeña y abrumadoramente blanca (y que, según el censo, sigue siendo en la actualidad blanca en un 85%).

«En la escuela teníamos muy pocos[78] afroamericanos», explicó Clarissa Bradstock, compañera de clase de Cook. «Baldwin County […] era uno de los condados más ricos en aquellos tiempos, gracias al petróleo. Pero la escuela a la que íbamos […] era pequeña. Yo no fui testigo de ningún tipo de racismo, pero Alabama […] estaba sufriendo aún muchos problemas de segregación. Podías oír a gente haciendo chistes racistas delante de personas afroamericanas. En aquella época era así.»

De hecho, unos años antes de que los Cook se instalaran en Robertsdale, en la calle comercial de la ciudad había una carnicería de la cadena Piggly Wiggly que tenía fuentes de agua para beber separadas. Una residente de Baldwin County[79], que pidió permanecer en el anonimato,

---

76. Yukari Iwatani Kane, *Haunted Empire: Apple After Steve Jobs,* William Collins, Londres, 2015, p. 94.

77. «Robertsdale, Alabama», Wikipedia, consultado el 11 de septiembre de 2018, https://en.wikipedia.org/wiki/Robertsdale,_Alabama.

78. Entrevista del autor con Clarissa Bradstock, febrero de 2018.

79. Entrevista con el autor, febrero de 2018.

describió el racismo del que había sido testigo en la zona. «En 1966, mi hermano salía a escondidas con una mujer negra, pero los blancos lo vieron en una cafetería cuando él entró para comprarle una hamburguesa a la chica. Ella se quedó dentro del coche por precaución. Cuando mi hermano [que era blanco] salió de la cafetería y subió al coche, empezaron a seguirle y a impedirle el paso un grupo de hombres en una furgoneta. Lo sacaron del coche a la fuerza y le dieron una paliza, dándolo por muerto después de dejarlo tirado en un bosque de las afueras. [...] Se pasó una semana alimentándose solo de sopa mediante una pajita.» Por desgracia, en la Alabama de aquella época, actos racistas como el descrito eran habituales.

Cook tuvo algunas experiencias con el racismo que le marcarían en los años venideros. Una noche, a principios de la década de 1970, siendo estudiante de secundaria, iba pedaleando en su bicicleta de diez marchas por una carretera solitaria de las afueras de Robertsdale cuando vislumbró un fuego. Se acercó y vio que se trataba de una cruz en llamas rodeada por miembros del Ku Klux Klan, vestidos con capirotes y túnicas blancas. A pesar de que el número de miembros de la secta[80] había pasado de una cifra record de cuatro millones en 1925 a solo unos pocos miles a principios de los setenta, en aquella época no era excepcional ver reuniones del Klan en algunas zonas del Sur. Los miembros del Ku Klux Klan que vio Cook habían prendido fuego a una cruz en la propiedad de una familia negra. Sin pensárselo dos veces, Cook empezó a gritar «¡Parad!» Los hombres del Klan se quedaron mirándolo y uno de ellos se sacó el capirote, identificándose como el diácono de una de las iglesias de Robertsdale. Instó rápidamente a Cook[81] a seguir su camino. Fue una experiencia que conmocionó sobremanera al joven Cook.

---

80. «Ideologies», Southern Poverty Law Center, consultado el 11 de septiembre de 2018, www.splcenter.org/fighting-hate/extremist-files/ideology/ku-klux-klan.

81. Todd C. Frankel, «The Roots of Tim Cook's Activism Lie in Rural Alabama», *Washington Post*, 7 de marzo de 2016, consultado el 11 de septiembre de 2018, www.washingtonpost.com/news/the-switch/wp/2016/03/07/in-rural-alabama-the-activist-roots-of-apples-tim-cook.

Cook rememoró esta experiencia cuando, en 2013, fue galardonado por la Universidad de Auburn, su alma máter, con un IQLA Lifetime Achievement Award. «Aquella imagen quedó impresa para siempre en mi cerebro —dijo—. Para mí, la cruz en llamas es un símbolo de ignorancia, de odio y de miedo a cualquiera que sea distinto a la mayoría. Jamás podré comprenderlo.» Su experiencia con el racismo afectaría el modo de vivir la vida del joven Cook, y acabaría incorporándola a sus prácticas empresariales.

Pero a pesar de la insistencia de Cook en la veracidad de aquella historia, hay ciudadanos de Robertsdale que discrepan del relato que afirma que miembros del KKK quemaban cruces en la ciudad. Por ejemplo, Ted Pratt, antiguo compañero de estudios de Cook, declaró: «Aún tengo familiares y amigos en Robertsdale y nadie recuerda que sucediera nunca algo así. [...] Esa historia realmente dolió [...] a la gente que considera Robertsdale su hogar.» No es ninguna sorpresa que los ciudadanos de Robertsdale, pasados y presentes, no quieran verse públicamente asociados con el Klan y que les moleste que un ejecutivo de alto nivel como Cook haya comentado un aspecto tan nefasto de su pequeña ciudad.

En un largo hilo[82] de una página de Facebook llamada «Robertsdale, Past and Present», docenas de ciudadanos de Robertsdale, actuales y antiguos, cuestionaban los recuerdos de Cook. «Tim Cook miente descaradamente —escribió en un comentario un hombre llamado Rod Jerkins—. Eso no sucedió nunca.» (Su comentario obtuvo una docena de «Me gusta» y fue uno de los comentarios más valorados del hilo, lo que muestra un acuerdo generalizado con esa opinión.) De hecho, no encontré comentarios que salieran en defensa de Cook. Entre los 143 comentarios de la publicación, prácticamente todos cuestionaban

82. «Apple's CEO Tim Cook: An Alabama Day That Forever Changed His Life», en la página de Facebook titulada «Robertsdale, Past and Present», 15 de junio de 2014, www.facebook.com/groups/263546476993149/permalink/863822150298909/.

los recuerdos de Cook. Otro comentarista, Marvin Johnson, añadía: «Pregunté a familiares que llevan viviendo aquí mucho más tiempo que yo […] más de medio siglo, y me dijeron que ese incidente nunca sucedió». Un tercer comentarista escribió: «Mintió descaradamente. Y punto».

Pero el hilo de Facebook deja claro que muchos ciudadanos de Robertsdale se niegan a aceptar la realidad. Los comentarios públicos en Facebook no son un buen foro para admitir la actividad del Klan, por mucho que los hechos tuvieran lugar hace décadas. Un par de personas que publicaron en el grupo dijeron que, a pesar de no haber visto cruces en llamas, sí habían visto cruces quemadas, y uno recordaba una cruz en llamas durante el desfile de Navidad de un pueblo cercano. La amarga verdad es que es más que probable que en Robertsdale hubiera actividad del Klan.

Patricia Todd, miembro de la cámara de representantes, dijo que el Klan no solo estaba activo en la época de juventud de Cook, sino que sigue hoy en día presente. «Han estado distribuyendo[83] folletos estos dos últimos años en varias comunidades de Birmingham —dijo—. La gente no puede negar la historia de Alabama con relación a los derechos civiles, lo cual no es bueno […] pero el racismo sigue vivo y hay aún mucha gente que odia a los que son diferentes.»

Años después de aquella experiencia con el Klan, Cook tuvo otra interacción importante con el racismo. Cuando tenía dieciséis años, ganó un concurso de ensayos organizado por una compañía de servicios local, la Alabama Rural Electric Association. El tema era[84] «Cooperativas eléctricas rurales: retos de ayer, hoy y mañana», y Cook escribió su ensayo a mano; su familia no podía permitirse comprar una máquina de escribir.

El premio consistía en un viaje con todos los gastos pagados a la capital del país, donde asistió a impresionantes banquetes y pudo escu-

---

83. Entrevista del autor con Patricia Todd, febrero de 2018.

84. Kane, *Haunted Empire*, p. 96.

char un discurso del presidente Jimmy Carter en la Casa Blanca. Pero el viaje se vio estropeado por el hecho de que Cook conoció tambien al gobernador de Alabama, George Wallace, un segregacionista acérrimo que en la década de 1960 se había resistido, en vano, a los intentos del gobierno federal de integrar las escuelas públicas estatales. Cook le estrechó la mano a Wallace, pero posteriormente se arrepintió de ello. «Conocer a mi gobernador[85] no fue ningún honor para mí —declaró—. Estrecharle la mano fue como estar traicionando mis creencias. Me hizo sentir mal, como si estuviera vendiendo un pedazo de mi alma.» Por suerte, aprendió de aquella experiencia. Hoy en día no tolera absolutamente ningún tipo de racismo y, a pesar de que es todavía un proyecto en vías de elaboración, trabaja para convertir Apple en un lugar más inclusivo. Siguiendo su recomendación, Apple ha contratado muchos más trabajadores procedentes de distintas minorías que cualquier otra compañía de Silicon Valley y ha otorgado becas generosas a universidades históricamente negras y a entidades benéficas y fundaciones que animan a los estudiantes de las minorías a cursar estudios dentro de las ramas STEM: ciencias, tecnología, ingeniería y matemáticas.

Muchos de los valores que ha implementado Cook en Apple parecen ser un resultado directo de las experiencias que vivió con la discriminación en su juventud. En una charla que ofreció en 2013 a los estudiantes de la Duke's Fuqua School of Business (donde cursó su MBA), Cook habló sobre seguir el ejemplo de dos de sus héroes de siempre: Martin Luther King Jr. Y Robert F. Kennedy. «Nací y me crie en[86] el Sur y vi, en el curso de mi infancia y adolescencia, algunas de las peores conductas posibles en términos de discriminación, graves hasta el punto de producirme nauseas», explicó a los estudiantes. Admira a King y Kennedy

85. «GW Commencement 2015 Tim Cook», Vimeo, 29 de mayo de 2018, consultado el 12 de septiembre de 2018, https://vimeo.com/128073364.

86. «Apple CEO and Fuqua Alum Tim Cook Talks Leadership at Duke», YouTube, publicado por la Duke University Fuqua School of Business, consultado el 13 de sepriembre de 2018, www.youtube.com/playlist?list=PLwEToxwSycW1uqGG-iYZOERU0WBTKIAMt.

porque arriesgaron su vida por luchar contra la discriminación. «Por eso tengo tres fotos en mi despacho, dos son de Kennedy y una es de King. Son las únicas fotografías que tengo allí. Las miro cada día y [...] creo que son unos modelos increíbles a imitar. [...] Y esto no pretende ser una declaración política, sino una declaración sobre cómo tratar a la gente con justicia.»

Las experiencias de odio y discriminación que Cook presenció en su infancia han seguido con él durante toda su vida, influyendo su manera de actuar tanto en la vida como en los negocios. Lisa Jackson, la primera mujer afroamericana al mando de la Agencia de Protección Ambiental, a quien Cook contrató en 2013 para que dirigiera las iniciativas medioambientales de Apple, opina que la visión de la vida que tiene Cook está fuertemente influida por las experiencias de su infancia en el Sur. «Forma parte[87] de quien es —dijo—. Siendo del Sur, has visto la fealdad, pero has visto también la promesa y las posibilidades. Yo, al menos, no puedo divorciar esto de quien soy, y Tim así lo demuestra.»

Las raíces de su activismo están en Alabama

Cook ha mantenido sus principios a lo largo de su carrera, tanto en Apple como en otras partes. En un discurso con motivo de la inauguración del año lectivo[88] que ofreció en la Universidad George Washington, expresó su creencia en que una persona no debería tener que elegir entre «hacer el bien y hacerlo bien». Su negativa a poner sus valores en un compromiso ha contribuido directamente al éxito de Apple, aunque ha sido puesto a prueba en numerosas ocasiones. En mayo de 2014, un

---

87. Entrevista del autor con Lisa Jackson, marzo de 2018.
88. «GW Commencement 2015 Tim Cook».

miembro de un laboratorio de ideas conservador, el National Center for Public Policy Research (NCPPR), lo presionó para que considerase el impacto que los programas de sostenibilidad estaban teniendo sobre los resultados de Apple. Pero Cook se negó. «Cuando trabajamos[89] en hacer que nuestros dispositivos sean accesibles a las personas ciegas no me planteo el maldito retorno de la inversión», dijo. Y el mismo pensamiento aplica a las iniciativas medioambientales, la seguridad de los trabajadores y otras políticas de Apple. «Si pretende usted que haga cosas pensando solo en el retorno de la inversión, mejor será que venda sus acciones», le espetó a un inversor conservador. Posteriormente, el NCPPR publicó un comunicando lamentando la postura de Cook: «Después de la reunión de hoy[90], los inversores pueden estar seguros de que Apple está dilapidando cantidades impresionantes de dinero de los accionistas para combatir el supuesto cambio climático». Pero Cook, como siempre, se mantuvo fiel a sus principios.

Esta brújula moral[91], desarrollada desde su infancia, es una de las principales diferencias entre Jobs y Cook como personajes públicos. Jobs rehuía las donaciones benéficas, la sostenibilidad parecía importarle poco y rara vez hablaba sobre problemas sociales. Para él, los productos que ponía en el mundo eran contribución suficiente. Un Macintosh con una fantástica interfaz gráfica de usuario era más que suficiente para generar impacto en el universo. Jobs consideraba que su trabajo en Apple era más importante para el mundo que cualquier contribución benéfica que pudiera hacer. Para Cook, por otro lado, la

89. Bryan Chaffin, «Tim Cook Soundly Rejects Politics of the NCPPR, Suggests Group Sell Apple's Stock», *The Mac Observer*, consultado el 13 de septiembre de 2018, www.macobserver.com/tmo/article/tim-cook-soundly-rejects-politics-of-the-ncppr-suggests-group-sell-apples-s.

90. «Tim Cook to Apple Investors: Drop Dead», National Center, 2 de noviembre de 2017, consultado el 13 de septiembre de 2018, https://nationalcenter.org/ncppr/2014/02/28/tim-cook-to-apple-investors-drop-dead.

91. Andrew Ross Sorkin, «The Mystery of Steve Jobs's Public Giving», *New York Times,* 29 de agosto de 2011, consultado el 13 de septiembre de 2018, https://dealbook.nytimes.com/2011/08/29/the-mystery-of-steve-jobss-public-giving/.

contribución a la sociedad es un concepto más matizado y complejo. Mientras que siempre ha hablado con inmenso orgullo de la calidad de los productos de Apple, ha dejado también muy claro en todo momento que quiere utilizar su posición como CEO de la compañía más valiosa del mundo para hacer de Apple una «fuerza para hacer el bien»[92]. Como veremos en capítulos posteriores, Cook ha incrementado de forma notable las donaciones benéficas de Apple, ha dado pasos importantes con el objetivo de convertir la compañía en un peso pesado de las energías renovables y garantizar que sus productos sean menos tóxicos y más reciclables, ha intentado conseguir que la cadena de suministro de Apple sea más segura y menos explotadora y ha hecho esfuerzos significativos para que Apple sea un lugar de trabajo más inclusivo y diverso.

La ética de Cook tiene sus raíces en una educación cristiana, en la forma de ser del Sur y en las enseñanzas de sus héroes, Martin Luther King Jr. y Robert F. Kennedy. «Mi inspiración se encuentra en la moral que aprendí de mis padres, la iglesia y mi propio corazón, y eso es lo que me ha guiado en mi viaje de descubrimiento», dijo en un discurso. Se inspiró asimismo en experiencias extraídos de los libros. De pequeño pidió prestado en la biblioteca de Robertsdale un ejemplar de *Matar un ruiseñor,* de Harper Lee. Su descripción[93] de la honrada lucha del abogado Atticus Finch contra el racismo en una ciudad ficticia de Alabama conecta claramente con su forma de ser.

El apoyo de Cook a los grupos minoritarios marginados está influido también por su experiencia de crecer como una persona gay en el Sur norteamericano. Cook nunca había comentado públicamente este aspecto de su vida hasta que el presentador Stephen Colbert se lo preguntó

92. «Tim Cook Wants Apple to Be a "Force for Good"», Cult of Mac, 26 de julio de 2015, consultado el 13 de septiembre de 2018, www.cultofmac.com/251795/tim-cook-wants-apple-to-be-a-force-for-good.

93. Frankel, «The Roots of Tim Cook's Activism Lie in Rural Alabama».

directamente en 2015, en el transcurso de una entrevista televisiva: «¿Esa experiencia de criarse[94] en Alabama como una especie de forastero debido a su sexualidad conformó en algún sentido sus esfuerzos por ayudar a la gente que pasa dificultades en el mundo?» Cook respondió afirmativamente, explicando que creía tener la necesidad de hacer alguna cosa para contratacar la homofobia generalizada. «Hay niños que sufren acoso en la escuela, niños que son claramente discriminados y niños repudiados por sus propios padres. Necesitaba hacer alguna cosa —dijo—. Siento la responsabilidad tremenda de hacerlo.» Esta respuesta ofreció una visión breve y excepcional sobre la vida de un personal de un hombre muy reservado en este aspecto.

Más personas se han hecho eco de la línea de pensamiento de Colbert al vincular la homosexualidad de Cook con su disposición a defender los derechos humanos más progresistas. «Tengo que creer[95] que criarse en Alabama en la década de 1960 y ver lo que él vio, especialmente siendo gay, le llevó a comprender los peligros que conlleva guardar silencio —declaró Kerry Kennedy, hija de Robert F. Kennedy y activista por los derechos humanos—. Por eso ahora no tiene miedo a levantar la voz cuando ve algo que no es correcto.»

Cook no ha compartido muchas cosas sobre su experiencia como joven gay y, según se dice, es poco probable que lo revelara siendo un estudiante de secundaria. Su amiga Clarissa Bradstock[96] comentó que en aquella época no sabía que fuera gay, y que incluso se enamoró de él. Explica que su instituto no habría sido precisamente un entorno muy tolerante. «En la escuela había otras personas sobre las que pensé que era posible que tuvieran una orientación distinta —dijo—, pero nunca se

---

94. «Tim Cook Tells Stephen Colbert Why He Came Out as Gay», CNNMoney, consultado el 13 de septiembre de 2018, https://money.cnn.com/video/technology/2015/09/16/tim-cook-apple-stephen-colbert-late-show.cnnmoney/index.html.

95. Frankel, «The Roots of Tim Cook's Activism Lie in Rural Alabama».

96. Entrevista del autor con Clarissa Bradstock, febrero de 2018.

comentaba nada. No había acoso hacia esas personas, aunque, naturalmente, tampoco podían salir del armario.»

«Robertsdale no es precisamente[97] el bastión liberal del estado —dijo la miembro de la cámara de representantes Patricia Todd, la única legisladora del estado abiertamente gay—. Si lo hubiera revelado siendo más joven, creo que lo habría tenido muy complicado.» Otro ciudadano de Baldwin County, que solicitó permanecer en el anonimato, se hizo eco de ese mismo sentimiento: «Es muy probable que[98] la gente hubiera rehuido a Tim de haber sabido que era gay. Abundan historias sobre gais a los que tienden emboscadas para darles una paliza, incluso por parte de policías, y luego cuentan ante el juez que la víctima "cayó por las escaleras". No me extraña que Cook decidiera no hacer pública su sexualidad mientras vivía en Robertsdale».

Pero en la actualidad, mucha gente elogia a Cook por haber salido del armario, incluida Todd, que afirma que con ello ha empoderado a otros para que sigan su iniciativa y ha normalizado el hecho de ser gay. «Creo que[99] saber que Tim y otros altos directivos son gais marca una gran diferencia —comentó Todd—. Creo que lleva a la gente a darse cuenta de que nuestra comunidad es muy diversa y que estamos en todas partes. A diferencia de otros movimientos sociales relacionados con el género, la raza o la etnia, nosotros tenemos la posibilidad de escondernos. Pero ahora la gente se siente cada vez más empoderada para salir del armario. Y Tim ha jugado un papel importante en que así sea. […] Cuando el CEO de la compañía de mayor éxito sale del armario, la gente se entera.» Y esa era exactamente la intención de Cook. Tal y como escribió en un editorial sobre su «salida del armario», publicado por *Bloomberg*: «Si saber que[100] el director de Apple es gay sirve para ayudar

97. Entrevista del autor con Patricia Todd, febrero de 2018.

98. Entrevista del autor con un ciudadano de Baldwin County febrero de 2018.

99. Entrevista del autor con Patricia Todd, febrero de 2018.

100. «Tim Cook Speaks Up».

a alguien que lucha por conciliarse con quién es, aporta consuelo a cualquiera que se sienta solo o inspira a la gente a insistir en su igualdad, el perjuicio que pueda sufrir mi intimidad habrá valido la pena».

No es un héroe en su ciudad

A pesar de que muchos ciudadanos de Robertsdale conocen los logros de Cook, no es un personaje muy celebrado en su ciudad. Algunos de sus antiguos amigos y compañeros de clase se sienten abiertamente orgullosos de lo que ha conseguido, pero en la ciudad no hay muchas placas, antiguas o recientes, conmemorando sus logros. Una vitrina de cristal en su antiguo instituto conmemora a la estrella del fútbol americano Joe Childress, un corredor de la NFL que se graduó allí en la década de 1950, pero sigue sin haber nada relacionado con Cook. Tal vez sea porque es un hombre de negocios y no un deportista. Un ciudadano[101] entrevistado piensa que se debe a que la mayoría de habitantes de Robertsdale no sabe quién es Cook porque en aquella pequeña ciudad de Alabama no hay ningún interés por los directores generales de las grandes compañías.

Entre una gran parte de los que saben quién es Cook hay la sensación de que no ha hecho por la economía local tanto como debería. En la página de Facebook «Robertsdale, Past and Present»[102] hay una larga discusión sobre el por qué no ha utilizado Apple para dar prosperidad a aquella zona. Uno de los participantes se pregunta por qué Robertsdale, siendo la ciudad natal de Cook, no es un centro tecnológico de Alabama. Y, al parecer, es una pregunta que los ciudadanos se formulan con mucha frecuencia.

---

101. Entrevista del autor con un ciudadano de Robertsdale, junio de 2018.

102. www.facebook.com/groups/263546476993149/permalink/1948196945194752/.

Dillan Gosnay, un ciudadano de Robertsdale de veintiún años de edad, comentó que en la ciudad hay un problema importante de desempleo. Él realiza trabajos de soldadura cuando los encuentra, pero, básicamente, está en paro. Y no es el único. Como sucede en muchas zonas rurales de los Estados Unidos, Robertsdale lucha desde hace tiempo contra el desempleo. «El trabajo[103] es lo peor de vivir aquí. Es duro, todo el mundo tiene tres trabajillos distintos. [...] No hay nada, no hay compañías grandes que quieran instalar aquí su central —dijo—. Pienso que a mucha gente le gustaría que trajese aquí alguna cosa que creara puestos de trabajo.»

Pero Apple tardará un tiempo en llegar a la ciudad. En la actualidad, Alabama no[104] tiene leyes explícitas que prohíban la discriminación por raza, edad o sexo. Poco después de que Cook fuera reclutado como miembro de la Alabama Academy of Honor, en 2014, le comunicó personalmente a Todd, la miembro de la cámara de representantes, que Apple no tenía intención de invertir en Alabama hasta que el estado aprobara leyes antidiscriminación. «Los ciudadanos de Alabama[105] siguen pudiendo ser despedidos por su orientación sexual —dijo Cook—. No podemos cambiar el pasado, pero sí podemos aprender de él, y de este modo crear un futuro distinto.»

Poco después, e inspirada por la visita de Cook, Todd presentó ante el poder legislativo del estado de Alabama un proyecto de ley antidiscriminación que llevaba el nombre de Cook. «Tim tuvo el honor[106] de que llevara su nombre» dijo Todd. Pero, por desgracia, el proyecto de ley no prosperó. «Soy demócrata —explicó Todd—, y la legislatura está con-

---

103. Entrevista del autor con Dillan Gosnay, febrero de 2018.

104. «Employment Discrimination in Alabama», Findlaw, consultado el 13 de septiembre de 2018, https://corporate.findlaw.com/litigation-disputes/employment-discrimination-in-alabama.html.

105. Associated Press, «Apple CEO Tim Cook Funds Gay Rights Initiative in Alabama», *Mercury News,* 12 de agosto de 2016, consultado el 13 de septiembre de 2018, www.mercurynews.com/2014/12/18/apple-ceo-tim-cook-funds-gay-rights-initiative-in-alabama.

106. Entrevista del autor con Patricia Todd, febrero de 2018.

trolada por los republicanos. Tienen una supermayoría. […] No estuvieron dispuestos a aprobar una ley antidiscriminación. Fue un acto más simbólico que cualquier otra cosa. Pero […] al menos la conversación estuvo ahí.» Fracasó, pero fue un paso en la dirección correcta.»

Y es evidente que Cook no siente indiferencia hacia su ciudad natal, ni hacia el estado donde nació. «Está muy interesado por todo lo que sucede en Alabama —dijo la miembro de la cámara de representantes Todd—. Se mantiene al corriente. […] Intenta ayudar al estado a seguir avanzando. Lo cual […] teniendo en cuenta que se trata de Alabama, llevará mucho tiempo.» En diciembre de 2014[107], Cook realizó una donación de una cantidad no revelada, aunque «considerable», para la Human Rights Campaign (HRC), una organización en defensa de los derechos humanos con sede en Washington que inició una campaña de 8,5 millones de dólares a favor de los derechos de los gais en Alabama, Arkansas y Misisipi. El proyecto «One America» de HRC[108] sigue en marcha y tiene en la actualidad oficinas y empleados en los tres estados. Desde la donación de Cook, HRC[109] se ha convertido en la organización en defensa de los derechos civiles del colectivo LGTBI más grande de todo el país, afirma el grupo, con más de tres millones de miembros y seguidores. Cook donó también iPad a las muy necesitadas escuelas públicas del «Cinturón Negro» de Alabama, una región empobrecida que recibe su nombre de su característica tierra negra. «Ha contribuido[110], pero ha dejado muy claro a los funcionarios electos, sobre todo al poder legislativo, que "no expandiré mis operaciones en Alabama hasta que se

107. Associated Press, «Tim Cook Makes Personal Donation to Gay Rights Campaign», *Guardian,* 18 de diciembre de 2014, consultado el 13 de septiembre de 2018, www.theguardian.com/technology/2014/dec/18/apple-ceo-tim-cook-donation-gay-rights-campaign.

108. «Project One America», Human Rights Campaign, consultado el 13 de septiembre de 2018, www.hrc.org/campaigns/project-one-america.

109. «About Us», Human Rights Campaign, consultado el 13 de septiembre de 2018, www.hrc.org/hrc-story/about-us.

110. Entrevista del autor con Patricia Todd, febrero de 2018.

aprueben las leyes antidiscriminación" —explicó Todd—. Naturalmente, eso no vamos hacerlo, porque antes seguiremos siendo fanáticos de la Biblia que traer puestos de trabajo a Alabama.»

Cook ha inspirado también a hablar sobre no discriminación a la comunidad empresarial local; con la legislación vigente y con iniciativas discriminatorias como la legislación no inclusiva de aseos públicos, les resulta complicado atraer negocio hacia Alabama. «Si hace diez años me hubieran dicho[111] que los principales defensores de la no discriminación iban a ser el ejército y las empresas me habría echado a reír, pero está pasando —comentó la miembro de la cámara de representantes Todd—. Resulta difícil reclutar buenos empleados y conseguir desarrollo económico cuando te ven como un estado retrasado que permite la discriminación.» A pesar de que el progreso está siendo lento, Cook confía en que Alabama cambie sus leyes; al fin y al cabo, es un lugar muy especial para él. Se desplaza con regularidad allí para ver los partidos de fútbol de Auburn y visitar a la familia. Pasó en ese estado los primeros veintiún años de su vida, y es evidente que aquellas vivencias tuvieron un impacto sobre él. Como comentó a un grupo de jóvenes durante una visita a Birmingham, Alabama: «Pasé la mayor parte de mis años de formación[112] en Alabama». Confiemos en que algunos de ellos sigan su iniciativa y cambien Alabama para mejor.

Ingeniería en Auburn

Después de graduarse en el instituto en 1978, Cook dejó Robertsdale para estudiar en la Universidad de Auburn, donde cursó un grado en

111. Entrevista del autor con Patricia Todd, febrero de 2018.

112. Erin Edgemon, «Apple's Tim Cook Talks MLK, Auburn, Coding During Birmingham Visit», AL.com, 4 de abril de 2018, consultado el 13 de septiembre de 2018, www.al.com/news/birmingham/index.ssf/2018/04/tim_cook_talks_mlk_auburn_codi.html.

ciencias, rama ingeniería industrial, uno de los objetivos que se había marcado a largo plazo. «Desde que estaba[113] en séptimo decía: "Quiero ir a Auburn"», recordaba su madre. La Universidad de Auburn estaba relativamente cerca de la ciudad natal de Cook, a solo tres horas en coche. Permanecer en Alabama era importante para él. La otra alternativa universitaria era la Universidad de Alabama, en Tuscaloosa, pero siempre le pareció demasiado elegante. «La gente adinerada[114] iba a Alabama —explica—. Era el tipo de lugar adecuado para médicos y abogados, y yo siempre me asocié con la clase trabajadora. Y la clase trabajadora iba a Auburn.»

Elegir los estudios de ingeniera industrial en Auburn fue una decisión astuta. El antiguo CEO de Chrysler, Lee Iacocca, el antiguo CEO de Walmart, Mike Duke, y el antiguo CEO de United Parcel Service, Michael Eskew, tenían estudios de ingeniería industrial, y conseguir aquel título colocaría al joven Cook en su mismo camino. La elección encajaba tanto con su sensibilidad como con sus habilidades: la ingeniería industrial se centra en las distintas formas de optimizar sistemas complejos, en la mejor manera de eliminar gastos superfluos y en hacer el mejor uso posible de los recursos. Eran habilidades que Cook desarrolló enseguida. «Sabía eliminar[115] la mala hierba e ir al grano de cualquier problema rápidamente», comentó uno de sus profesores, Robert Bulfin.

La carrera de Cook en Aurburn fue sólida, por no decir espectacular. En su último año fue nombrado graduado en ingeniería destacado y se mostró increíblemente humilde ante tal elogio. «No me merezco esto[116] —insistió—. Hay mucha gente que se lo merece mil veces más que yo.»

---

113. Finch, «Tim Cook».

114. Hanno van der Bijl, «Apple's Tim Cook on Leadership, Workplace Diversity, Alabama and Auburn Rivalry», *Birmingham Business Journal*, 1 de junio de 2018, consultado el 13 de septiembre de 2018, www.bizjournals.com/birmingham/news/2018/04/06/tim-cook-on-leadership-workplace-diversity-alabama.html.

115. Kane, *Haunted Empire*, p. 98.

116. Kane, *Haunted Empire*, p. 99.

Saeed Maghsoodloo, uno de los profesores universitarios de Cook, lo recuerda como un «alumno sólido de notables altos y sobresalientes». En una entrevista concedida al *New York Times,* publicada el año en que Cook asumió el puesto de CEO de Apple, Maghsoodloo describió a Cook como «un individuo muy discreto[117] y modesto [que era] muy, muy intenso» y «se sentaba en silencio y estudiaba». Pero era también afable y buen amigo, tan popular en la universidad como lo había sido en el instituto. Las fotografías de la época lo muestran riendo y bromeando con grupos de amigos.

En Auburn aprendería muchas de las habilidades que lo ayudarían a lo largo de su carrera profesional. Aprendió a programar. Para un trabajo de clase, diseñó un sistema para mejorar la sincronización de los semáforos de los alrededores de la universidad. «Intenté optimizar el tráfico, puesto que en aquellos tiempos los semáforos funcionaban con cronómetros —explicó—. Quería encontrar la manera de reducir las colas de tráfico para que la gente no tuviera que esperar tanto tiempo y, por otro lado, garantizar la seguridad de todos.» Por lo visto, el sistema funcionó tan bien que la policía local decidió adoptarlo. «La cosa salió muy bien... y funcionó. La policía lo implementó», dijo. Hoy en día, sin embargo, ha perdido parte de su habilidad para escribir código. Bromea[118] diciendo que sus habilidades para escribir código «no están mal», pero «hay mucha, muchísima gente en Apple mejor que yo».

Auburn parece haber tenido un impacto significativo tanto en la manera en que Cook aborda su trabajo como en su visión del mundo. El «Credo de Auburn», escrito en 1943 por el primer entrenador de

---

117. Miguel Helft, «Tim Cook Is Running Apple, but Not Imitating Steve Jobs», *New York Times,* 23 de enero de 2011 2011, consultado el 13 de septiembre de 2018, www.nytimes.com/2011/01/24/technology/24cook.html.

118. Jasper Hamill, «Apple CEO Tim Cook Reveals How YOU Can Follow in His Footsteps», *The Sun,* 13 de octubre de 2017, consultado el 13 de septiembre de 2018, www.thesun.co.uk/tech/4663185/apple-ceo-tim-cook-reveals-a-big-career-secret-and-tells-how-you-can-follow-in-his-footsteps.

fútbol de la universidad, George Petrie, declara: «Creo que[119] el nuestro es un mundo práctico y que solo puedo contar en lo que yo mismo me gane. Por lo tanto, creo en el trabajo, en el trabajo duro. Creo en la educación, que me proporciona los conocimientos necesarios para trabajar con inteligencia y entrena mi mente y mis manos para que trabajen con habilidad. Creo en la honestidad y la sinceridad, sin las cuales no podré nunca ganarme el respeto y la confianza de mis compañeros».

En un discurso de inauguración del curso que Cook ofreció en Auburn en 2010, evocó estas palabras a modo de mantra personal. «Pese a tratarse de un sentimiento[120] muy simple, estas palabras esconden una dignidad y una sabiduría tremendas y han superado con creces la prueba del paso del tiempo —dijo a la audiencia—. Los que intenten alcanzar el éxito sin el trabajo duro acabarán engañándose o, peor todavía, engañando a los demás.» Cook creyó en el trabajo duro desde muy joven y, por su forma de dirigir Apple, es evidente que lo valora también en sus empleados.

En Auburn, Cook vivió su primera experiencia real con la dirección empresarial. Se apuntó a un programa[121] de formación cooperativa que le llevó a pasar parte de su tiempo en la universidad en Reynolds Aluminum, Richmond, Virginia. Resultó ser un curso acelerado sobre la realidad del mundo laboral. Al poco tiempo de empezar a trabajar allí, la empresa se vio obligada a despedir a un montón de empleados. Esa pérdida, sin embargo, jugó en beneficio de Cook, que disfrutó de la oportunidad de hacerse un hueco y ayudar al presidente a gestionar la compañía. El papel de segundo de a bordo fue un rol que iría perfeccionando antes de llegar a la cumbre de Apple.

---

119. «The Auburn Creed», Universidad de Auburn, consultado el 13 de septiembre de 2018, www.auburn.edu/main/welcome/creed.html.

120. «Auburn University Spring 2010 Commencement Speaker Tim Cook», YouTube, publicado por la Universidad de Auburn, 18 de mayo de 2010, consultado el 13 de septiembre de 2018, www.youtube.com/watch?v=xEAXuHvzjao.

121. Kane, *Haunted Empire*, p. 99.

Cook se graduó en Auburn en 1982, apenas dieciocho meses después de que Apple saliera a bolsa y dieciocho meses antes de que la
compañía lanzara al mercado su revolucionario Macintosh. Pero Apple
no estaba aún en el radar de aquel joven de veintiún años. Cuando se
graduó de la universidad, un cazatalentos de IBM, el centro neurálgico
tecnológico de la época, que acababa de sacar al mercado su primer IBM
PC, le ofreció un puesto de trabajo. Recibió asimismo ofertas de Ander-
sen Consulting y General Electric, compañías ambas que también eran
atractivas. Sobre su decisión de incorporarse a IBM, dice Cook: «La
verdad es[122] que nunca había pensado mucho en ordenadores. ¿Habrían
sido las cosas distintas de no haber sucedido aquello? No lo sé. Pero lo
que sí sé es que las cosas que te definen en la vida son muy pocas y, en
mi caso, esa fue una de ellas». A pesar de no haberse planteado nunca
trabajar en el sector tecnológico —un sector que estaba todavía en su
infancia y que no ocupaba un lugar prioritario en la lista de preferencias
de la mayoría de graduados—, el puesto que le ofrecían en IBM era
bueno, y Cook lo aceptó.

Inmediatamente después de graduarse en ingeniería eléctrica, Cook
se incorporó a la próspera operación de ordenadores personales de IBM,
una división relativamente nueva del gigante de los ordenadores que
tenía su sede en una gigantesca planta de ensamblaje del Research Triangle Park, en Carolina del Norte. Con la excepción de algún que otro
viaje a Auburn para ver partidos de fútbol americano, no volvió a echar
la vista atrás.

---

122. Kane, *Haunted Empire*, p. 99.

3

Aprendiendo el negocio en el «Gigante Azul»

El PC de IBM

Conseguir un puesto en IBM fue un golpe de suerte para el joven Cook. A principios de la década de 1980, el sector informático era emocionante y estaba en auge y, para una persona con su talento y su iniciativa, la recompensa que podía obtener de ello era potencialmente astronómica. No es de extrañar que prosperara en la compañía. La industria del ordenador doméstico[123] era aún nueva y, a pesar del éxito de las máquinas de Apple, Atari y Commodore, y del interés creciente por el Personal Computer (PC) de IBM, menos de un 10% de los hogares de los Estados Unidos tenían un ordenador. El mercado estaba en el principio de lo que acabaría siendo una explosión gigantesca, y los fabricantes se peleaban por atraer a los clientes que querían comprar su primer ordenador.

---

123. U.S. Census Bureau, *Home Computers and Internet Use in the United States: August 2000,* Departamento de Comercio de los Estados Unidos, Washington DC., septiembre de 2001, www.census.gov/prod/2001pubs/p23-207.pdf.

En aquella época, IBM era el centro candente del sector. Antes de lanzar al mercado su primer PC, IBM era conocida por vender ordenadores centrales enormes, que ocupaban salas enteras, a empresas y gobiernos. La compañía tenía ya más de 350.000 empleados[124] en todo el mundo y, en 1981, el gigante de los ordenadores había decidido entrar en el incipiente negocio del ordenador personal, en gran parte por el éxito cosechado por el pequeño ordenador Apple II, diseñado por Steve Jobs y Steve Wozniak.

El primer ordenador personal de IBM fue una máquina revolucionaria que hoy en día está considerada un auténtico hito. Fue un éxito comercial enorme y, al ser un ordenador construido con piezas estandarizadas, fue ampliamente copiado. Su nombre, «Personal Computer» —abreviado a PC—, se convirtió en un nombre en clave que abarcaba una tipología entera de máquinas pequeñas, rápidas y baratas. En cuestión de una década, los clones de IBM, como llegaron a conocerse, dominarían el multimillonario sector del PC.

El Personal Computer, que se vendía por 1.565 dólares[125], corría sobre BASIC, un lenguaje de programación popular en aquel momento (Microsoft Windows no saldría al mercado hasta un par de años más tarde, en 1985), y prometía flexibilidad, rendimiento y un fácil manejo. Llevaba un microprocesador de 16 bits, 16 kilobytes de RAM y 40 kilobytes de almacenaje, cantidades enormes para la época. Pero en comparación con los ordenadores actuales, que tienen un capacidad de procesamiento y de almacenaje infinitamente mayor, sería lento y primitivo. Tomemos, por ejemplo[126], el Apple Watch Series 3, que tiene un espacio de almacenamiento cuatrocientas mil veces superior (16 gigabytes respecto a 40 kilobytes) en un dispositivo minúsculo que puedes

---

124. «1981», IBM–Archives–History of IBM–United States, consultado el 13 de septiembre de 2018, www.ibm.com/ibm/history/history/year_1981.html.

125. «IBM Personal Computer», Wikipedia, consultado el 13 de septiembre de 2018, https://en.wikipedia.org/wiki/IBM_Personal_Computer.

126. «Apple Watch Series 3—Technical Specifications», Apple, consultado el 13 de septiembre de 2018, https://support.apple.com/kb/sp766?locale=en_US.

llevar en la muñeca. La pantalla de «alta resolución» del PC tenía espacio para veinticinco líneas, cada una de ellas capaz de dar cabida hasta un máximo de ochenta caracteres. Uno de los primeros folletos[127] del Personal Computer, que en 1982 era el ordenador de IBM más asequible, se jactaba de su «avanzado diseño y su amplia variedad de programas productivos, que se suman a la recompensa y el placer que supone tener un ordenador propio». La máquina se hizo especialmente popular entre la comunidad empresarial, que quería un ordenador relativamente barato y flexible para poder gestionar tareas rutinarias de oficina como contabilidad, comunicaciones y facturación. Pronto se convirtió en un elemento habitual en las oficinas de todo el mundo. Lo que en su día fuera un nicho de mercado para aficionados empollones se convirtió en un elemento dominante en el mundo de los negocios.

A finales de aquel año[128], IBM estaba vendiendo un Personal Computer por minuto. La compañía había estimado de entrada[129] que movería unas 250.000 unidades en cinco años, pero hubo momentos en que estaba fabricando y vendiendo mensualmente esta cifra, lo que convirtió el Personal Computer en el principal competidor del Apple II. En 1982, IBM[130] y sus competidores —que habían «clonado» o, en realidad, copiado la máquina— vendieron en los Estados Unidos 2,8 millones de unidades de ordenadores domésticos, el doble que en 1981.

Su rápido despegue valió al ordenador el honor de ser nombrado, en 1982, «Hombre del Año» por la revista *Time*. «Máquina del Año: llega el ordenador», podía leerse en la portada del número del 3 de enero de

---

127. «Full Text of "Brochure: IBM Personal Computer (PC)"», consultado el 13 de septiembre de 2018, https://archive.org/stream/1982-ibm-personal-computer/1982-ibm-personal-computer_djvu.txt.

128. «The Birth of the IBM PC», IBM–Archives–History of IBM–United States, consultado el 13 de septiembre de 2018, https://www.ibm.com/ibm/history/exhibits/pc25/pc25_birth.html.

129. «Encyclopedia», *PC* magazine, cosultado el 13 de septiembre de 2018, www.pcmag.com/encyclopedia/term/44650/ibm-pc.

130. «Personal Computer Market Share: 1975–2004», consultado el 13 de septiembre de 2018, www.retrocomputing.net/info/siti/total_share.html.

1983, donde aparecía un hombre de papel maché sentado delante de un ordenador genérico. «Hay ocasiones[131] [...] en las que la fuerza más importante en las noticias de un año no es un individuo, sino un proceso, y un reconocimiento extendido en toda la sociedad de que este proceso está cambiando el curso de los demás procesos —decía el artículo—. Esta es la razón por la cual [...] *TIME* ha decidido que 1982 es el año del ordenador.» Fue algo enorme, no solo para IBM, sino también para toda la industria tecnológica.

Y afectó a Apple, muy especialmente a Steve Jobs. Jobs se enfadó por no haber sido galardonado como Hombre del Año. Equivocadamente, había dado por sentado que tenía el título asegurado porque Apple había sido, aquel mismo año, la primera compañía de productos informáticos en alcanzar los mil millones de ventas anuales. «Me enviaron la revista por FedEx[132] —le reveló Jobs a Walter Isaacson, su biógrafo, en los años previos a su muerte—, y recuerdo que abrí el paquete, esperando ver mi cara en la portada, y me encontré con la escultura de un ordenador. Me dije: "¿Qué ha pasado?" Y entonces leí el artículo. Y era tan espantoso que incluso rompí a llorar.» Fue un golpe importante para Apple, aunque faltaba aún mucho para que Cook se planteara trabajar allí. Él estaba contento empezando su carrera profesional en la división de ordenadores personales de IBM, un lugar que le proporcionaría las habilidades necesarias para hacerse un nombre en Apple.

La planta Research Triangle Park

La división de ordenadores personales de IBM tenía su sede en una gran planta situada en Research Triangle Park. Estaba creciendo con rapidez

131. Otto Friedrich, «The Computer Moves In», *Time*, 3 de enero de 1983, consultado el 13 de septiembre de 2018, http://content.time.com/time/subscriber/article/0,33009,953632-3,00.html.

132. Walter Isaacson, *Steve Jobs, la biografía*. Debolsillo, Barcelona, 2013, p. 567.

y necesitaba incorporar a mucha gente. La estrategia de IBM en aquel momento consistía en contratar recién graduados universitarios para formarlos y promocionarlos posteriormente, y así es como Cook acabó allí. Cuando entró en IBM[133], las instalaciones de RTP consistían en una nave enorme, de más de 55.000 metros cuadrados. No era tanto una fábrica como una instalación enorme de prueba y ensamblaje. Aparte de algún que otro competente que se fabricaba allí (como los teclados), IBM compraba la mayoría de las piezas de los ordenadores a otras compañías, como Intel.

En la planta había seis líneas de producción que funcionaban veinticuatro horas al día, de lunes a viernes, en tres turnos. Cerraba los fines de semana a menos que se hubiera producido algún atraso o hubiera muchos pedidos que satisfacer. Cada día[134] podían llegar hasta un centenar de tráileres de eje doble para entregar piezas. Pero no había almacén. Las piezas entraban por un extremo de la nave y salían horas después de ella en forma de ordenadores ensamblados (a un ritmo de un ordenador por línea y por minuto).

Cerca de la mitad de los doce mil empleados de la planta trabajaban en las líneas de producción, y prácticamente todo el ensamblaje se hacía a mano. Gene Addesso, una veterana con treinta y seis años como empleada de IBM, calcula que ensamblaban entre seis y ocho mil ordenadores diarios, llegando hasta los diez mil al día en picos de fabricación. Una vez ensambladas, las máquinas se colocaban en una cinta transportadora e iban a parar al área de test, donde eran sometidas a diversas pruebas. Si las superaban, seguían su camino hasta el área de empaquetado, la única parte más automatizada de la planta. Completado el proceso[135], las cajas se cargaban en camiones que las transportaban a distribuidores y clientes.

---

133. Entrevista del autor con Dick Daugherty, febrero de 2018.

134. Entrevista del autor con Gene Addesso, febrero de 2018.

135. Entrevista del autor con Gene Addesso, febrero de 2018.

Fabricación *just-in-time*

La planta era austera y eficiente y funcionaba con un sistema *just-in-time* (JIT) ('justo a tiempo'), o *continous—flow manufacturing* (CFM) ('fabricación de flujo continuo') (CFM), como se conocía en IBM. «La fabricación JIT implica[136] no tener un almacén con un inventario de productos —explicó Addesso—. Lo fabricas. Lo envías. [...] Ahorras mucho tiempo y mucho dinero.» No había almacenaje de piezas ni de producto acabado y, por lo tanto, no había necesidad de tener un espacio destinado a almacén.

La filosofía JIT[137], conocida también como *lean manufacturing* ('producción ajustada') en los Estados Unidos, fue concebida para satisfacer con efectividad la demanda del cliente y evitar a la vez excesos de producto. Fue popularizada en Japón durante las décadas de 1960 y 1970 —principalmente por Toyota, que hizo de la automatización y del JIT los dos pilares de su sistema de producción— con el fin de que el proceso de fabricación fuera más eficiente y mejorar, de este modo, el retorno de la inversión.

En la fabricación JIT se produce «un flujo continuo en el proceso[138] durante el cual las piezas necesarias para el ensamblaje llegan a la línea en el momento en que se necesitan y solo en la cantidad que se necesitan», explicaba Taiichi Ohno, antiguo ingeniero de Toyota considerado el padre del sistema de producción de Toyota, en su libro *El sistema de producción Toyota*. «La compañía que establezca correctamente este flujo puede aproximarse al inventario cero». Y ese era el objetivo de IBM: minimizar la inversión en piezas y en ordenadores a la espera de ser vendidos, puesto que en la industria de los PC los productos podían quedar obsoletos en solo seis meses.

---

136. Entrevista del autor con Gene Addesso, febrero de 2018.

137. «Just-in-Time Manufacturing», Wikipedia, consultado el 13 de septiembre de 2018, https://en.wikipedia.org/wiki/Just-in-time_manufacturing.

138. Taiichi Ohno, *El sistema de producción Toyota*, Gestión 2000, Barcelona, 2001, p. 4.

Un error muy común es pensar que Ohno y Toyota se inspiraron en la industria automovilística norteamericana (que practicaba una forma propia de JIT) para desarrollar su concepto de JIT. De hecho, el proceso JIT se inspiró en el fenómeno de los supermercados de autoservicio norteamericanos. Ohno vio que los supermercados reabastecen su inventario para ofrecer a sus clientes todo lo que necesitan, cuando lo necesitan, y entonces llenan las estanterías con el inventario suficiente para continuar el ciclo. «A veces, claro está[139], los clientes pueden comprar más de lo que necesitan. Pero, en principio, el supermercado es un lugar donde compramos de acuerdo con nuestras necesidades —observó Ohno—. Por ello los supermercados tienen que garantizar a los clientes que puedan comprar lo que necesitan en cualquier momento.»

Toyota fue una pionera del JIT, y muchas compañías siguieron rápidamente su ejemplo. Las referencias a procesos de producción similares, sin embargo, se remontan a mucho más lejos. En el libro que publicó en 1923, *My Life and Work,* Henry Ford escribió: «Hemos descubierto[140] que no merece la pena comprar materiales que no se destinen a cubrir necesidades inmediatas. Por eso compramos solo lo suficiente para satisfacer nuestro plan de producción, teniendo en cuenta las condiciones de transporte que hay en cada momento. —Y continuaba diciendo—: Si dichas condiciones de transporte son perfectas y, en consecuencia, el flujo de materiales está garantizado, no será necesario acumular inventario de ningún tipo. Los vagones cargados de materia prima llegan en el plazo previsto y en el orden y las cantidades planificadas, y van directamente desde el tren hasta la línea de producción. Eso ahorra mucho dinero, puesto que facilita una venta inmediata del producto final y, en consecuencia, disminuye la cantidad de dinero depositada en materiales».

---

139. Ohno, *El sistema de producción Toyota,* p. 26.

140. Henry Ford, *My Life and Work: An Autobiography of Henry Ford,* Greenbook Publications 2010, edición para Kindle, https://www.amazon.com/dp/B00306KYVQ/.

Como desarrollador de uno de los primeros ordenadores personales del mundo, IBM fue pionera en la aplicación del JIT en la fabricación de productos tecnológicos. IBM empezó a implementar su programa CFM en enero de 1985 en su planta de Tucson, Arizona, que fabricaba unidades de almacenamiento óptico, impresoras láser y placas de circuito impreso. En aquel momento, el ciclo para la fabricación de una placa de circuito impreso era de 17,5 días, pero en diciembre de 1987, con el CFM en pleno funcionamiento, el tiempo se redujo casi a la mitad. Como resultado de la implementación de este proceso, la calidad mejoró de forma significativa, y hubo además un 100 por cien de mejoría en la utilización del espacio de la planta. La moral de los empleados mejoró también[141] en un 21%.

El primer empleo de Cook

Fue en su primer puesto en IBM donde Cook conoció los entresijos del *just-in-time*, que posteriormente utilizaría para revisar todo el proceso de producción de Apple. Su primer puesto fue en la línea de producción, como gestor del flujo de fabricación, un trabajo que consistía en garantizar que en la planta hubiera piezas suficientes para fabricar los PC. Un trabajo más complicado de lo que podría parecer.

Cook tenía que asegurarse de que la planta tuviera, en un momento determinado, el número necesario de piezas para todos los productos que allí se fabricaban. Era una tarea de precisión, detallista, y potencialmente estresante. Gestionar el flujo de fabricación para aquella división era un trabajo importante y complejo. «Era muy difícil[142], porque tenías muchísimos proveedores y siempre había que tener el conjunto adecua-

141. Deby Veneziale, «Workshop Report: Continuous Flow Manufacturing at IBM Tucson», verano de 1989, www.ame.org/sites/default/files/target_articles/89Q2A3.pdf.

142. Entrevista del autor con Dick Daugherty, febrero de 2018.

do de piezas en el lugar adecuado y en el momento adecuado —explicó Richard Daugherty, vicepresidente y CEO de la planta de RTP—. Era un trabajo enorme, descomunal. Si lo hacías mal, te quedabas o bien sin poder enviar el producto, o bien con un exceso de inventario. Y cualquiera de las dos cosas era nefasta. Y recuerdo que era a esa área a la que Tim dedicaba más esfuerzos, y en la que era un experto.»

Todo estaba informatizado, y los directores de planta sabían exactamente qué llegaba cuándo, dónde y en qué momento. Todo estaba cuidadosamente estudiado para que en la fábrica hubiera siempre la cantidad correcta de inventario. IBM anunciaba un nuevo PC cada seis meses, lo que ponía una presión inmensa sobre los equipos responsables del inventario. Cuando se quedaban cortos, dijo Daugherty, «recuerdo que Cook y otros compañeros eran los responsables de solucionarlo, y lo hacían». Cook no tardó mucho en destacar entre sus colegas y a sobresalir en la gestión del flujo de fabricación y de las operaciones.

El elevado potencial de Cook

Un par de años después de empezar a trabajar en IBM, Cook fue identificado como un empleado con alto potencial, un «High Potential» o «HiPo», en la jerga de IBM. El programa HiPo era muy importante en IBM; era el camino a seguir por los futuros líderes de la compañía. Cada año, los directores de la planta confeccionaban una lista con los veinticinco nuevos empleados más prometedores. La lista tenía en cuenta cosas como el rendimiento, la responsabilidad y el potencial de liderazgo. Cook ocupó el puesto número uno.

«Lo coloqué[143] el número uno en mi lista HiPo —explicó Daugherty—. Nos llamó la atención desde un buen principio, era una primera

---

143. Entrevista del autor con Dick Daugherty, febrero de 2018.

figura. Y gracias a Dios que lo reconocí y lo puse en el número uno. Tenían confianza absoluta en él. Se fiaban de él.» Fue la ética profesional de Cook, que había desarrollado en la escuela y la universidad, lo que le llevó a ganarse un puesto en la lista HiPo y le hizo subir en IBM. Ray Mays, antiguo director de producción de ordenadores personales de la planta, que fue también jefe de Cook durante un tiempo, coincidió en que Cook destacaba por encima de los demás. «Lo más impresionante[144] de él, bajo mi punto de vista, es [...] su ética profesional —dijo Mays—. No sé si ni siquiera duerme. En un ejemplo, Tim estaba en China y debían de ser las dos o las tres de la mañana allí. Me respondió [a mi mensaje de correo electrónico] en menos de cinco minutos. Debe de ser una de las personas más inteligentes con las que he trabajado. —Y añadió—: Todo lo que era y todo lo que hizo estaba siempre perfectamente bien pensado y ejecutado.»

Parte de la filosofía de IBM se basaba en la promoción interna, más que en la contratación de gente externa para ocupar los puestos de liderazgo. Los que entraban en la lista de empleados de alto rendimiento eran los primeros en ser impulsados internamente hacia puestos directivos. Los empleados de alto rendimiento iban ocupando diversos puestos en la planta y se les asignaban distintos departamentos o tareas para que se hicieran una idea más general de la operativa de IBM. «Una de las coas que hacemos[145] con esa gente es moverla de tarea en tarea para ampliar su conocimiento de lo que hacemos dentro de IBM», comentó Mays. Como HiPo, Cook trabajó temporalmente como gerente del departamento de fabricación, y también como asistente del director de la planta.

Además de gestionar la planta, Cook y sus colegas visitaban a menudo proveedores para conocer su operativa y asegurarse de que mantenían

---

144. Entrevista del autor con Ray Mays, marzo de 2018.
145. Entrevista del autor con Ray Mays, marzo de 2018.

el nivel de calidad adecuado y eran capaces de entregar sus pedidos puntualmente. Ayudaban a menudo a los proveedores que se enfrentaban a problemas logísticos. Cuando regresaban de esos viajes, «¿adivinas quién era el elegido[146] para dar la presentación a la directiva de la planta? —dijo Daugherty—. Siempre era Cook». Gene Addesso añadió al respecto: «Veías a aquel chico[147] y te decías que tenía madera de líder. Sabía dirigir a la gente. Destacaba entre el grupo. Y el grupo lo miraba con respeto». Aunque en su época como estudiante Cook siempre fue un elemento fuerte pero callado, en IBM empezó a destacar como líder, y todo el mundo se dio cuenta de ello. Tenía un talento natural para el liderazgo y empezó a crecer en IBM, y a cultivar sus habilidades gracias también a la formación adicional que recibió en Duke.

El MBA de Cook

Todos los empleados de la lista HiPo eran enviados a universidades para que participaran en cursos complementarios de liderazgo directivo. Mays, que había sido también un empleado HiPo, recordó que fue enviado a una escuela elegante de Nueva York. «Lo mío fue una operación de relaciones públicas[148] en Nueva York, y me tuvieron allí una semana criticando cada movimiento que hacía y cómo hablaba», comentó.

Pero Cook quería más y empezó a asistir a clases nocturnas en la Fuqua School of Business de la Duke University, donde obtuvo un máster en administración de empresas en 1988. Obtener aquel MBA fue idea de Cook, pero IBM se lo pagó. «Había que ser tonto para no aprovecharlo, si lo que querías era conseguir un MBA», dijo Mays, cuya esposa, Jenny, cursó el MBA al mismo tiempo que Cook. El pro-

146. Entrevista del autor con Dick Daugherty, febrero de 2018.

147. Entrevista del autor con Gene Addesso, febrero de 2018.

148. Entrevista del autor con Ray Mays, marzo de 2018.

grama «Evening Executive» de Fuqua duraba dieciocho meses y tenía lugar por las noches. Era un horario duro para Cook y los demás candidatos a MBA. Mays se extendió algo más sobre el tema: «Trabajabas todo el día[149] y después […] pasabas de tres a cuatro horas por la noche [en la escuela], y además te ponían tareas». Pero, para Cook, mereció la pena.

El MBA le ayudó a prosperar en su carrera dentro de IBM, que necesitaba ingenieros con habilidades directivas y de liderazgo. En el transcurso de un acto del Utah Tech Tour de 2016, Cook dijo que sabía que con solo su grado de ingeniería no habría tenido bastante, que los ingenieros debían complementar sus conocimientos técnicos con una visión global de los problemas que había que afrontar, algo que él consiguió gracias a su MBA. Una de las cosas que más impresionaban a sus colegas de Apple eran sus conocimientos sobre el mundo de los negocios. «Tiene una cabeza muy buena para los negocios[150] —dijo Greg Joswiak, colega de Cook—. Steve exigía eso de los líderes. Que tuvieran mentalidad empresarial, y Tim la tenía.»

Ética desde un buen principio

En Duke, Cook asistió también un curso de ética que tuvo un impacto profundo en él. Que un ingeniero asistiera a clases de ética era excepcional, pero Cook aspiraba a ampliar sus horizontes y a desarrollar una visión más global de la ingeniería y los negocios. Incluso en un momento tan temprano de su carrera, le interesaba la idea de que las compañías pudieran impulsar el bien en el mundo. Esta forma de pensar era única, puesto que la formación científica y técnica no suele incluir cursos de

---

149. Entrevista del autor con Ray Mays, marzo de 2018.

150. Entrevista del autor con Greg Joswiak, marzo de 2018.

ética. La industria siempre ha puesto énfasis en las habilidades técnicas, no en las sociales, un hecho que nunca había quedado tan claro como hoy en día, cuando el carácter ético de las acciones que llevan a cabo las grandes compañías tecnológicas se observa con lupa. Desde los abusos en cuestiones de privacidad de Facebook hasta los abusos de Uber sobre sus empleados, la ética lamentable empleada en el mundo de la tecnología se ha convertido en un tema candente. Desde 2016, Silicon Valley ha sido testigo de una tremenda respuesta negativa del público contra la ética del sector tecnológico, dispuesto a avanzar a la velocidad del rayo y a romper las reglas sin tener para nada en cuenta las consecuencias.

En un momento en el que la integridad de la industria tecnológica se está poniendo seriamente en entredicho, la postura ética de Cook en Apple destaca sobre todo lo demás. «Cuando mucha gente del mundo de los negocios[151] piensa en ética, piensa en fraude contable, y piensa en el uso de información privilegiada en beneficio propio. [...] Pero yo no pienso en eso —dijo en 2013 Cook en el transcurso de una reunión de antiguos compañeros de estudios de Duke—. Cuando pienso en ética, pienso en dejar las cosas mejor de cómo se encontraron. Y para mí, eso va desde todo lo relacionado con el medioambiente hasta cómo trabajas con los proveedores en temas laborales, pasando por la huella de carbono de tus productos, las iniciativas que decides apoyar, la forma de tratar a tus empleados [...] Todo lo que comprende tu personalidad tiene que poder caber bajo este paraguas.»

Aquellas clases de ética le llevaron a ver el mundo de los negocios desde una perspectiva distinta a la dominante en el sector. Las lecciones que Cook aprendió allí —que había que dejar las cosas mejor de cómo las habías encontrado, que había que proteger el medioambiente, que había que tratar con respeto a los empleados— apuntalaron sus creen-

---

151. «Apple CEO and Fuqua Alum Tim Cook Talks Leadership at Duke», YouTube, publicado por la Duke University Fuqua School of Business, consultado el 13 de septiembre de 2018, www.youtube.com/playlist?list=PLwEToxwSycW1uqGG-iYZOERU0WBTKIAMt.

cias y se convirtieron posteriormente en el sello distintivo de su ejercicio como CEO de Apple. En IBM empezó a sentar las bases de su liderazgo en Apple, y eso incluía también la interacción con sus compañeros.

La vida social en IBM

A lo largo de los años, Cook se ha visto descrito a menudo como una persona que siempre se ha mantenido a cierta distancia de los demás, pero Daugherty y Addesso no opinan que fuera así durante el tiempo que pasó en IBM. «Yo no lo describiría precisamente como un solitario —dijo Daugherty—. Trabajaba con gente, dirigía un equipo» Con frecuencia estaba en el centro de todo, socializando con sus compañeros, sobre todo con los que habían entrado al mismo tiempo que él y con los empleados HiPo. Addesso indica que había «un grupo de gente[152] que fueron contratados a la vez y que eran muy amigos. Salían juntos […] Tenía un par de […] muy buenas amigas cuando estaba aquí, además de los chicos. Quiero decir que salían todos a tomar copas y cosas de esas. Era un tipo normal».

Cook era muy sociable cuando trabajaba en IBM y se le recuerda por su sentido del humor. Hoy en día, su personaje público es comprensiblemente más conservador y considerado. Sus presentaciones y entrevistas suelen mostrar su lado más serio. Transmite la impresión de ser un hombre que no se anda con tonterías, sobrio, nada bromista. Pero en privado, sus compañeros, tanto del pasado como del presente, dicen que tiene una gran vena humorística y que se ríe a menudo de sí mismo. Daugherty dijo: «Era muy atento[153], equilibrado, trabajador, pero también […] tenía un buen sentido del humor».

---

152. Entrevista del autor con Gene Addesso, febrero de 2018.
153. Entrevista del autor con Dick Daugherty, febrero de 2018.

Ray Mays tenía un recuerdo algo distinto. Decía que, en el trabajo, «a la gente […] le gustaba[154] trabajar con él. Era más inteligente que nadie, más agresivo en sentido positivo que nadie, y trabajaba más duro que nadie». Todos los empleados trabajaban duro en la planta, pero su cultura social era muy de obreros. «Era trabajar todo el día y beber toda la noche. Era ese tipo de socialización —dijo Mays—. Pero Tim no formaba parte de eso. No puedo contarte muchas cosas porque creo que pasaba la mayoría de las horas que estaba despierto trabajando.» Teniendo en cuenta todos los relatos, parece ser que Cook tenía un pequeño grupo de amigos con quienes le gustaba socializar a la salida del trabajo, pero que en sus horas libres era más probable encontrarlo trabajando que de fiesta.

A pesar de tener un grupo de buenos amigos en IBM, Cook se mantenía muy reservado en todo lo concerniente a su vida personal. Nadie sabía que era gay. Addesso mencionó que mantenía[155] como algo muy íntimo su vida sexual. En la conservadora Carolina del Norte, y en una compañía como IBM, con su código de vestimenta estricto y sus procesos tan establecidos, no era muy habitual que los empleados pudieran mostrarse abiertamente gais.

«No sabía nada[156] acerca de […] su sexualidad —explicó Addesso—. Varios años después de que se fuera, un grupo de chicos que había trabajado con él estaban [jugando al] golf […] y [salió a relucir en la] conversación. […] Pero a nadie le importó. A todo el mundo le caía bien. Nunca sacó el tema. Era muy reservado al respecto.» Cook mantenía en privado su vida privada y se centraba en trabajar. A pesar de que Cook ha salido del armario, sigue siendo muy reservado en todo lo relacionado con su vida privada y se mantiene alejado de los focos por lo que a esto respecta.

---

154. Entrevista del autor con Ray Mays, marzo de 2018.

155. Entrevista del autor con Gene Addesso, febrero de 2018.

156. Entrevista del autor con Gene Addesso, febrero de 2018.

Ascensos en IBM

A lo largo de la docena de años que pasó en IBM, Cook fue promocionado varias veces y llegó a directivo de segundo nivel. En la jerarquía de IBM, los empleados de base reportaban a un directivo de primer nivel, y tres o cuatro directivos de primer nivel reportaban a un directivo de segundo nivel. Los directivos de tercer nivel reportaban a un director de planta, y los directores de planta reportaban a Daugherty, el CEO.

Una Navidad, cuando Cook llevaba ocho o nueve años allí, estuvo dirigiendo la planta durante las fiestas. A la mayoría de los altos directivos les gustaba irse de vacaciones durante la semana entre Navidad y Año Nuevo. Pero aquel año en concreto, la planta estaba bajo gran presión por tener que enviar muchos ordenadores antes de final de año. «Estábamos despegando[157]. Teníamos […] que sacar una cantidad enorme de ordenadores personales para llegar a la cuota de final de año que nos habíamos marcado. Y cuando me marché, para estar de vacaciones una semana, siempre dejaba a una persona al cargo. […] Y Tim se presentó voluntario e hizo un trabajo magnífico gestionando toda la fábrica durante aquella semana y alcanzando los objetivos de producción que nos habíamos marcado. […] Tenía mucha presión encima, porque había que producir y lo hicimos. Y él lo hizo.»

Las prisas de final de año eran un «trabajo impresionante». «Teníamos todos los tráileres que había disponibles[158] en la Costa Este aparcados en nuestros muelles y cargando. Tim estaba en los muelles desde mediodía hasta medianoche para asegurarse que todo se cargaba adecuadamente. […] Y lo gestionaba muy bien. Manteniendo normalmente la frialdad, la calma y la serenidad. La mayoría de la gente se volvería loca

157. Entrevista del autor con Dick Daugherty, febrero de 2018.

158. Entrevista del autor con Ray Mays, marzo de 2018.

y empezaría a gritar. Pero Tim era equilibrado y [tenía] buen carácter […] teniendo en cuenta toda aquella presión.»

Los altos directivos reconocieron siempre la ética profesional de Cook. Como solía suceder con la mayoría de los HiPo, Cook acabó trabajando en la sede central de IBM. Hacia finales de su etapa en la compañía, fue promocionado a director de expediciones para Norteamérica.

El paso de Cook por Intelligent Electronics

Cook trabajó en IBM doce años, hasta el 10 de octubre de 1994, fecha en que aceptó el puesto de jefe de operaciones de la división de distribución de Intelligent Elctronics, en Denver. La compañía hace tiempo que se extinguió[159], pero en aquel momento era una proveedora destacada de microordenadores, estaciones de trabajo y otros productos tecnológicos, valorada en 3.200 millones en 1995, el primer año en que Cook trabajó allí. Cook, que tenía por aquel entonces treinta y tres años y se convirtió en el responsable de la distribución de todos los productos y servicios de IE. No está muy claro por qué dejó IBM para incorporarse a una compañía más pequeña y menos famosa, pero la perspectiva de ser un pez grande en un estanque más pequeño, junto con un aumento de sueldo espectacular contribuyó a buen seguro en la decisión. Durante su primer año allí[160], 1995, Cook percibió un sueldo base de 250.000 dólares, un bono de 67.500 dólares y 100.000 acciones, una pequeña fortuna en aquella época, según una declaración presentada ante la Securities and

---

159. Edward O. Welles, «When a Billion-Dollar Company Ain't Enough» *Inc.*, 1 de mayo de 1995, consultado el 13 de septiembre de 2018, www.inc.com/magazine/19950501/2265.html.

160. Edgar Online, Intelligent Electronics Inc Form Def 14A, 23 de julio de 1996, http://b4utrade. brand.edgar-online.com/efxapi/EFX_dll/EDGARpro.dll?FetchFilingCONVPDF1?SessionID= GReEUbNUi2_sIft&ID=1469265.

Exchange Commission. «Era un cambio tan lucrativo[161], que Tim no pudo rechazarlo», dijo Mays.

Pero la transición no siempre fue fácil. Durante el tiempo que pasó en IE, la salud de Cook sufrió un grave sobresalto. En 1996 empezó a sentir cansancio, hormigueos y falta de coordinación. Fue erróneamente diagnosticado de esclerosis múltiple. «El médico dijo: "Señor Cook, o ha sufrido usted un ictus o tiene esclerosis múltiple"», recordó en una entrevista concedida a la revista de antiguos alumnos de Auburn. La noticia le hizo[162] «ver el mundo de otra manera», afirma. Le sirvió de inspiración para empezar a participar en actos benéficos, como una carrera ciclista anual de dos días en Georgia, con el fin de recolectar fondos para la investigación de la esclerosis múltiple. Resultó que[163] no tenía aquella enfermedad, que sus síntomas eran el resultado de «cargar con una carga increíblemente pesada», pero aun hoy en día sigue recaudando fondos para la investigación de la esclerosis múltiple.

Después de aquel diagnóstico erróneo, Cook volvió a su actividad normal y pudo hacer realidad grandes cambios en IE. Durante el tiempo que pasó allí, la compañía cerró nuevos contratos de distribución con Packard Bell, introdujo un nuevo modelo de precios, simplificó sus operaciones y lanzó un programa llamado PowerCorps, diseñado específicamente para incrementar la venta de productos Apple a través de distribuidores de IE. La facturación de IE había aumentado un 21%, hasta alcanzar los 3.200 millones de dólares en el año fiscal 1994, y subió de nuevo hasta alcanzar los 3.600 millones de dólares en el año fiscal 1995. La compañía creció a pesar de verse sacudida por varias demandas judiciales, una por conducta indecorosa por parte de

---

161. Entrevista del autor con Ray Mays, marzo de 2018.

162. Yukari Iwatani Kane, «The Job After Steve Jobs: Tim Cook and Apple», *Wall Street Journal*, 1 de marzo de 2014, consultado el 13 de septiembre de 2018, www.wsj.com/articles/the-job-after-steve-jobs-tim-cook-and-apple-1393637952.

163. Kane, «The Job After Steve Jobs».

una antigua empleada y una demanda colectiva de accionistas alegando que IE había inflado inadecuadamente el precio de la acción escondiendo información sobre sus prácticas de mercado. En 1997, Cook recomendó vender la compañía a General Electric. Y fue vendida por 136 millones de dólares.

El paso de Cook por Compaq

Poco después de la venta de IE, Cook fue cazado por Compaq, uno de los proveedores de IE, donde pasó a ocupar el puesto de vicepresidente de materiales corporativos e instalándose en Houston. Por aquella época, Compaq ya había superado a Apple, e incluso a IBM, como primer fabricante de PC a nivel mundial y acababa de completar las adquisiciones de Tandem Computers, conocido por su plataforma de servidores NonStop, y de Microcom, un importante proveedor de módems.

En febrero de 1997, Compaq[164] introdujo Presario 2000 Series, su primer ordenador de sobremesa con un precio por debajo de los 1000 dólares, pensado para el 60% de hogares norteamericanos que nunca habían tenido un PC. El ordenador básico corría sobre Windows 95 y era una auténtica apuesta para Compaq, puesto que la compañía había elegido instalar un procesador MediaGX, no convencional y más barato, fabricado por la advenediza Cyrix Corporation, en vez de decantarse por los chips más conocidos de Intel. Los chips de Intel eran, y siguen siendo, el estándar para la mayoría de ordenadores personales. El chip de Cyrix era de[165] una compañía anónima y desconocida y, por lo tanto, un

---

164. Compaq Offers Cheap PCs», CNNMoney, consultado el 13 de septiembre de 2018, https://money.cnn.com/1997/02/20/technology/compaq/.

165. «The Secret History of the Sub-$1,000 Computer», CNET, consultado el 4 de octubre de 2018, https://www.cnet.com/news/the-secret-history-of-the-sub-1000-computer/.

riesgo. Pero la apuesta valió la pena. La serie Presario 2000, en su conjunto[166], ayudaría a Compaq, que tenía por aquel entonces 32.000 empleados, a alcanzar la cifra de 1.860 millones de dólares de beneficios en 1997.

El procesador MediaGX ayudó a poner en marcha la tendencia del ordenador asequible, empujando los precios por debajo de los 1.000 dólares y haciéndolos más accesibles para el usuario doméstico. Obligó a Intel a lanzar al mercado en abril de 1998 el Celeron, su propia marca asequible de CPU (Unidad Central de Procesamiento), mientras que AMD, otra compañía tecnológica, siguió el ejemplo con el lanzamiento de chips más baratos. Como resultado de ello, los precios de los PC iniciaron un descenso continuado, teniendo resultados directos para Apple. Mientras los PC eran cada vez más baratos, las máquinas de Apple mantenían sus precios, y la compañía se vio inmersa en graves problemas y empezó a acumular impresionantes inventarios de ordenadores no vendidos.

Durante su breve estancia en Compaq, Cook colaboró en la transición de la compañía construyendo un nuevo modelo de fabricación sobre pedido, un derivado del JIT al que Compaq puso como nombre «Optimized Distribution Model» (ODN o «Modelo de Distribución Optimizada»). En vez de fabricar máquinas anticipando la demanda y dejando que se acumularan en las estanterías, Compaq iniciaba el proceso de fabricación cuando se recibía el pedido, un modelo similar al que Dell y Gateway ya estaban siguiendo. En lugar de producir según la previsión de ventas, los ordenadores se fabricaban para satisfacer pedidos reales. Lo cual proporcionó a Compaq más flexibilidad y lo ayudó a reducir material no utilizado, aunque significó también que la compañía tenía que gestionar de forma más efectiva a sus proveedores para que pudieran responder a la demanda con rapidez y efectividad de costes.

---

166. «Compaq 4Q Net Grows», CNNMoney, consultado el 13 de septiembre de 2018, https://money.cnn.com/1999/01/27/companies/compaq/.

«Estamos generando un terremoto[167] en el sector —declaró Eckhard Pfeiffer, CEO de Compaq en aquel momento—. El nuevo modelo influirá en el modo en que los productos Compaq se diseñan, se fabrican, se configuran, se distribuyen, se piden, se compran, se reparan y se actualizan, así como en el modo en que Compaq se compromete con sus clientes y trabaja con sus distribuidores.»

Gracias a la fabricación sobre pedido, que ayudó a incrementar la eficiencia y a disminuir dramáticamente los costes de producción, en otoño de 1997 Compaq pudo recortar los precios de algunos de sus ordenadores más populares. Meses más tarde, en febrero de 1998, bajó en un 18% el precio de toda su línea Deskpro, obligando a Dell, IBM y otros a seguir su ejemplo poco después. «Perfeccionando continuamente nuestro Modelo de Distribución Optimizada[168], y consiguiendo cada vez más eficiencia, estamos siendo capaces de ofrecer características tecnológicas punteras y más valor en toda la plataforma Deskpro», declaró Michael Winkler, que en aquel momento era vicepresidente sénior y CEO de la división de ordenadores personales de Compaq.

El Modelo de Distribución Optimizada (ODM, por sus siglas en inglés) permitió a Compaq trasladar los costes de inventario a sus socios de fabricación, que embarcaban máquinas completas solo después de haber recibido los pedidos. Esto anulaba la necesidad de disponer de los grandes almacenes donde antiguamente se guardaban durante un tiempo indefinido los ordenadores a la espera de ser vendidos. El ahorro que conseguía Compaq con esto se destinó a otras áreas, tal y como explicaron Peter C. Y. Chow y Bates Gill en su libro *Weathering the Storm*. «Desde el punto de vista de Compaq[169], la adopción del ODM permite

---

167. «Compaq Launches New Business Model Creating Customer Value Revolution», *Business Wire*, 10 de julio de 1997.

168. *Business Wire* nota de prensa sobre Nexis, «Compaq Lowers Prices Across It Entire Deskpro Line by Up to 18 Percent», 2 de febrero de 1998.

169. Peter C. Y. Chow y Gill Bates, eds., *Weathering the Storm: Taiwan, Its Neighbors, and the Asian Financial Crisis*, Brookings Institution, Washington, DC., 2000, p. 181.

concentrar sus esfuerzos en Investigación y Desarrollo y Marketing, dejando el resto de la cadena de valor en manos de sus subcontratas en Taiwán y sus distribuidores». Era esencialmente el modelo que Cook incorporaría posteriormente a Apple.

Cook jugó un papel importante en la transición de Compaq al ODM, y sus esfuerzos no tardaron mucho tiempo en ponerlo bajo el radar de Jobs. En Compaq, Cook era el intermediario que había trabajado estrechamente con los fabricantes subcontratados de la compañía para hacer realidad la transición al Modelo de Distribución Optimizada. En aquel momento, Apple estaba desesperada por revisar su complicado proceso de fabricación. Jobs empezó a buscar soluciones y encontró al hombre adecuado para aquel trabajo. «Tim Cook venía del área de fabricación y compras[170], y era justo el perfil que necesitábamos —recordó posteriormente Jobs con Walter Isaacson—. Me di cuenta de que él y yo veíamos las cosas de la misma manera. Yo había estado visitando muchas fábricas en Japón que trabajaban con el modelo *just-in-time* y lo había aplicado para el Mac y el NeXT. Sabía lo que quería y conocí a Tim, y él quería lo mismo.» Cook y Jobs, dos líderes muy distintos, acabarían coincidiendo gracias al proceso de fabricación JIT.

Cook mantuvo su carácter reservado mientras estuvo en Compaq pero, igual que había sucedido en IBM, era una persona apreciada por todos. Vivía solo en la ciudad, mientras que la mayoría de sus colegas se había instalado con sus familias en los barrios residenciales a las afueras de Houston. Pero, antes de que nadie tuviera oportunidad de conocerlo mejor, Cook abandonó su puesto seguro en Compaq para incorporarse a Apple, donde aplicaría todo lo que había aprendido para renovar por completo el modo en que la compañía fabricaba y vendía ordenadores.

---

170. Isaacson, *Steve Jobs, la biografía*, p. 360.

4

Una oportunidad que se presenta una sola vez en la vida: incorporarse a una compañía casi en bancarrota

Cuando Cook se incorporó a Apple[171], el 11 de marzo de 1998, no era un lugar donde mucha gente quisiera trabajar. La compañía estaba casi en bancarrota y la moral de los empleados era baja.

Steve Jobs se había reincorporado[172] recientemente a la compañía como CEO interino (en 2000 dejó de ser interino para ocupar el puesto de manera fija). Su regreso a la compañía había dado a todo el mundo motivos para ser optimista, pero aún no había conseguido vender nada. Lo único bueno que salió de Apple en aquella época fue su celebrada campaña publicitaria «Piensa Diferente». Jobs estaba muy ocupado ha-

171. «Tim Cook Joins Apple as Senior Vice President of Worldwide Operations», 11 de marzo de 1998, disponible en Internet Archive, consultado el 13 de septiembre de 2018, www.web.archive.org/web/19980429150102/ http://www.apple.com:80/pr/library/1998/mar/11org.html.

172. Mark Leibovich, Mark Leibovich, «Jobs Drops "Interim" Title, Apple Chief Executive Affirms His Commitment», *Washington Post,* 6 de enero de 2000, consultado el 13 de septiembre de 2018, www.washingtonpost.com/wp-srv/WPcap/2000-01/06/014r-010600-idx.html.

ciendo cambios en la compañía, limpiándola de todo lo innecesario, pero Apple seguía perdiendo clientes e ingresos a pasos agigantados.

La caída de Apple había sido veloz. Tan solo cuatro años antes, en 1994, estaba en la cúspide. Después de IBM, era la segunda compañía en tamaño dentro del sector informático. Estaba amasando dinero gracias a la revolución del diseño gráfico por ordenador, vendiendo toneladas de Mac, su ordenador personal de fácil manejo, a revistas, periódicos, editoriales y demás integrantes del sector editorial. El negocio le iba tan bien a Apple que tenía tres fábricas gigantescas en California, Irlanda y Singapur que ensamblaban ordenadores veinticuatro horas al día, siete días a la semana, para los mercados de Estados Unidos, Europa y Asia. La compañía contaba con más de 13.000 empleados[173] y tenía unas cifras de facturación anual que superaban los 9.000 millones de dólares.

Pero el 24 de agosto de 1995, Microsoft lanzó al mercado Windows 95, un sistema operativo para los PC IBM compatibles que supuso un auténtico terremoto en el mundo de la informática. Windows 95 era una copia descarada del sistema operativo del Macintosh de Apple, pero hacía que los clones de IBM que comercializaban Dell, Compaq y Gateway fueran fáciles de utilizar. Windows 95 fue un éxito comercial enorme[174] para Microsoft; en solo el primer año, se vendieron cuarenta millones de copias. Los PC que corrían sobre Windows no eran tan perfectos como las máquinas de Apple, pero eran mucho más baratos. Empezaron a salir volando de las estanterías, y los ordenadores de Apple a quedarse almacenados en ellas.

El golpe fue inmediato para Apple. En 1995, la compañía había obtenido unos beneficios[175] de más de 400 millones de dólares, pero en el

---

173. Apple Inc., «SEC Filings», Form 10-K, diciembre de 1994, consultado el 13 de septiembre de 2018, http://investor.apple.com/secfiling.cfm?filingid=320193-94-16&cik=320193.

174. Jonathan Chew, «Microsoft Launched This Product 20 Years Ago and Changed the World», *Fortune*, 24 de agosto de 2015, consultado el 13 de septiembre de 2018, http://fortune.com/2015/08/24/20-years-microsoft-windows-95/.

175. Reuters, «iMac, Therefore I Make Money», *Wired*, 12 de octubre de 1998, consultado el 13 de septiembre de 2018, www.wired.com/1998/10/imac-therefore-i-make-money/.

primer trimestre de 1996 informó de una pérdida de 69 millones[176]. Este fracaso fue seguido por una pérdida mucho mayor[177] en el segundo trimestre, 700 millones de dólares, una de las mayores pérdidas de la historia de Silicon Valley hasta aquella fecha. Como resultado de ello, Apple empezó a despedir[178] empleados, entre ellos a su desafortunado CEO, Michael Spindler, y contrató un nuevo CEO para sustituirlo, el doctor Gilbert Amelio, que tenía reputación de ser un artista en darles la vuelta a las cosas, con la esperanza de que fuera capaz de salvar a la compañía. Pero la caída continuó. En el transcurso de los dieciocho meses siguientes, la cuota de mercado de Apple en el sector informático pasó del 10% a un anémico 3%. La acción cayó en picado. En el transcurso de los dieciocho meses que Amelio estuvo en su puesto[179], Apple perdió 1.600 millones de dólares y jugó con su liquidación. Pero Amelio hizo una cosa bien[180]: consiguió recuperar a Jobs para Apple, adquiriendo NeXT, la compañía de Jobs, por 400 millones de dólares para hacerse también con el sistema operativo de nueva generación que fabricaba. Al principio, Jobs entró como asesor de Amelio, pero en poco tiempo se ingenió la salida de Amelio y el consejo de administración le pidió a Jobs que volviese a ocupar el puesto de CEO de la compañía que había fundado.

Para salvar a Apple, Jobs tuvo que reducir hasta el mínimo posible y compensar el hecho de que Amelio había ido justo en dirección

---

176. «Apple Loss Hits $69 Million», CNET, 18 de enero de 1996, consultado el 13 de septiembre de 2018, www.cnet.com/news/apple-loss-hits-69-million/.

177. Jim Carlton, «Apple Sees $700 Million Loss in Quarter After Write-Downs», *Wall Street Journal,* 29 de marzo de 1996, consultado el 13 de septiembre de 2018, www.wsj.com/articles/SB868490956869493000.

178. Elizabeth Corcoran, «Spindler Is Out at Apple», *Washington Post,* 3 de febrero de 1996, consultado el 13 de septiembre de 2018, www.washingtonpost.com/archive/business/1996/02/03/spindler-is-out-at-apple/4ec75ebd-8d56-43aa-8a7c-4320314ca30b/?utm_term=.cb58e4aea0c4.

179. Steve Lohr, «Apple Computer Ousts Chief in Response to Poor Results», *New York Times,* 10 de julio de 1997, consultado el 13 de septiembre de 2018, www.nytimes.com/1997/07/10/business/apple-computer-ousts-chief-in-response-to-poor-results.html.

180. John Markoff, «Steven Jobs Making Move Back to Apple», *New York Times,* 21 de diciembre de 1996, consultado el 13 de septiembre de 2018, www.nytimes.com/1996/12/21/business/steven-jobs-making-move-back-to-apple.html.

contraria. En respuesta a la enorme selección de PC Windows baratos que había en el mercado, Amelio había expandido la línea de productos de Apple hasta tener más de cuarenta modelos distintos. Había cuatro líneas de producto principales —Power Mac, PowerBook, Quadra y Performa—, que a su vez estaban divididas en docenas de modelos distintos. A los clientes les costaba diferenciar un modelo de otro, y los desconcertantes nombres de los modelos —Performa 5400CD, Performa 5400/160, Performa 5400/180 (DE)— solo servían para añadir más confusión. La compañía había tenido que recurrir a la elaboración de diagramas sofisticados para ayudar a los clientes a tomar su decisión. Como Jobs destacó a su regreso, «si no lo entendía ni yo[181], [...] ¿cómo queréis que lo entendieran nuestros clientes?» Y tenía razón.

Con Jobs de nuevo al timón, gran parte de los empleados de las líneas de producto no rentables, como el Newton, un viejo ordenador portátil, así como gran parte de los integrantes de los grupos de ingeniería y marketing que trababan en esas líneas, acabaron de patitas en la calle, aunque los mejores elementos fueron reasignados para trabajar en otros proyectos. Desaparecieron también los desastrosos acuerdos de licencia para Mac OS, que habían provocado una avalancha de «Mac clónicos» en los años anteriores.

Famosa asimismo es la decisión de Jobs de recortar la impresionante línea de productos a solo cuatro modelos: dos máquinas de sobremesa —una para el consumidor doméstico y otra para profesionales— y dos portátiles. Esbozó su plan en una pizarra dibujando una sencilla matriz de dos por dos. El consejo de administración de Apple se asustó al ver aquel plan tan básico. Jobs había decidido poner toda la carne en el asador de Apple en solo cuatro productos, mientras que la competencia tenía en el mercado docenas de modelos. Si alguno de aquellos cuatro

---

181. «Steve Jobs WWDC 1998 Keynote (Part 1)», YouTube, publicado por AppleKeynotes, 23 de octubre de 2007, consultado el 13 de septiembre de 2018, www.youtube.com/watch?v=YJGcJgpOU9w.

ordenadores fracasaba, la compañía se vendría abajo. Un miembro del consejo calificó de «suicida» el plan[182].

El compromiso de Jobs con la transformación de Apple lindaba con lo maniático. Sus vecinos de Palo Alto[183] comentaban que, cuando salían a correr al atardecer, rara vez pasaban por delante de la casa de Jobs sin ver a Steve a través de la ventana, con la mirada fija en la pantalla del ordenador, escribiendo mensajes sin cesar. Cuando Jobs volvió a Apple era multimillonario, gracias a la oferta pública de Pixar que había tenido lugar dos años antes. Pero tenía también mucho que demostrar. Estaba volviendo a la compañía que lo había echado hacía más de una década. Y durante gran parte de la década de 1990, la prensa especializada se había concentrado con regocijo en sus fracasos, calificándolo de «estrella efímera», sobre todo después de que su trabajo en NeXT no llegara a conseguir los resultados comerciales que esperaba. Jobs sabía que en Apple tenía que producirse un cambio importante, y trabajó incansablemente para hacerlo realidad.

Poco después de regresar y ocupar el puesto de CEO, un empleado malicioso sacó a la luz un mensaje falso de correo electrónico remitido por Jobs en el que se parodiaba su visión de que los empleados de la compañía eran «perezosos y [contribuían] a la situación en la que se encontraba Apple». El mensaje decía que los empleados «tendremos que pagar ahora por el agua de las fuentes de agua» y que en la nómina tendrían una deducción por «el oxígeno consumido durante las ocho horas en el puesto de trabajo». Menos de media hora después, Steve envió un mensaje remitido realmente por él. «Estoy totalmente a favor de la diversión —escribió—. Pero tenemos que centrarnos en el futuro y hacer de esta compañía un lugar mejor. Con mis mejores deseos,

---

182. P. Burrows y R. Grover, «Steve Jobs' Magic Kingdom», *Bloomberg Businessweek*, 6 de febrero de 2006, consultado el 13 de septiembre de 2018, www.bloomberg.com/news/articles/2006-02-05/steve-jobs-magic-kingdom.

183. Alan Deutschman, *The Second Coming of Steve Jobs*, Random House International, Milsons Point, NSW, 2001, p. 261.

Steve». El empleado malicioso[184] que envió el primer mensaje fue despedido.

Jobs estaba intentando cambiar la cultura de Apple, persona a persona. Pero su forma de transformar la compañía fue percibida a menudo como arrogante. Había quien tenía la impresión de que estaba presionando a todos los que trabajaban para él para que adoptasen su estilo de vida. Se esperaba de los empleados que trabajasen hasta la extenuación[185], se prohibió fumar en todo el campus One Infinite Loop y en la cafetería empezaron a ser frecuentes los menús al gusto de Steve, basados principalmente en tofu.

Además de simplificar la oferta de productos de Apple y de cambiar la cultura en el seno de la compañía, Jobs sabía que la clave del éxito estaba en una revisión profunda del departamento de operaciones, que gestionaba la fabricación y llevaba años sufriendo un problema tras otro. La compañía llevaba años sin acertar en las predicciones de demanda de sus nuevos ordenadores. En 1993 se quemó[186] con un exceso de inventario de ordenadores portátiles PowerBook, que no resultaron ser ni de lejos tan populares como Apple había predicho. Más desastroso fue si cabe lo que sucedió en 1995, cuando infravaloró tremendamente la demanda de la nueva generación de Power Mac, siendo demasiado conservadora en sus órdenes de producción. Las predicciones de pedidos que se hicieron fueron demasiado bajas[187] y la cadena de suministro no tenía la flexibilidad necesaria para satisfacer la demanda; como resultado de ello, Apple fue incapaz de proporcionar todas las máquinas que pedían sus clientes.

---

184. Yukari Iwatani Kane, *Haunted Empire: Apple After Steve Jobs,* William Collins, Londres, 2015.

185. Deutschman, *The Second Coming of Steve Jobs,* p. 257.

186. James Daly, «Apple Excess Inventory Spawns Macintosh Auctions», *ComputerWorld,* 15 de noviembre de 1993, disponible en Google Books, https://books.google.com/books?id=Od_7AEH BZvgC&pg=PA61&lpg=PA61#v=onepage&q&f=false.

187. Mike Langberg, «1995: Is Apple Walking the Wrong Path?», *Mercury News,* 2 de octubre de 1995, consultado el 13 de septiembre de 2018, www.mercurynews.com/2014/08/29/1995-is-apple-walking-the-wrong-path.

En 1995, los pedidos previos[188] al lanzamiento del Power Mac habían sido impresionantes y ya se habían vendido 150.000 ordenadores antes de que el primero de ellos se instalara sobre una mesa. La primera máquina fue un éxito comercial sin precedentes. En una reseña de cuatro estrellas, la revista *Macworld* describía el Power Macintosh 6100/60 de la siguiente manera: «Apple no solo ha recuperado por fin[189] el liderazgo en rendimiento que había perdido hace ocho años, cuando aparecieron los PC con la CPU 80386 de Intel, sino que ha dado además un paso al frente de gigante». Era el mismo año en que Windows 95 barría el mundo de los PC, de modo que la idea de que los Mac estaban aplastando a la competencia fue una noticia muy bienvenida en una Apple que estaba pasando por dificultades. Las ventas fueron también impresionantes. En su primer año de lanzamiento, el Power Mac representó el ordenador personal multimedia más vendido del mercado. En los doce meses transcurridos a partir de marzo de 1994, Apple vendió 1,2 millones de Power Mac. El *San Francisco Chronicle* dijo[190] de la nueva línea de productos que había tenido «un primer año de bandera».

Pero podría haber vendido muchos más. Porque, debido a un mal ejercicio de predicción de la demanda, la producción de Apple sufrió retrasos y los clientes llegaron a tener que esperar hasta dos meses para hacerse con una de aquellas máquinas. Los académicos Robert B. Handfield y Ernest L. Nichols describen el problema en su libro *Supply Chain Redesign:* «Apple fue incapaz[191] de obtener entregas puntuales de piezas

188. Tom Quinlan, «Power Macs an Instant Hit with Apple's Core Following», *Infoworld,* 21 de marzo de 1994, disponible en Google Books, https://books.google.ca/books?id=DTsEAAAAMBAJ&lpg=PA22&pg=PA33#v=onepage&q&f=false.

189. «Power Macintosh 6100/60», (reseña), *Macworld,* n.º 9406, junio de 1994, consultado el 13 de septiembre de 2018, disponible en https://archive.org/stream/MacWorld_9406_June_1994#page/n57/mode/2up.

190. «Power Mac Shortage Bruises Apple», *San Francisco Chronicle,* 22 de marzo de 1995, consultado el 13 de septiembre de 2018, www.sfgate.com/business/article/Power-Mac-Shortage-Bruises-Apple-3040630.php.

191. Robert B. Handfield y Ernest L. Nichols Jr., *Supply Chain Redesign: Transforming Supply Chains into Integrated Value Systems,* FT Press, Upper Saddle River, NJ 2002, p. 129.

críticas, incluyendo entre ellas módems y chips personalizados, y no pudo sacarle el máximo rendimiento a la demanda de sus productos». Fue uno de los peores años[192] de la historia de Apple: cuando necesitaba más desesperadamente negocio, la compañía se encontró con mil millones de dólares de pedidos no servidos en su sistema porque no tenía la capacidad de inventario necesaria. La publicación del sector, *Supply Chain Digest*[193], lo calificó como uno de los «peores desastres de cadena de suministro» de la historia.

Por aquel entonces, Apple insistía en diseñar de forma personalizada gran parte de los componentes de sus productos, una tarea que se subcontrataba además a un único proveedor. Cuando todo funcionaba bien, los componentes personalizados eran un plus para una compañía tecnológica, puesto que los componentes personalizados de alto rendimiento no estaban disponibles para los rivales y era imposible copiarlos fácilmente. (Hoy en día, y precisamente por esa razón, Apple invierte[194] cada vez más en piezas personalizadas, como puede ser el caso de sus chips de diseño propio.) Pero el lado negativo de esta estrategia es que implica menor flexibilidad. Cuando el cálculo de la predicción de pedidos falla, el resultado es desastroso. No solo tienes que ensamblar apresuradamente nuevos productos, sino que además tienes que crear los componentes para construir esos productos. Tal y como observaron Handfield y Nichols, los Power Mac tuvieron un incremento de demanda del 25%, pero los directivos solo habían predicho un 15%. Esa diferencia del 10% hizo perder clientes que no estaban dispuestos a esperar.

---

192. David Kiger, «Apple and the 1995 Disaster: What Happened and How They Recovered», *David Kiger* (blog), 18 de julio de 2016, consultado el 13 de septiembre de 2018, http://aboutdavidkiger. net/apple-1995-disaster-happened-recovered/.

193. «The 11 Greatest Supply Chain Disasters», *Supply Chain Digest,* enero de 2006, www.scdigest. com/assets/reps/SCDigest_Top-11-SupplyChainDisasters.pdf.

194. Nate Lanxon, «Apple Supplier Dialog Falls on Report of In-House Chip Move», Bloomberg, 30 de noviembre de 2017, consultado el 13 de septiembre de 2018, www.bloomberg.com/news/ articles/2017-11-30/apple-reportedly-making-in-house-power-chips-in-blow-to-dialog.

Cuando los inversores vieron el error que había cometido la compañía, la acción de Apple cayó en picado. Hablando con periodistas en Londres, el entonces director ejecutivo, Michael Spindler, reconoció que «fuimos un poco tímidos[195]» en la predicción de ventas de los ordenadores Power Mac. Como resultado de ello, reconoció: «Algo de dinero hemos perdido». Pero su reconocimiento se quedó tremendamente corto, y la acción de Apple cayó un 8%, hasta quedarse en solo 35 dólares. A principios de 1996, Spindler dejó de ser CEO de Apple. En una descripción de la debacle, el *San Francisco Chronicle* comentó que «los inversores odian[196] que pase [este tipo de cosas]. No hay nada peor que tener un producto estupendo y no poder ponerlo en manos de los clientes». Apple aprendió esta lección a las duras. Cuando Jobs regresó a Apple en 1997, lo hizo decidido a no ver nunca más ese tipo de errores y empezó a transformar todas las áreas de operación de la compañía.

En 1997, Apple tenía fábricas propias en Sacramento (California), Cork (Irlanda) y Singapur. En teoría, la idea era que las tres produjeran las mismas placas base y ensamblaran los mismos productos Apple, que se venderían luego en sus respectivos mercados (Norteamérica, Europa y Asia). Pero no funcionaba ni mucho menos así. En algunos casos, productos como el PowerBook se ensamblaban en parte en Singapur, se enviaban luego a Cork para incorporarles más componentes, volvían a Singapur para el ensamblaje final y se enviaban finalmente a los Estados Unidos para ser vendidos allí. Era un lío.

Para ahorrar tiempo y dinero, Apple empezó a subcontratar gradualmente la fabricación, pieza a pieza, a países como Corea y China. Fue un cambio de dimensiones sísmicas. Desde los inicios de la compañía, la

---

195. Bloomberg News, «Company News; Apple Discloses Shortages of High-End Units», *New York Times,* 22 de marzo de 1995, consultado el 13 de septiembre de 2018, www.nytimes.com/1995/03/22/business/company-news-apple-discloses-shortages-of-high-end-units.html.

196. «Power Mac Shortage Bruises Apple», *San Francisco Chronicle,* 22 de marzo de 1995, consultado el 13 de septiembre de 2018, www.sfgate.com/business/article/Power-Mac-Shortage-Bruises-Apple-3040630.php.

gestión de sus propias fábricas había sido uno de los sellos distintivos de la identidad Apple. A Jobs le gustaba controlar de cerca tanto el hardware como el software, y tener fabricación propia era un elemento importante de ese control. La idea de subcontratar una parte tan esencial era para Jobs un anatema. Las fábricas siempre le habían fascinado, y a lo largo de su carrera había construido dos plantas vanguardistas de ensamblaje basadas en el sistema *just-in-time*, con un éxito desigual. Como entusiasta que era del control de principio a fin, Jobs se mostró por primera vez dispuesto a comprometer todo eso en aras de la eficiencia. Y así fue como, en 1996[197], Apple vendió a SCI la planta de placas base que tenía en Fountain, Colorado, y firmó un acuerdo de subcontratación por el que SCI le suministraría placas base. Un año más tarde, Apple vendió una fábrica de placas de circuitos integrados[198] en los Países Bajos a NatSteel Electronics, un fabricante de componentes electrónicos, y cerró también un acuerdo de subcontratación. En 1998, el año en que Cook se incorporó a Apple, la producción del PowerBook se subcontrató a Quanta, otro fabricante de componentes electrónicos, esta vez de Taiwán. Aquello no fue más que el principio. Cook aceleraría el proceso de subcontratación a lo largo de los años siguientes.

La disposición de Jobs a subcontratar para que salieran los números dejó impresionados a muchos que lo recordaban como un joven impetuoso, más preocupado por «dejar su huella en el universo» que por asegurarse de que las líneas de una hoja de cálculo cuadraran. «Se convirtió en un directivo[199], lo cual es distinto a ser un ejecutivo o un visionario, y eso me sorprendió gratamente», declaró Ed Woolard, el miembro del consejo de administración que colaboró en el regreso de Steve a Apple.

---

197. Joel West, *Apple Computer: The iCEO Seizes the Internet*, Personal Computing Industry Center, Irvine, CA, octubre de 2002, ftp://ftp.apple.asimov.net/pub/apple_II//documentation/misc/APPLE_Computer_Inc._Intro_Article_3.pdf.

198. West, *Apple Computer: The iCEO Seizes the Internet*.

199. Isaacson, *Steve Jobs, la biografía*, p. 573.

Los años de Jobs como CEO de NeXT y de Pixar lo habían convertido en un directivo más eficiente y práctico que cuando estuvo dirigiendo Apple por primera vez, sin haber cumplido aún los treinta. Pero seguía necesitando ayuda, sobre todo en lo concerniente a supervisar el cambio operativo que volvería a transformar Apple en una compañía ganadora. Y llegó a la conclusión de que esa persona no estaba entre los lugartenientes que lo rodeaban en aquel momento, un grupo de personas que habían llegado con él procedentes de NeXT y algunas que ya estaban en Apple a su regreso. Tardó, sin embargo, un tiempo en encontrar a la persona adecuada. Su primer contratado como director de operaciones abandonó el puesto al cabo de pocos meses como consecuencia del duro estilo de vida de Jobs. Pero en vez de contratar inmediatamente un sucesor, Jobs empezó a gestionar personalmente las operaciones para no caer en la trampa de contratar a nadie del estilo «directivo de fabricación de la vieja escuela» que estaba aplicando al puesto.

Quería alguien con la experiencia de Michael Dell, el CEO de Dell Inc., que en 1997 había declarado que de estar él dirigiendo Apple «la habría cerrado y habría devuelto el dinero a los accionistas». A pesar de que Jobs denigró públicamente a Dell[200] por su comentario «grosero», lo admiraba por su habilidad para construir fábricas y cadenas de suministro *just-in-time*. Sin embargo, con la experiencia de Dell había muy pocos candidatos. Y fue entonces cuando Apple contactó directamente con Tim Cook.

Un encuentro de cerebros: Cook conoce a Jobs

Tim Cook había rechazado varias veces las ofertas de los cazatalentos de Apple, pero tanta insistencia acabó dando sus frutos; decidió que, como

---

200. «Today in Apple History: Michael Dell Says He'd Shut Down Apple», Cult of Mac, https://www.cultofmac.com/448147/today-apple-history-michael-dell-says-hed-shut-apple-refund-shareholders/.

mínimo, tenía que conocer a Jobs. «Steve creó toda la industria[201] en la que yo estaba metido —le reveló Cook a Charlie Rose en 2014—. Pensé que me encantaría conocerlo.» Cook estaba feliz en Compaq, pero su encuentro con Jobs le proporcionó una visión nueva y excitante. «Jobs estaba haciendo algo totalmente distinto», explicó Cook. En aquel encuentro, escuchando los detalles de la estrategia y la visión que Jobs tenía para Apple, se quedó convencido de que podría realizar una contribución valiosa a la misión de Jobs. Jobs le describió un producto que según él revolucionaría el mundo de la informática, un diseño que no se parecería a ningún ordenador que hubiera existido. El producto resultó ser el tremendamente exitoso iMac G3, el colorista Macintosh de formas redondeadas que saldría al mercado en 1998 y que hizo famoso al diseñador Jony Ive. Cook se sintió enseguida intrigado. «Me contó algún detalle sobre el diseño, lo suficiente para despertar mi interés. Estaba describiéndome lo que posteriormente sería el iMac». Cook salió de aquel encuentro[202] convencido de que trabajar con una leyenda de Silicon Valley como Jobs sería «el mayor privilegio de mi vida».

A pesar de que en el fondo albergaba algunas dudas, no eran tan grandes como para disuadirlo de aceptar el puesto. «Cualquier consideración puramente racional de coste-beneficio se habría decantado a favor de Compaq, y la gente que me conocía bien me aconsejó seguir en Compaq —reveló Cook durante el discurso de inauguración del curso 2010 en la Universidad de Auburn—. Un CEO con quien consulté[203] se mostró tan firme en su postura que me dijo que dejar Compaq para ir a

201. Sam Colt, «Tim Cook Gave His Most In-Depth Interview to Date–Here's What He Said», Business Insider, 20 de septiembre de 2014, consultado el 13 de septiembre de 2018, www.businessinsider.com/tim-cook-full-interview-with-charlie-rose-with-transcript-2014-9.

202. «Tim Cook on Apple TV (Sept 12 2014) | Charlie Rose Show», YouTube, publicado por Charlie Rose, 12 de septiembre de 2014, consultado el 13 de septiembre de 2018, www.youtube.com/watch?v=oBMo8Oz9jsQ.

203. «Auburn University Spring 2010 Commencement Speaker Tim Cook», YouTube, publicado por la Universidad de Auburn el 18 de mayo de 2010, consultado el 13 de septiembre de 2018, www.youtube.com/watch?v=xEAXuHvzjao.

Apple era una locura.» En la entrevista con Charlie Rose reconoció de nuevo que «no había, literalmente, nadie[204] a mi alrededor que me invitara a hacerlo».

Pero Jobs ya lo había convencido, y Cook sabía que rechazar un puesto en Apple significaría rechazar la oportunidad de formar parte de algo especial. «Siempre pensé que[205] seguir el rebaño no era bueno, que era espantoso —explicó Cook—. Su manera de hablar, la química que había en aquella sala, fue algo entre él y yo. Y supe que podría trabajar con él. Estudié los problemas que estaba sufriendo Apple y me dije: "¿Sabes qué? Aquí puedo hacer una contribución importante" […] Así que, de repente, pensé: "Lo hago". […] En aquellos tiempos era joven […] No tenía sentido. Pero tuve una corazonada que me dijo que me lanzara a por ello. Y le hice caso a esa corazonada.»

Por mucho que Cook tuviera una mentalidad analítica, el entusiasmo y el aura de Steve le impresionaron desde un buen principio. «A los cinco minutos de mi primera entrevista[206] con Steve, ya quise enviar a paseo toda mi cautela y mi lógica e incorporarme a Apple —dijo—. Mi intuición me decía que entrar en Apple era esa oportunidad de trabajar con un genio creativo que solo se presenta una vez en la vida.» Y su intuición no podía ser más acertada. En el discurso de inauguración del curso 2010 de Auburn, dijo: «Trabajar en Apple[207] nunca estuvo en el plan que me había trazado, pero fue sin duda la mejor decisión que he tomado en mi vida».

Con un perfil de operaciones, Cook no podría haber sido mejor para Apple en aquel momento, y para Steve Jobs, personalmente. Después de conocer a Cook, Jobs compendio de inmediato que compartían el mismo punto de vista sobre la fabricación de productos. «[Cook] tenía la

204. Colt, «Tim Cook Gave His Most In-Depth Interview to Date».

205. Colt, «Tim Cook Gave His Most In-Depth Interview to Date».

206. Isaacson, Isaacson, *Steve Jobs, la biografía*, p. 573.

207. «Auburn University Spring 2010 Commencement Speaker Tim Cook».

misma visión que yo, y podíamos interactuar a un nivel estratégico elevado», comentó. Jobs había encontrado un socio[208] en el que confiaba tanto que empezó a «olvidarme de muchas cosas a menos que [Cook] viniera y tocara la alarma». Era la pareja perfecta.

El nuevo líder de operaciones

En marzo de 1998, Jobs contrató a Cook[209], que contaba entonces con treinta y siete años de edad, como vicepresidente sénior de operaciones, con un salario base de 400.000 dólares y un bono firmado por contrato de 500.000 dólares. Cook asumió la gigantesca tarea de remodelar los procesos de fabricación y distribución de Apple. Y fue uno de los mejores fichajes que Jobs hizo en su vida.

Desde un buen principio se hizo patente que Cook era un genio de las operaciones, y Greg Joswiak, que era un veterano con treinta años de trabajo en Apple, lo supo incluso antes de que lo contrataran. «Recuerdo muy bien cuando Steve[210] se estaba entrevistando con Tim porque empezó a contarnos cosas asombrosas sobre operaciones que estaba aprendiendo de sus entrevistas con Tim —me confesó Joswiak en el transcurso de una entrevista que mantuvimos en Apple Park—. Estaba teniendo un impacto sobre nosotros, en el sentido más literal, y en parte de la estrategia de operaciones que se puso en marcha antes de su contratación.»

Joswiak explicó que Apple estaba «al borde de la bancarrota» en aquella época, y que Cook heredó un auténtico caos. Reconoció que la

---

208. Isaacson, *Steve Jobs, la biografía*, p. 573.

209. Doug Bartholomew, «What's Really Driving Apple's Recovery», *IndustryWeek*, 16 de marzo de 1999, consultado el 13 de septiembre de 2018, www.industryweek.com/companies-amp-executives/ whats-really-driving-apples-recovery.

210. Entrevista del autor con Greg Joswiak, marzo de 2018.

de operaciones era una de las peores áreas. «Éramos malísimos en ese aspecto. Malísimos gestionando los costes de operaciones. Malísimos en gestión del inventario. Malísimos en gestión de la facturación.» Recordando el sistema absurdo que había heredado, dijo Cook: «Como cabe imaginar[211], los costes no eran nada buenos, y la duración de los ciclos tampoco». Aunque eso no duró mucho tiempo. «Entonces llegó ese tipo que sabía un montón de operaciones y [...], como era típico de Steve, contrató al mejor —explicó Joswiak—. Tuvo la habilidad de conseguirlo incluso en un momento en que Apple estaba pasando verdaderas dificultades.» Joswiak reconoció también que «Tim era superinteligente» y dijo que no era solo el típico jefe de operaciones que «ponía el punto sobre las íes y la tilde en las tes» para que «los trenes llegaran puntuales», sino que tenía además «mentalidad empresarial», algo que Jobs exigía a todos los líderes de Apple. «Tenías que tener cabeza para los negocios[212], y Tim la tenía». Desde un buen principio, Cook demostró ser la persona perfecta para el puesto.

«Aun hoy en día, recuerdo perfectamente[213] cuándo conocí a Tim —dijo la vicepresidenta O'Brien, otra empleada veterana, con treinta años en Apple, que cuando se incorporó Cook lideraba el equipo de predicción de oferta y demanda de Apple—. Y desde el primer momento quedó clarísimo que ponía mucho foco en lo que hacía. Estaba tremendamente satisfecho de haber entrado en Apple. [...] Tenía por delante un trabajo enorme. Pero se veía que era consciente de que tenía que cumplir una misión.»

O'Brien fue contratada por Apple a finales de la década de 1980 —cuatro años después del lanzamiento del primer Macintosh— para encargarse de la planificación de la producción de la planta de Fremont, que en aquel momento se encargaba de la fabricación del Macintosh SE.

---

211. West, *Apple Computer: The iCEO Seizes the Internet*.

212. Entrevista del autor con Greg Joswiak, marzo de 2018.

213. Entrevista del autor con Deirdre O'Brien, marzo de 2018.

A lo largo de su dilatada carrera, fue ascendiendo en el organigrama y trabajó para Cook y luego para Jeff Williams, su sucesor como director de operaciones. Ha trabajado bajo las órdenes de cinco directores generales: John Sculley, Michael Schlinder, Gil Amelio, Jobs y Cook. En la actualidad es[214] la directora de recursos humanos de Apple, la llamada *Veep of Peeps*, la «vice de la gente», un título que según ella fue idea de Cook.

O'Brien explicó que conoció a Cook en una sesión de presentación que tuvo lugar en una sala de conferencias y en la que estaban presentes diversos responsables del departamento de operaciones de Apple. El encuentro fue breve; Cook se presentó y comunicó a los presentes que tenían por delante un auténtico reto. Dijo que habría muchos cambios, entre ellos recortes de personal.

Pero O'Brien no se desanimó ante aquella postura potencialmente negativa. Se quedó con el otro mensaje, puesto que comprendió al instante que los cambios que fuera a implementar Cook volverían a colocar a Apple en el camino correcto y acabarían generando crecimiento, no desempleo. «No creo que nadie hubiera aceptado aquel puesto de no pensar que era un papel para llevar a cabo un vuelco radical, e imagino que para Tim eso era precisamente lo más excitante —dijo en la entrevista que mantuvimos en la futurista sede de Apple—. Estábamos felices de tener un líder responsable de operaciones. Habíamos tenido muchos cambios de liderazgo […] y la situación era bastante caótica. […] En aquel momento, además, atraer talento hacia Apple era muy complicado, y habíamos oído grandes cosas sobre Tim. […] Desde un buen principio tuve muy claro que Tim iba a ser alguien de quien podría aprender mucho.»

Después de aquella reunión de presentación inicial, Cook se fue reuniendo con los distintos miembros del equipo para evaluar sus distin-

---

214. Entrevista del autor con Deirdre O'Brien, marzo de 2018.

tos puntos fuertes y debilidades. «Estaba en modo evaluación —dijo O'Brien—. Estaba preguntándose: "¿Qué tengo aquí?" y "¿Cómo voy a encontrar la manera de asegurarnos el éxito?".»

En aquel momento, dijo, había mucha gente que se marchaba voluntariamente de Apple. En Silicon Valley había un montón de puestos de trabajo y muchas compañías estaban encantadas de contratar a extrabajadores de Apple. De toda aquella gente que se marchó, O'Brien comentó que había quien «optaba por irse y otros que [...] Tim consideró que no encajaban con el equipo que acabaría formando».

Cook trabajó duro para reunir el equipo que acabaría solucionando el problema de operaciones de Apple. O'Brien se incorporó al equipo central de operaciones, como responsable de la elaboración de la predicción de la demanda, y colaboraron con ella varios antiguos empleados de IBM, entre ellos Jeff Williams, que se convirtió en la mano derecha de Cook y es hoy en día el director de operaciones de Apple; Bill Frederick, como responsable de servicio al cliente; y Sabih Khan, responsable de operaciones de la división de ordenadores portátiles. Fue solo cuestión de tiempo que aquel equipo seleccionado personalmente por Cook empezara a dar un vuelco a la situación.

Adiós a la fabricación en los Estados Unidos. ¡Hola, China!

Solo siete meses después de su llegada[215] a Apple, Cook había reducido el inventario de unos terribles treinta días a tan solo seis. En una cantidad mínima de tiempo, dio un vuelco completo al sistema de operaciones de Apple prestando atención a todos los detalles del proceso de producción.

---

215. Owen Thomas, «Apple's Recipe: Just One Cook», *Owen Thomas Is Still in Beta* (archive blog), 21 de marzo de 2018, consultado el 13 de septiembre de 2018, https://owenthomas.wordpress.com/1998/10/16/apples-recipe-just-one-cook/.

La decisión de Jobs de recortar la línea de productos de Apple a tan solo cuatro modelos simplificó mucho los problemas operativos de la compañía. Los ordenadores expuestos en la matriz de productos de dos por dos de Jobs compartían muchos componentes entre ellos y utilizaban piezas estándar siempre que era posible. Anteriormente, Apple era famosa por haber inventado una tecnología propia casi esotérica que era incompatible con otros sistemas. Diez años más tarde, los teclados y los ratones con conexión ADB quedaron sustituidos por los dispositivos USB estándares en el sector y compatibles con Windows. El cambio no solo fue útil desde el punto de vista operativo, sino que llevaba consigo el beneficio adicional de hacer los productos Apple mucho más compatibles con el mercado informático en general.

Cook utilizó la misma estrategia que en su día había empleado Jobs para reducir la oferta de productos de Apple con el fin de identificar unos pocos proveedores con los que trabajar. Visitó a todos y cada uno de ellos y, a pesar de que les ofreció condiciones duras, también los dejó encantados. Convenció a NatSteel, el proveedor externo de placas base de la compañía, para que montara fábricas cerca de las plantas de Apple en Irlanda, California y Singapur. Acercar los proveedores a las fábricas facilitaba el proceso *just-in-time*, puesto que de este modo los componentes podrían entregarse más rápido y con mayor frecuencia.

Siempre que le fue posible, Cook se decantó por subcontratar. El iMac G3, por ejemplo, se construía al principio en las fábricas de Apple, con la excepción de la caja y el monitor, que venían de LG Electronics. Cuando Cook se hizo cargo de las operaciones, subcontrató la mayor parte de la producción a LG. Subcontrató también la producción de ordenadores portátiles a dos compañías de Taiwán. Así, Quanta Computer[216] pasó a fabricar el Power Book para el mercado profesional,

---

216. West, *Apple Computer: The iCEO Seizes the Internet.*

mientras que Alpha Top Corporation pasó a ocuparse del iBook para el mercado doméstico.

La subcontratación de la producción a proveedores externos ayudó a Cook a solventar uno de los principales problemas de Apple: el inventario. La compañía tenía piezas almacenadas en un lado y ordenadores no vendidos en otro. Con los años, los almacenes de piezas y de máquinas no vendidas habían significado unos costes de inventario millonarios para la compañía. Las estanterías llenas de ordenadores sin vender[217] habían estado a punto de llevar a Apple a la bancarrota en 1996, de modo que, bajo el nuevo régimen, Cook decidió que cuanto menos inventario, mejor. «Los almacenes tienden a acumular[218] producto —dijo—. Empezamos a entregar directamente de fabricación al cliente.»

Cook odiaba el exceso de inventario con la misma rabia con que Jobs odiaba el diseño chapucero. Lo reflejaba incluso en términos éticos, describiendo la acumulación de inventario como algo «fundamentalmente malvado», pues suponía una carga para las finanzas de la compañía. Ofreció una analogía que parecía inspirada en su juventud en un entorno rural. «Hay que gestionarlo[219] como si estuvieras en el negocio de la leche —dijo—. Si se te pasa la fecha de caducidad, tienes un problema.»

La buena gestión del inventario se apuntala en la capacidad de saber predecir correctamente las ventas, y el historial de Apple como predictora de demanda era desigual. La compañía tenía una larga y triste historia de haberse quedado corta o larga en la fabricación de sus ordenadores. Por ejemplo, la fábrica original del Macintosh de Steve Jobs en Freemont, California, conocida como la «Fábrica del Futuro», afirmaba ser

217. David Bovet y Joseph Martha, «Value Nets: Reinventing the Rusty Supply Chain for Competitive Advantage», *Strategy & Leadership* 28, n.º 4, 1 de julio de 2000, pp. 21–26. doi10.1108/10878570010378654.

218. Bovet y Martha, «Value Nets».

219. Adam Lashinsky, «Apple's Tim Cook: The Genius Behind Steve Jobs», *Fortune,* 24 de noviembre de 2008, consultado el 10 de septiembre de 2018, http://fortune.com/2008/11/24/apple-the-genius-behind-steve/.

la mejor del sector. Pero al cabo de pocos años fue clausurada porque Apple no consiguió nunca vender la cantidad suficiente de ordenadores para satisfacer la capacidad de la fábrica.

Para encontrarle el truco al ejercicio de predicción de ventas, Cook invirtió en un sistema de planificación de recursos empresariales (Enterprise Resource Planning o ERP) de última generación, de SAP, que se conectaba directamente con los proveedores de piezas de Apple, las plantas de ensamblaje y los distribuidores. Este complejo sistema proporcionaba al equipo de operaciones a vista de pájaro una perspectiva extremadamente detallada de la totalidad de la cadena de suministro, desde las materias primas hasta los pedidos de los clientes que se recibían en la tienda *online* que Apple acababa de poner en marcha. El R/3 ERP era el sistema nervioso central de la nueva producción *just-in-time* de Apple. Los pedidos de piezas a los proveedores se entraban en el sistema[220] solo cuando eran necesarios y las fábricas producían solo las máquinas imprescindibles para satisfacer la demanda inmediata.

Armado con un auténtico arsenal de datos, el equipo de operaciones de Apple empezó a afinar la producción a diario y a enviar los pedidos a sus proveedores sobre la base de predicciones semanales detalladas y de cómputos extremadamente precisos del inventario que había en el canal de ventas. El equipo de Cook sabía si CompUSA estaba a punto de quedarse sin iBook o si nadaba en abundancia de iMac.

Bajo el liderazgo de Cook, la cantidad de tiempo que el inventario de Apple permanecía asentado en los balances de la compañía pasó de varios meses a solo unos pocos días. Siete meses[221] después de que Cook empezara a trabajar en Apple, y gracias a sus logros en cuanto a recortar el volumen del inventario de treinta días a solo seis, el valor del inventario de la compañía se redujo de 400 millones de dólares de

220. Bartholomew, «What's Really Driving Apple's Recovery».

221. Thomas, «Apple's Recipe: Just One Cook».

ordenadores Mac no vendidos a solo 78 millones de dólares. En 1998, Cook se quitó de encima[222] decenas de miles de Mac pendientes de vender que se habían ido amontonando en el inventario, mandándolos a un vertedero. Se trata de un episodio envuelto en misterio, lo cual es comprensible. Apple guardó silencio al respecto, pues es una maniobra contraria a los principios medioambientales que Cook ha inculcado hoy en día en Apple. Pero fue una maniobra muy efectiva en aquel momento. En 1999, el inventario se había reducido a un volumen de solo dos días y Apple estaba ganando a Dell en este sentido, una hazaña increíble, teniendo en cuenta que Dell estaba considerada el referente en el sector.

Con las operaciones inmensamente mejoradas, todo el mundo reconoció que Cook había jugado un papel clave en la vuelta de Apple a la rentabilidad. Su sistema habría impulsado también el fenomenal crecimiento que vivió Apple en los años siguientes. Es evidente que Apple nunca habría llegado a ser una compañía tan grande y dominante de no haber contado con la excelencia de Cook en la gestión de sus operaciones. Del mismo modo que el equipo de diseño industrial de Jony Ive inventó grandes productos, el equipo de Cook ingenió cómo producirlos en grandes cantidades y entregarlos en las tiendas de todo el mundo sin retraso y con el mayor secretismo. Apple es famosa por mantener envueltos en el máximo secreto sus productos hasta el día en que salen a la venta. Y por ello es una gran hazaña que el equipo de operaciones de Cook sea capaz de mantenerlos ocultos mientras millones de esos nuevos productos se fabrican y envían a las tiendas de todo el mundo.

Pero la contribución de Cook a Apple fue más allá de optimizar el proceso de producción para hacerlo más eficiente: lo innovó en absolutamente todos los sentidos. Uno de sus primeros y más importantes golpes —y un signo claro de que estaba «pensando diferente» dentro de

---

222. Brent Schlender y Rick Tetzeli, *El libro de Steve Jobs: luces y sombras de un genio*, Malpaso, Barcelona, 2015, p. 223.

su propio departamento— fue uno, casi de jiu-jitsu, relacionado con los envíos del iMac G3. Apple estaba intentando convertir el iMac en un producto dominante en el mercado y, para conseguirlo, la compañía necesitaría que la máquina estuviera en la mesa de los usuarios lo más rápidamente posible. Con el fin de garantizar[223] que los ordenadores se enviaran a los clientes de forma rápida durante la importantísima temporada navideña, Cook hizo una reserva anticipada de espacio aéreo por valor de 100 millones de dólares. Era una iniciativa sin precedentes, pero que compensó con creces el esfuerzo. Apple no solo consiguió que sus productos llegaran rápidamente a sus clientes, sino que sus rivales fabricantes de PC, como Compaq, sufrieron grandes dificultades para poder realizar envíos cuando se acercó Navidad. Gracias a la nueva estrategia de Apple de reservar espacio de carga aérea con antelación, las demás compañías se vieron obligadas a repensar su plan de operaciones. Cook no solo mejoró la operativa de Apple[224], sino que además cambió la manera en que el sector tecnológico gestionaba su proceso de producción y la forma en que ese proceso era percibido dentro del sector.

Cuando Cook se incorporó a Apple, el ejercicio de predicción de la demanda y la mejoría de la cadena de suministro no eran tareas ni mucho menos tan atractivas como la creación de ordenadores de colores pastel. Nadie insistía en convertir los nuevos procesos operativos de Apple en portada de *Fortune o Wired* y, para el cliente medio, la cadena de suministro de cualquier negocio solo se vuelve visible cuando no funciona como cabía esperar. Pero, contra toda probabilidad, Cook convirtió el departamento de operaciones en un elemento atractivo. Gautam Baksi, antiguo ingeniero de diseño de producto, explicó que en los primeros días de Apple, durante el crecimiento del iMac, cuando los

223. Paul Simpson, «Tim Cook: The "Cool Customer" Behind Apple's Supply Chain Success», *Supply Management,* 18 de enero de 2016, consultado el 13 de septiembre de 2018, www.cips.org/supply-management/analysis/2016/february/tim-cook-the-cool-customer-behind-apples-supply-chain-success/.

224. Simpson, «Tim Cook: The "Cool Customer" Behind Apple's Supply Chain Success».

equipos visitaban China, «todos los diseñadores[225], incluyendo a Ive y Danny Coster, vivian y comían en los mismos hoteles que los ingenieros y el resto del equipo de Apple». Pero diez o quince años más tarde, cuando Cook entró en Apple, «a los chicos de ID los venían a recoger con limusinas» y se alojaban en «hoteles de cinco estrellas», mientras que los ingenieros «tenían que ir en taxi» y se alojaban en «hoteles de tres estrellas». Es evidente que antes de Cook, el de operaciones estaba considerado un departamento de menor importancia, la parte menos glamurosa del negocio. Pero al llegar Cook, todo eso cambió. Ahora es la gente de operaciones la que se desplaza en limusina y se aloja en hoteles de cinco estrellas.

---

225. Entrevista del autor con Gautam Baksi, abril de 2013.

5

La salvación de Apple a través de la subcontratación

Apple cambió dramáticamente durante el primer año de Cook en la compañía. Después de informar de unas pérdidas netas[226] por encima de los mil millones de dólares en 1997, ya empezaba a obtener beneficios a finales de 1998. El éxito desbocado del primer iMac excedió tanto las expectativas de Apple como las de los analistas de Wall Street, lo que empujó a Apple hacia unos beneficios de 106 millones de dólares en el cuarto trimestre y de 309 millones de dólares en la totalidad del año fiscal. «Este trimestre, por primera vez en casi cinco años, Apple ha crecido más rápidamente[227] que el sector», se jactó Jobs. Y atribuyó dicho crecimiento al nuevo iMac y a la nueva estrategia simplificada de operaciones de la compañía.

Pero, a pesar de los beneficios, la compañía seguía moviéndose aún en terreno pedregoso y había que intentar ahorrar allí donde fuera posi-

---

226. «Apple 4Q Caps Profitable 1998», CNNMoney, consultado el 13 de septiembre de 2018, https://money.cnn.com/1998/10/14/technology/apple/.

227. «Apple 4Q Caps Profitable 1998».

ble. Cook revisó el potencial de Apple producto por producto y empezó a subcontratar cada vez más. Tener las fábricas en marcha resultaba caro y un lastre para los balances de la compañía. Tenía sentido descargar todo lo posible sobre las espaldas de proveedores externos, sin sacrificar, eso sí, ni la calidad ni la productividad.

Deirdre O'Brien, la vicepresidenta de personal de Apple, que en aquella época era la responsable de la gestión de la oferta y la demanda, dijo que Cook y el equipo de operaciones «trabajaron muy duro[228] para construir algo que [...] apoyara realmente a nuestros clientes y fabricara productos increíbles». Lo hicieron mediante una revisión concienzuda de los puntos fuertes internos de la compañía y de los puntos fuertes de los proveedores con los que trabajaban. Cook y su equipo no solo subcontrataron la fabricación mayorista de Apple a terceros, sino que además propusieron un modelo hibrido único. «No era un modelo de subcontratación tradicional[229], en el que contratas a alguien y le lanzas un plan de fabricación o, en muchos casos, coges su plan y le pones tu nombre», explicó.

En sus inicios, la producción de iMac se subcontrató parcialmente a LG, que fabricaba la pantalla con tubo de rayos catódicos y otros componentes. En 1999, LG asumió la totalidad de la producción del iMac y, a medida que el volumen de pedidos y demanda aumentó, Apple incorporó otro fabricante, con sede en Taiwán y que en aquel momento' estaba trabajando con Dell, el rival de Apple. Hon Hai Precision Industry Company Ltd., conocido también como Foxconn, acabaría definiendo la fabricación en la era de Tim Cook. A pesar de que Apple ya había trabajado años antes con Foxconn, en el ensamblaje del Apple II, el contrato firmado para el iMac marcó el principio de la relación transformadora de ambas compañías, que Cook encabezó.

---

228. Entrevista del autor con Deirdre O'Brien, marzo de 2018.
229. Entrevista del autor con Deirdre O'Brien, marzo de 2018.

Foxconn

Foxconn fue fundada aproximadamente en la misma época que Apple, aunque a diez mil kilómetros de distancia, en el otro lado del planeta. En 1974, cuando Steve Jobs, con diecinueve años de edad, estaba trabajando en Atari, Terry Gou, de veinticuatro años, pedía a su madre un préstamo de 7.500 dólares (37.000 dólares, con la revalorización actual) para poner en marcha un negocio.

Gou tiene una ética profesional insuperable y espera el mismo nivel de compromiso por parte de sus empleados, hasta el punto de que la cultura de Foxconn es militarista. Se espera que las órdenes se cumplan al dedillo y no hay tolerancia ni al error ni a la ineficiencia. Si un trabajador comete un error, es reprendido públicamente delante de los demás trabajadores. Si el trabajador comete dos veces el mismo error, es despedido. Se trabaja muchas y agotadoras horas; los turnos suelen ser de entre doce y catorce horas y los empleados suelen trabajar seis días a la semana, a veces incluso siete.

La mayoría de productos de electrónica de consumo, incluyendo los de Apple, se ensamblan a mano en su práctica totalidad, y es erróneo pensar que en su fabricación intervengan muchas máquinas y robots. Hay piezas que se fabrican mediante procesos altamente automatizados —la tarjeta inteligente principal de iPhone, por ejemplo—, pero la mayor parte del ensamblaje, y muy en especial el ensamblaje final, se realiza a mano. Anna-Katrina Shedletsky, antigua ingeniera de diseño de producto de Apple, declaró: «Cualquier teléfono inteligente pasa por cientos de manos, independientemente de que sea un teléfono inteligente de Apple o un teléfono inteligente de Samsung o de Google. El ensamblaje[230] de estos dispositivos complicados y en miniatura es de última generación».

---

230. Leander Kahney, «Ex-Apple Engineer Tells How the Company's Manufacturing Works», Cult of Mac, 29 de junio de 2017, consultado el 13 de septiembre de 2018, www.cultofmac.com/488624/revolutionizing-manufacturing-using-machine-learning-podcast-transcript/.

En Foxconn y en otras plantas de ensamblaje[231], la línea de ensamblaje estándar tiene una longitud de 110 metros, algo más que un campo de fútbol americano, según Shedletsky. Cada línea se divide en sesenta o setenta estaciones de trabajo, cada una de ellas con una anchura de 60 centímetros, la anchura media de un ser humano. Cada estación está dedicada a un paso o una operación muy concreta del proceso de ensamblaje. Así, el trabajador de una determinada estación coloca la pantalla en su lugar, el de la siguiente limpia la pantalla recién instalada con un disolvente para eliminar cualquier rastro de polvo y grasa, un tercer trabajador aplica un film protector, y así sucesivamente. Las líneas están separadas entre sí por una distancia de seis metros, una anchura suficiente para que puedan circular toros cargados con palés de piezas que reabastecen las estaciones con los distintos componentes.

Para muchos occidentales, las fábricas de Foxconn son casi inimaginables en escala. Son complejos enormes que cuentan con dormitorios, restaurantes, hospitales, supermercados y piscinas, todo ello instalado, en el caso de la fábrica de Foxconn en Shenzen, en un espacio de 2,3 kilómetros cuadrados. Son como ciudades fábrica[232] o, como las describió en una ocasión la CNN, como un campus universitario con «medidas de seguridad extremas». Duane O'Very, directivo de Foxconn a finales de la década de 1990 y principios de la de 2000, explicó que fue testigo de la explosión de ese campus en concreto en cuestión de pocos años, pasando de unos 45.000 trabajadores a más de 250.000. Se estima que solamente en China, donde opera doce fábricas, Foxconn tiene en la actualidad 1,3 millones de empleados. Posee también[233] plantas en otras partes de Asia y en América del Sur y Europa.

231. Kahney, «Ex-Apple Engineer Tells How the Company's Manufacturing Works».

232. John Vause, «Inside China Factory Hit by Suicides», CNN, 2 de junio de 2010, consultado el 13 de septiembre de 2018, http://edition.cnn.com/2010/WORLD/asiapcf/06/01/china.foxconn.inside.factory/index.html.

233. Entrevista del autor con Duane O'Very, abril de 2018.

A menudo se da por sentado que Apple y otras compañías ensamblan sus productos en China por abaratar los costes de mano de obra. Pero los costes de mano de obra no son más que una fracción del coste de los materiales que componen el iPhone. Se gasta mucho más en los chips personalizados, las sofisticadas cámaras y las preciosas pantallas que en el trabajo exigido para ensamblar el producto.

La clave del éxito de Foxconn, sin embargo, no es la mano de obra barata sino la flexibilidad. El hecho de que en los recintos de Foxconn vivan cientos de miles de trabajadores hace que la compañía pueda ser muy flexible y sea capaz de reunir ejércitos de trabajadores de la noche a la mañana, literalmente. Foxconn tiene además la facilidad de contratar a decenas de miles de trabajadores extra de forma muy rápida, y de despedirlos con la misma rapidez cuando no son necesarios. Recluta a menudo su joven mano de obra en zonas rurales remotas, razón por la cual a los trabajadores no siempre les resulta fácil volver a casa al terminar sus tareas, por mucho que el trabajo sea agotador.

Foxconn demostró esta[234] flexibilidad durante la producción del primer iPhone, que sufrió un cambio de diseño importante cuando faltaban pocas semanas para su salida al mercado, en 2007. En el último minuto, Steve Jobs decidió que el iPhone debía tener una pantalla de cristal en vez de una pantalla de plástico. Llevaba semanas llevando en el bolsillo un prototipo de iPhone y la pantalla de plástico había quedado gravemente rallada por las llaves. Sabía que aquello sería un problema cuando el teléfono estuviera en manos de los clientes, y por eso exigió una pantalla de cristal, más duradera.

Unas semanas más tarde, las nuevas pantallas de cristal llegaron a Foxconn en plena noche. Según el *New York Times*, más de ocho mil

---

234. Charles Duhigg y Keith Bradsher, «How the U.S. Lost Out on iPhone Work», *New York Times*, 21 de enero de 2012, consultado el 13 de septiembre de 2018, www.nytimes.com/2012/01/22/business/apple-america-and-a-squeezed-middle-class.html.

trabajadores[235] fueron sacados de su cama y, después de desayunar una taza de té y unas galletas, iniciaron un turno de doce horas para incorporar las nuevas pantallas a los teléfonos. En cuestión de pocos días, la fábrica producía más de diez mil iPhone diarios. (Merece la pena destacar, no obstante, que Foxconn ha negado este hecho. Afirman que las leyes laborales chinas habrían imposibilitado un episodio así.)

En otra ocasión, cuando Foxconn estaba fabricando el primer iMac para Apple, los ingenieros de diseño de la compañía estuvieron trabajando hasta altas horas de la noche en un nuevo botón para la máquina. El botón no había sido puesto a prueba y los ingenieros temían que pudiera fallar con el tiempo y el uso. De modo que la dirección de la fábrica decidió despertar a una docena de trabajadores para que se dedicaran a pasar lo que quedaba de noche presionando repetidamente el botón a modo de test. «Fue muy fácil[236] de hacer [para Foxconn] —dijo el antiguo ingeniero de diseño de producto Gautam Baksi—. En otras fábricas habrían necesitado una máquina que se dedicara a presionar constantemente el botón, pero a un trabajador que percibe un sueldo escaso se le podía pedir que se pasara la noche pulsando el botón. Son cosas que pasan rutinariamente. No es ni siquiera un ejemplo extremo de lo que hacen.»

Apple suele realizar cambios de diseño de último minuto a sus productos, y su demanda puede fluctuar tremendamente, sobre todo con cifras tan grandes como las que manejan. Se estima que el iPhone X vendió unos cincuenta y cinco millones de unidades en sus primeros meses en el mercado. Con una escala como esa, Apple necesitaba fábricas capaces de producir hasta un millón de unidades diarias en los momentos más álgidos, lo cual exigiría unos 750.000 trabajadores. «Podían

235. Duhigg and Bradsher, «How the U.S. Lost Out on iPhone Work».
236. Entrevista del autor con Gautum Baksi, abril de 2013.

contratar tres mil personas[237] de la noche a la mañana —explicó Jennifer Rigoni, antigua responsable de planificación a nivel mundial—. ¿En qué planta de Estados Unidos podrías encontrar, de la noche a la mañana, a tres mil personas y convencerlas de que durmiesen en barracones?»

Apple no podía conseguir eso, evidentemente. En la década de 1980, las fábricas de Apple estaban muy automatizadas y Steve Jobs aprendió esta lección a las duras. Por aquel entonces, Jobs puso en marcha una fábrica automatizada (y muy publicitada) en la Bay Area con el objetivo de fabricar en ella el primer Macintosh. Era una joya refulgente, con máquinas de colores coordinados y una línea de producción muy automatizada.

La línea de producción tenía cintas transportadoras automáticas y una cantidad impresionante de máquinas exóticas para manejar, embalar y mover los Mac de un lado a otro. Pero, por desgracia, las ventas del Mac nunca tuvieron la fuerza suficiente como para cubrir los costes de la fábrica. Las ventas eran tan anémicas, que la fábrica operaba por debajo de su capacidad y, al estar tan especializada —diseñada para fabricar única y exclusivamente una máquina—, no podía reconfigurarse para fabricar otros productos. Eso fue lo que acabó condenando aquella fábrica al fracaso y a su cierre, que tuvo lugar en 1992. La fábrica automatizada de Jobs jamás habría tenido la flexibilidad necesaria para fabricar distintos productos —como el iPhone, el iPad y el iMac— según fluctuara la demanda. Las revolucionarias iniciativas de subcontratación que puso en marcha Cook disminuyeron la necesidad de tener fábricas en los Estados Unidos y contribuyeron enormemente al éxito cada vez mayor de Apple. Al subcontratar la mayoría de operaciones de Apple y reforzar la asociación con Foxconn, Cook hizo algo que no se había hecho nunca antes, y con resultados asombrosos. Los ejecutivos de Apple, muy especialmente Steve Jobs, tomaron debida nota de ello.

---

237. Duhigg y Bradsher, «How the U.S. Lost Out on iPhone Work».

Cook asciende en el organigrama

La transformación que implementó Cook en las operaciones de Apple, junto con sus grandes conocimientos sobre todos los aspectos del negocio, fueron elementos clave del éxito que rodeó la impresionante vuelta a la vida de la compañía. La experiencia de Cook como líder de aquel departamento tan esencial de Apple lo prepararía para dirigir la compañía, primero como director de operaciones y posteriormente como CEO. Su potencial de liderazgo se hizo evidente de inmediato, explicó Deirdre O'Brien. «Ahora se ve muy claro[238] que podía llegar a ser nuestro CEO —dijo en el transcurso de una entrevista en Apple Park—. Cuando llegó [...] no estaba solo preocupado por cómo optimizar las operaciones, sino que le importaba todo.» Se coordinó con el equipo de ingeniería y con la fuerza de ventas para entender tanto los productos como los clientes que los compraban.

Durante los dos primeros años que pasó en Apple, ayudó a supervisar el lanzamiento de productos Apple memorables, como el voluptuoso iMac G3, el ordenador azul y blanco Power Macintosh G3, el portátil iBook que pasó a la posteridad con el apodo «asiento de wáter» y otros. Todos fueron un éxito de crítica y de clientes. En septiembre de 1999[239], justo dos años después del regreso de Jobs, la acción AAPL llegó a cotizar al que en aquel entonces era su máximo de todos los tiempos, 73 dólares, superando el record anterior de 68 dólares establecido en 1991. El vuelco espectacular de Apple, incentivado por Tim Cook, estaba en marcha.

En 2002, cuatro años después de que Cook entrara a trabajar en Apple, recibió el encargo de liderar las ventas además de las operaciones. Y recibió también un nuevo título: vicepresidente mundial ejecutivo de

---

238. Entrevista del autor con Deirdre O'Brien, marzo de 2018.

239. Alan Deutschman, *The Second Coming of Steve Jobs,* Random House International, Milsons Point, NSW, 2001, p. 279.

ventas y operaciones. En 2004, Jobs lo nombró[240] jefe de la división de hardware de Macintosh, y en 2005 le ofreció otra promoción espectacular: el puesto de director de operaciones. «Tim lleva dos años haciendo este trabajo[241] y ya va siendo hora de que se lo reconozcamos oficialmente con este ascenso —dijo Jobs en su momento—. Tim y yo llevamos siete años trabajando juntos, y deseo trabajar más estrechamente si cabe con él para ayudar a Apple a alcanzar objetivos emocionantes en los años venideros.»

Con esos ascensos, Jobs estaba preparando a Cook para ser su sucesor. En Apple todo el mundo era un especialista, con dos excepciones: Steve Jobs y Tim Cook. Apple es una organización funcional, y todo el personal está especializado en disciplinas muy estrechas: programación, diseño industrial, ingeniería de antenas. Cook era de entrada un especialista en operaciones. La única persona en la organización sin una especialidad concreta era Steve Jobs, hasta que sacó a Cook de operaciones y le dio más responsabilidades. Con la promoción de Cook a vicepresidente de ventas en 2002, y luego a jefe de la división de hardware más grande en aquel momento (la división responsable de los Mac), Jobs estaba entrenándolo en las diferentes disciplinas del negocio. Los distintos ascensos de Cook fueron un aprendizaje para el puesto de CEO, una carrera que culminó en 2005 con su nombramiento como director de operaciones, momento en el cual se convirtió oficialmente en la mano derecha de Jobs.

Cook asumió mucha más responsabilidad que el director de operaciones típico. En Apple no existe un departamento de operaciones *per se*, sino que el término es un paraguas que abarca los distintos grupos que gestionan la fabricación, la distribución y el mantenimiento. El grupo más grande bajo este paraguas es el equipo de la cadena de suministro,

---

240. «Tim Cook Named COO of Apple», Apple, 14 de octubre de 2005, consultado el 13 de septiembre de 2018, www.apple.com/newsroom/2005/10/14Tim-Cook-Named-COO-of-Apple/.

241. «Tim Cook Named COO of Apple».

una organización multidisciplinaria que es responsable de la gestión y la operativa de la impresionante fabricación subcontratada de Apple.

Dentro de este grupo, hay muchos grupos más pequeños responsables de los distintos aspectos del proceso de producción. Uno de ellos es el equipo de diseño de fabricación, que se encarga de que los productos propuestos puedan fabricarse a escala industrial. En él se incluyen ingenieros de producción, ingenieros de procesos e ingenieros de calidad, entre otros. Existe también un equipo de rendimiento, que es responsable del mantenimiento de la calidad de los productos y de los componentes que salen de las líneas de ensamblaje. Para garantizar que la oferta satisface adecuadamente la demanda, existe un departamento de planificación que realiza una proyección de ventas estimadas y ayuda a establecer, con extremo detalle, todos los recursos necesarios para satisfacer esas proyecciones, desde las toneladas de papel reciclado necesarias para el embalaje hasta el número de módulos de cámara para el gran lanzamiento de un iPhone.

La división de operaciones es tal vez la más grande de Apple, pero resulta difícil estimar el tamaño del grupo y Apple, por otro lado, no tiene publicado ningún tipo de organigrama, ni externo ni interno. Un exempleado de operaciones estimó que el departamento debía de integrar entre treinta y cuarenta mil personas, la inmensa mayoría de los veinticinco mil empleados de Apple que tienen su base en Cupertino. Como director de operaciones, con cuarenta mil trabajadores bajo su liderazgo, Cook debió de tener una influencia enorme sobre la cultura de toda la compañía.

Cook el directivo

A pesar de que Jobs y Cook trabajaron estrechamente durante muchos años, era muy distintos tanto en su forma de actuar como en su carácter, sobre todo en lo relativo a su papel como directivos. La forma de abordar el puesto de Cook era distinta a la de Jobs, pero generó resultados. Steve Jobs era el tipo de persona[242] capaz de soltarles un «jodidos cabrones de mierda» a los fabricantes de chips de Apple si no servían puntualmente la cantidad de chips que necesitaban. Era capaz de despotricar y tratar a gritos a la gente, de despreciarla e insultarla, y de calificarla de «gilipollas» incapaz de hacer nada bien.

La táctica de Cook era marcadamente distinta. Rara vez levantaba la voz, pero era implacable cuando atacaba un problema y era capaz de dejar agotada a la gente con sus interminables descargas de preguntas. «Es un líder muy callado[243] —dijo Joswiak—. Nunca grita, nunca chilla […] Es tranquilo, sereno, pero puede machacarte a preguntas. Más te vale estar bien preparado.» Las preguntas ayudaban a Cook a profundizar en los temas y a asegurarse de que los empleados sabían lo que se hacían. Y era una táctica efectiva, porque mantenía al personal en estado de alerta y controlando sus responsabilidades. Todo el mundo sabía que en cualquier momento Cook podía llamarlo y pedirle explicaciones. «Te formula diez preguntas[244] —explicó Steve Doil, que se incorporó al grupo de operaciones de Cook en diciembre de 1998—. Si las respondes correctamente, te formula diez más. Si pasas un año respondiendo bien, pasa a formularte nueve preguntas. Si te equivocas en una, te formula veinte, y luego treinta.»

Cook le exigía a su gente una cantidad increíble de detalle. «Se ponen nerviosos[245] cuando tienen una reunión con él —dijo una persona que conoció el grupo de Cook de aquella época—. Les dice: "¿Qué es esta

---

242. Walter Isaacson, Walter Isaacson, *Steve Jobs, la biografía,* Debolsillo, Barcelona, 2013, p. 359.

243. Entrevista del autor con Greg Joswiak en Apple Park, marzo de 2018.

244. Adam Lashinsky, «Apple's Tim Cook: The Genius Behind Steve Jobs», *Fortune,* 24 de noviembre de 2008, consultado el 10 de septiembre de 2018, http://fortune.com/2008/11/24/apple-the-genius-behind-steve/.

245. Adam Lashinsky, *Apple, el legado de Steve Jobs: la verdad sobre cómo funciona la empresa más admirada y hermética de Estados Unidos,* Aguilar, Madrid, 2012, p. 220.

variación en la columna D, línea 514? ¿Dónde está el origen de esto?" Y cuando la persona interrogada no conocía los detalles, lo despellejaba vivo en plena reunión». Un directivo del grupo de hardware de Apple se quedó sorprendido en el transcurso de una reunión liderada por Cook. En un momento dado, un empleado presentó una cifra que Cook consideró que era incorrecta: «Esa cifra está mal[246] —dijo Cook—. Fuera de aquí».

Como director de operaciones, Cook esperaba que su equipo trabajase duro, fuera proactivo y prestara atención a los detalles. Y los directivos de su equipo siguieron su ejemplo, adoptando muchas de sus técnicas de liderazgo y esperando lo mismo de sus empleados. Helen Wang, antigua directora de suministros a nivel global, dijo que, igual que Cook, los directivos de los grupos de operaciones solían ser detallistas y tener una afición insólita por los números. Wang había visto en más de una ocasión a altos directivos memorizando hojas de cálculo enteras o dirigiendo su atención hacia celdas oscuras con cifras aberrantes. Tenían la increíble habilidad de detectar un problema, que podría haberse pasado fácilmente por alto, en un océano de números. Los directivos recordaban las cifras a pesar del tiempo que pudiera transcurrir de una reunión a otra, y preguntaban al respecto a los responsables si se producía algún cambio. Wang explicó que los directivos adoptaron también la costumbre de Cook de formular pregunta tras pregunta. «Querían saber[247] si tú entendías el problema» y, «si no eres detallista, me imagino que sería imposible sobrevivir en esa compañía». Cook «creó definitivamente muchos procesos que te ayudan a practicar lo que piensas sobre un problema, además de la cultura y las normas de la compañía —dijo—. Muchas veces, oyes a la gente decir: "Nosotros lo hacemos así". Y creo que esto está inspirado por él o influido por él. Nuestra manera de pensar y nuestra manera de hacer las cosas».

---

246. Yukari Iwatani Kane, *Haunted Empire: Apple After Steve Jobs*, William Collins, Londres, 2015, p. 101.

247. Entrevista del autor con Helen Wang, marzo de 2018.

A pesar de este énfasis en la importancia de prestar atención al detalle y en la resolución de problemas, Cook confiaba y empoderaba a sus empleados para que tomasen decisiones por sí mismos. Inspiró una mentalidad en la que, según Wang, «todo es posible[248], esforcémonos más, seamos creativos, intentemos resolverlo. Sabes que podemos hacerlo. Se trata de una actitud basada en el poder hacerlo. […] La gente que ocupaba los puestos de liderazgo nos recordaba constantemente que fuéramos creativos. ¿Cómo resolverías tú este problema?» Wang explicó que, aunque era joven (por aquel entonces acababa de cumplir los treinta), era de agradecer que la directiva de Apple confiase en ella, y en otros como ella, para gestionar los problemas y sin sentirse controlada en todo lo que hacía.

«El nivel directivo más sénior[249] empodera a su gente —dijo—. Siempre tienes la sensación de que, por mucho que seas joven, por mucho que seas junior […] sea cual sea el puesto que ocupes, tienes siempre la sensación de que estás tomando decisiones teniendo en cuenta lo que es mejor para la compañía, y que esa compañía confía en ti. Así es como Tim y Jeff [Williams, el vicepresidente de operaciones de Cook] lideran, depositando toda su confianza en ti.»

Para ganarse el respeto y el aprecio de Cook, los empleados no solo necesitaban responder siempre correctamente a sus preguntas, sino que además necesitaban demostrar su disposición a ir con él hasta el fin del mundo. Y literalmente, a veces. Un ejemplo clásico de la firmeza de Cook es lo que sucedió en una reunión del equipo de la cadena de suministro para solucionar un problema que había surgido con un fabricante en China. «La situación es muy grave —dijo Cook—. Tendría que haber alguien en China gestionando todo esto.» La reunión continuó durante media hora hasta que Cook miró directamente a Sabih Khan, un

---

248. Entrevista del autor con Helen Wang, marzo de 2018.

249. Entrevista del autor con Helen Wang, marzo de 2018.

124 • LA APPLE DE TIM COOK

ejecutivo de operaciones, y le preguntó, con una seriedad impresionante: «¿Qué haces aún aquí?» Khan se levantó de inmediato, abandonó la reunión, fue al aeropuerto y reservó un vuelo a China sin fecha de regreso. «Ni siquiera pasó[250] por su casa para hacer la maleta.»

A diferencia de algunos de sus colegas, Cook tenía poca vida fuera de Apple. Predicaba con el ejemplo, pero con un ejemplo que pocos podían seguir, sobre todo los que tenían pareja e hijos en casa. Realizaba llamadas de larga distancia los domingos por la noche, respondía el correo a las cuatro de la madrugada y estaba en su despacho cada día a las seis de la mañana. Trabajaba doce o trece horas diarias en la oficina y luego, cuando llegaba a casa, seguía aún respondiendo mensajes.

«Podía recibir un par de mensajes de correo electrónico[251] de Tim entre las 3.45 y las 4.15 de la mañana» y «luego, de 4.30 a 6, silencio —explicó su colega Bruce Sewell, antiguo consejero general de Apple—. Era el rato en que estaba en su casa desayunando, levantándose, preparándose para ir al gimnasio. Después, a partir de las 6.15, ya lo tenías en el trabajo.»

No era excepcional que Cook viajase a China, trabajase tres días sin siquiera enterarse de la diferencia horaria de dieciséis horas, cogiera de nuevo el avión, aterrizase a las siete de la mañana y estuviera en la oficina asistiendo a una reunión a las ocho y media. Cuando no estaba de viaje en China para reunirse con los proveedores de Apple, rara vez se alejaba de California, para de este modo poder estar disponible en cualquier momento. Para él, las reuniones eran más bien maratones, una analogía de lo más apropiada teniendo en cuenta que tenía la costumbre de ir comiendo barritas energéticas. Y cuando no estaba en la oficina, su idea de relajación consistía en machacarse en el gimnasio o practicar la escalada. Es también un ciclista entusiasta, y a menudo sale en bicicleta

---

250. Lashinsky, «Apple's Tim Cook: The Genius Behind Steve Jobs».
251. Entrevista del autor con Bruce Sewell, marzo de 2018.

los sábados y los domingos, lo que supone para sus colegas un respiro durante el cual saben que no recibirán mensajes. «Hace mucho deporte[252] —destacó Sewell—. Tim es una persona muy preocupada por la salud, y se levanta temprano porque quiere ir al gimnasio antes de que se llene de gente y antes de que todo el mundo esté en pie.»

Podría decirse que Cook ha tratado a Apple como si fuera un deporte. Para él, el trabajo era (y sigue siendo[253]) algo parecido a un deporte de resistencia, y eso quedaba patente en todo lo que hacía, incluso en su forma de cortarse el pelo tan corto en homenaje a uno de sus héroes deportivos, Lance Armstrong. En una reunión de operaciones, pasó una transparencia con una cita de Armstrong: «No me gusta perder[254]. Simplemente, lo odio». En el discurso de inauguración de curso que ofreció en la Universidad de Auburn en 2010, el año antes de ser nombrado CEO de Apple, estableció también una equivalencia entre trabajo y deporte: «En los negocios, como en el deporte[255], la inmensa mayoría de las victorias están decididas antes de empezar el juego. Rara vez controlamos el momento en que se presentan las oportunidades, pero lo que sí podemos controlar es nuestra preparación». La obsesión de Cook con la preparación fue clave para su éxito en Apple.

Los primeros doce años de Cook en Apple fueron relativamente tranquilos. Jobs siempre había sido la cara y el elemento central de la publicidad de Apple, y otras figuras clave, como Jony Ive, tenían también su propia imagen pública. Cook, amante del anonimato, se había mantenido escondido detrás de la cortina de secretismo de Apple. Y eso no cambió mucho en enero de 2009, momento en el que asumió por primera vez, y con carácter temporal, el papel de CEO cuando Jobs se

---

252. Entrevista del autor con Bruce Sewell, marzo de 2018.

253. Lashinsky, «Apple's Tim Cook: The Genius Behind Steve Jobs».

254. Kane, *Haunted Empire*, p. 103.

255. «Auburn University Spring 2010 Commencement Speaker Tim Cook», YouTube, publicado por la Universidad de Auburn, 18 de mayo de 2010, consultado el 13 de setiembre de 2018, www.youtube.com/watch?v=xEAXuHvzjao.

vio obligado a tomar una baja laboral de seis meses después de haber sido sometido a un trasplante de hígado. Jobs siguió siendo el CEO y, en un mensaje interno, aseguró a los empleados de Apple que seguiría estando involucrado en todas «las decisiones estratégicas principales», y que Cook sería el responsable de la operativa del día a día de Apple. «Sé que tanto él como el resto[256] del equipo ejecutivo harán un gran trabajo», escribió Jobs.

Durante la ausencia de Jobs[257], Cook supervisó la salida al mercado del iPhone 3GS, que rápidamente se convirtió en el teléfono inteligente que más ventas generaba en menos tiempo, con más de un millón de unidades vendidas solo el fin de semana de su lanzamiento. Jobs regresó a Apple[258] a tiempo para la presentación anual de septiembre de 2009, durante la cual dio las gracias al equipo ejecutivo de la compañía y en especial a Cook, que «estuvo a la altura y dirigió la compañía con gran destreza». De hecho, Cook hizo tan buen trabajo[259], que ocupó de nuevo temporalmente el puesto cuando Jobs volvió a coger otra baja médica en enero de 2011.

Pero, incluso con Jobs enfermo y Cook ocupando el puesto de CEO de Apple, Tim se mantuvo alejado del foco mediático y Jobs siguió siendo la cara visible de la compañía. Pero todo esto cambió cuando Cook ascendió a la cúspide.

256. «Letter from Steve Jobs to Apple Employees», Reuters, 15 de enero de 2009, consultado el 13 de eptiembre de 2018, www.reuters.com/article/us-steve-jobs-letter-sb-idUSTRE50D7JG20090115.

257. «Apple Sells One Million iPhone 3Gs in First Weekend», Apple, 14 de julio de 2008, consultado el 13 de septiembre de 2018, www.apple.com/newsroom/2008/07/14Apple-Sells-One-Million-iPhone-3Gs-in-First-Weekend/.

258. «Steve Jobs: "I'm Vertical"», *Entertainment Weekly*, 9 de septiembre de 2009, consultado el 13 de septiembre de 2018, https://ew.com/article/2009/09/09/steve-jobs-im-vertical/.

259. David Goldman, «Steve Jobs Takes Medical Leave of Absence», CNNMoney, 17 de enero de 2011, consultado el 13 de septiembre de 2018, https://money.cnn.com/2011/01/17/technology/steve_jobs_leave/index.htm.

6

Ponerse en la piel de Steve Jobs

El primer día de Cook como CEO de Apple fue el miércoles 24 de agosto de 2011. Parte de los primeros movimientos que hizo Cook como CEO, y que en su momento pasaron prácticamente inadvertidos, señalaron los grandes cambios que estaban por llegar. Servirían tanto para diferenciarlo de su predecesor como para señalar el origen del éxito astronómico que asociamos hoy en día con Apple.

Pero aunque Cook era un experto en gestionar Apple entre bambalinas, no tenía mucha experiencia en cuanto a ser el foco de atención. Su primer año como CEO fue un camino pedregoso, marcado por acartonadas apariciones públicas, reorganizaciones a nivel ejecutivo, dos despidos sonados y productos poco excitantes. Los críticos, que seguían prediciendo que Apple había entrado en un lento y largo declive, no auguraban nada bueno.

Rígido como Pinocho

Durante los primeros meses de 2012, Cook sufrió abundantes quebraderos de cabeza.

Encabezando su primer evento especial de Apple[260] desde el fallecimiento de Jobs, presentó en marzo el iPad 3 y una Apple TV renovada.
«Me emociona mucho estar aquí», dijo en cuanto salió al escenario, aunque no lo parecía en absoluto. Vestido con una camisa arrugada por
fuera del pantalón, fue desgranando metódicamente la presentación con
su humilde acento sureño. Sin la más mínima pizca del carisma y el
magnetismo que hacían tan dinámicas las presentaciones de Steve Jobs,
se le veía incómodo y falto de improvisación. No lo estaba pasando nada
bien. Era incapaz de desfruncir el ceño y su apariencia era seria. Consiguió lo que parecía imposible: despojar al evento especial de Apple de
toda su emoción.

El nuevo iPad presentaba especificaciones magníficas (una combinación de características nuevas y actualizadas, incluyendo una nueva pantalla Retina de alta resolución, un nuevo chip Apple A5X con un procesador gráfico *quad-core*, una cámara mejorada de cinco megapíxeles,
grabadora de vídeo HD 1080p, dictado por voz y soporte de redes LTE
en Estados Unidos), pero, a pesar de las reseñas positivas, los fans consideraron que era una actualización decepcionante que recordaba en exceso a su predecesor, que era más una evolución que una revolución. Lo
cual no era bueno para el primer producto importante que se lanzaba al
mercado bajo el liderazgo de Cook.

Primeros contratiempos

Los primeros meses como CEO en una compañía son necesariamente
un reto para cualquiera, y a eso había que sumarle que el fundador visionario de Apple había fallecido trágicamente y que la compañía era una

---

260. «Apple Special Event March 7 2012 iPad 3 the New iPad Full Apple Keynote March 2012
(Full)», YouTube, publicado por kent880821, 8 de marzo de 2012, consultado el 13 de septiembre de
2018, www.youtube.com/watch?v=z5yCqaf9yBc.

de las de mayor visibilidad del mundo. Y el hecho de que el Departamento de Justicia de los Estados Unidos presentara una demanda contra Apple, hizo que los primeros meses de Cook como CEO de Apple fueran más duros si cabe. En abril, el Departamento de Justicia acusó a Apple de conspirar con diversas editoriales para fijar el precio del libro electrónico. El caso se prolongó durante varios años y Apple acabó siendo sancionada con una multa y teniendo que asumir el control antimonopolio designado por los tribunales. El caso sirvió también para dejar en evidencia que Apple se había convertido en una entidad tan grande que atraía incluso la atención de los reguladores antimonopolio. Los casos antimonopolio suelen estar reservados a las compañías más grandes y poderosas, puesto que pueden llegar a abusar de su posición de dominio y es necesario controlarlas de alguna manera. Un caso antimonopolio, resuelto en 2001, había derrocado a la dominante Microsoft de su trono en la cúspide tecnológica y, en consecuencia, la preocupación era importante.

Luego, en julio, la acción de Apple cayó en picado después de los decepcionantes resultados del tercer trimestre, consecuencia de que las ventas de iPhone habían sido inferiores a lo vaticinado. Los analistas esperaban que Apple vendiera 28,9 millones de iPhone, y cuando se informó de que solo se habían vendido 26 millones, la acción se desplomó. No era un problema grave[261], sobre todo teniendo en cuenta que las ventas de iPhone habían subido un 30% con respecto al año anterior, pero era solo la segunda vez en casi una década que Apple no cumplía con las expectativas de Wall Street.

Las decepcionantes cifras de ventas del iPhone eran debidas en parte a la competencia cada vez más fuerte de los dispositivos Android. A pe-

---

261. Matthew Panzarino, «Apple "Misses" in Q3, but Beats Own Estimates with Record iPad Sales», The Next Web, 25 de julio de 2012, consultado el 13 de septiembre de 2018, https://thenextweb.com/apple/2012/07/24/apple-q3-2012-35b-revenue-8-8b-profit-with-9-32-eps-26m-iphones-17m-ipads-sold/.

sar de que Apple seguía siendo el número uno, Samsung suponía una amenaza cada vez mayor y el nombre de esa compañía aparecía cada vez con más frecuencia en los artículos que hablaban sobre Apple. En mayo de 2012[262], el estudio BrandZ llevado a cabo por Millward Brown designó a Apple por segundo año consecutivo como la marca más valiosa del mundo. «Apple sigue innovando y manteniendo su categoría de marca de "lujo", pero se enfrenta a la competencia de Samsung —decía el estudio—. Valorada en la actualidad en más de[263] 14.100 millones de dólares, gracias en parte al éxito de sus teléfonos Galaxy, Samsung está superando a Apple en diversos mercados, posicionándose como una alternativa atractiva y a buen precio frente al ubicuo iPhone.» En octubre de 2012, Cook despidió al jefe de la división coreana de Apple, Dominique Oh, como consecuencia de la caída de ventas en Corea del Sur, la patria chica de Samsung. Oh ocupó aquel puesto[264] solo diecisiete meses.

La caída de precio de la acción de Apple también podía ser resultado de los pasos en falso que había dado con sus nuevos productos. En julio de 2012[265], Apple finiquitó definitivamente el MobileMe, su infausto servicio en la nube, que había sido un fracaso desde prácticamente el primer día. A pesar de que en octubre de 2011 había sido sustituido por iCloud, MobileMe permaneció activo hasta mediados de 2012. Por otro

---

262. Millward Brown, «Top Brands Thrive Despite Economy According to Millward Brown's Latest BrandZ[TM] Top 100 Most Valuable Global Brands Study», PR Newswire, 2 de mayo de 2012, consultado el 13 de septiembre de 2018, www.prnewswire.com/news-releases/top-brands-thrive-despite-economy-according-to-millward-browns-latest-brandztm-top-100-most-valuable-global-brands-study-152379145.html.

263. Jon Russell, «Apple Ranked Top as Tech Firms Dominate Global Brand Report», The Next Web, 22 de mayo de 2012, consultado el 13 de septiembre de 2018, https://thenextweb.com/apple/2012/05/22/apple-beats-ibm-and-google-to-top-global-brand-report-as-tech-firms-dominate/.

264. *Korea Herald*/Asia News Network, «Apple Korea Chief Gets Pink Slip by Email», consultado el 13 de septiembre de 2018, http://www.koreaherald.com/view.php?ud=20121024000338.

265. Philip Elmer-Dewitt, «Apple's MobileMe Is Dead—but You Can Still Retrieve Your Files», *Fortune*, 1 de Julio de 2012, consultado el 13 de septiembre de 2018, http://fortune.com/2012/07/01/apples-mobileme-is-dead-but-you-can-still-retrieve-your-files/.

lado, a finales de septiembre[266] Apple cerró oficialmente Ping, la red social orientada hacia la música que había lanzado dos años antes como
parte de iTunes 10. Ping animaba a los usuarios a seguir a artistas y amigos para ver qué era popular y obtener recomendaciones musicales. Pero
desde un buen principio estuvo cargada de problemas. La prometida in-
tegración con Facebook nunca se hizo realidad. Las cuentas de muchos
usuarios se llenaban inevitablemente de mensajes basura y los estafadores
empezaron a abrir cuentas falsas. Pero el principal problema fue que nunca logró despegar; solo la utilizaba una parte muy mínima de usuarios de
iTunes. Hablando a principios de aquel año en la All Things Digital Conference, Cook reconoció que Apple «no necesitaba tener[267]» una red social en sus cuentas. «Hay clientes que lo adoran, pero no son muchos; ¿así
qué? ¿La matamos?», preguntó. Y, poco después, Apple la mató.

Contratos y despidos

El año 2012 fue también[268] el del despido de dos ejecutivos de alto nivel.
El primero fue el del vicepresidente sénior de la división minorista y
responsable de la Apple Store, John Browett. Se había incorporado oficialmente a Apple en enero, sustituyendo al anterior jefe de la Apple
Store, Ron Johnson. En teoría, Browett tenía las cualificaciones adecua-
das para el puesto. Venía de Dixons Retail, uno de los minoristas de

266. Christina Bonnington, «So Long, Ping: Apple Shuttering Failed Social Network Sept. 30», *Wired,* 13 de septiembre de 2012, consultado el 13 de septiembre de 2018, www.wired.com/2012/09/
goodbye-ping/.

267. Macworld Staff, «Tim Cook at D10: In His Own Words», *Macworld,* 29 de mayo de 2012,
consultado el 13 de septiembre de 2018, www.macworld.com/article/1167008/tim_cook_at_d10_
in_his_own_words.html?page=2.

268. «Apple Announces Changes to Increase Collaboration Across Hardware, Software & Services»,
Apple, 29 de octubre de 2012, consultado el 13 de septiembre de 2018, www.apple.com/
newsroom/2012/10/29Apple-Announces-Changes-to-Increase-Collaboration-Across-Hardware-
Software-Services/.

electrónica de consumo más importantes de Europa, con cuarenta mil empleados. Era graduado por la Universidad de Cambridge y poseía un MBA por la Wharton School. Y era un MBA que dominaba los números y que compartía muchas similitudes con el Cook de puestos anteriores. Cuando trabajaba para la división *online* de Tesco's, la cadena británica de supermercados, le dijo a un periodista: «Al mediodía no como[269]. No doy conferencias porque hay demasiadas cosas que hacer». Abordaba el trabajo con practicidad y parecía salido del manual de estrategia de Cook. Era, en teoría, la persona perfecta para gestionar la Apple Store bajo la supervisión de Cook.

En 2012, la Apple Store tenía más de una década de antigüedad. A pesar de ser recibida con escepticismo en el momento de su lanzamiento, en 2001 tenía ya cuatrocientos establecimientos abiertos en todo el mundo, con un tercio de ellos fuera de los Estados Unidos. Las cifras de ventas por metro cuadrado situaban las Apple Store por encima de cualquier otro minorista estadounidense, incluyendo la marca de lujo Tiffany & Company. La Apple Store había cambiado la forma de vender ordenadores y otros productos electrónicos, y había dado a Apple el control de principio a fin sobre la experiencia minorista que sus ejecutivos siempre habían buscado.

La tienda era una parte enormemente importante del negocio de Apple, y Browett fue el primer fichaje de alto nivel de Cook como CEO. Pero, casi de inmediato, empezó a tener problemas. Desde un principio quedó claro que no encajaba con la cultura de Apple. Justo un día después de anunciar su fichaje, Cook empezó a recibir mensajes de correo electrónico de clientes preocupados por la posible caída de calidad de Apple Store con Browett al timón, puesto que Dixons tenía reputación de proveedor barato de productos electrónicos con un servicio al cliente

269. Rupert Neate, «Dixons Boss John Browett Swaps Hemel Hempstead for Apple's California HQ», *Guardian,* 31 de enero de 2012, consultado el 13 de septiembre de 2018, www.theguardian.com/business/2012/jan/31/dixons-boss-john-browett-apple.

mínimo, el equivalente europeo a un Best Buy, famoso por sus productos de baratija. Pero Cook no estaba preocupado. «He hablado con mucha gente[270] y John era el mejor con diferencia —respondió por correo a un cliente que le había escrito—. Creo que acabará sintiéndose usted tan satisfecho como yo. Su papel no es traer Dixons a Apple, sino conducir a Apple hacia un nivel superior de servicio al cliente y satisfacción.»

Pero los clientes preocupados tenían razón. Rompiendo con la excepcional reputación de servicio al cliente que tenía Apple Store, Browett estableció como primer objetivo intentar reducir costes disminuyendo la contratación de empleados y las horas de trabajo. Se obcecó también en alcanzar los objetivos de ventas, algo que nunca había sido la prioridad principal de Apple. Los cambios fueron recibidos de forma casi unánime con quejas y desdén. Cook despidió a Browett solo seis meses después de que entrara en Apple. En un excepcional reconocimiento del error cometido, la portavoz Kristin Huguet declaró: «Hacer estos cambios[271] fue un error, y los cambios se revocarán. Nuestros empleados son nuestro activo más importante y los que proporcionan el servicio de primera categoría que se merecen nuestros clientes».

Browett no encajó en Apple. Era un ejecutivo orientado a las ventas y los beneficios que no cuajó en la filosofía relajada y tranquila de los establecimientos de Apple. Cook había cometido un error excepcional en él eligiendo a alguien cuya forma de abordar el negocio ponía prioridad en los resultados. Browett, por su parte, se mostró también pesaroso. «No encajé[272] con su manera de gestionar el negocio —declaró

270. Kevin Rawlinson, «Former Dixons Executive John Browett Shown the Door at Apple», *Independent*, 31 de octubre de 2012, consultado el 13 de septiembre de 2018, www.independent.co.uk/life-style/gadgets-and-tech/news/former-dixons-executive-john-browett-shown-the-door-at-apple-8262120.html.

271. Rawlinson, «Former Dixons Executive John Browett Shown the Door at Apple».

272. James Titcomb, «Why New Apple Retail Chief's British Predecessor John Browett Was Fired», *Telegraph*, 15 de octubre de 2013, consultado el 13 de septiembre de 2018, www.telegraph.co.uk/finance/newsbysector/retailandconsumer/10379517/Why-new-Apple-retail-chiefs-British-predecessor-John-Browett-was-fired.html.

más adelante—. Fue una de esas cosas sorprendentes, en las que eres rechazado por una organización porque no encajas, no por tu competencia.»

La partida de Browett fue un golpe duro para la reputación de Cook. Frente a muchos quedó como un hombre que, en su primer año como CEO, no entendía la compañía y vivía en otro mundo. Steve Jobs había realizado un par de errores en sus fichajes, pero era famoso por elegir grandes colaboradores, destacando entre ellos Steve Wozniak y Jony Ive en Apple, y John Lasseter y Ed Catmull en Pixar. Cook no tenía a su lado colaboradores de aquel calibre y la visión que tenía para Apple era muy distinta de la de Jobs. Tenía sobre él muchísima presión, y el fichaje y posterior despido de Browett transmitió la impresión de que no había hecho bien los deberes o, peor aún, que su opinión estaba equivocada. ¿En qué estaría pensando?

Pero más importante si cabe que el despido de Browett fue la partida de Scott Forstall, que en su día, después del fallecimiento de Jobs, había sido un candidato potencial al puesto de CEO. Forstall había iniciado su carrera en NeXT y había ascendido rápidamente en el organigrama. Había seguido a Jobs hacia Apple, donde había sido uno de los pilares del fabuloso Mac OS X. Había sido recompensado por ese éxito con la complicada responsabilidad del desarrollo del software del primer iPhone. Su rendimiento estelar le había proporcionado un perfil público destacado y Cook lo había elegido para presentar con orgullo Siri, el nuevo asistente virtual de Apple, en el acto de lanzamiento del iPhone 4S. Ascendía con rapidez, igual que había hecho en NeXT. En una reseña publicada en 2011 en *Bloomberg Businessweek*[273], escrita poco después de la muerte de Jobs, se hablaba de él como «el Aprendiz de Brujo», un «mini-Steve» y «el mejor representante por poderes de la voz de Steve Jobs».

---

273. Adam Satariano, Peter Burrows y Brad Stone, «Scott Forstall, the Sorcerer's Apprentice at Apple», *Bloomberg Businessweek,* 13 de octubre de 2011, consultado el 10 de septiembre de 2018, www.bloomberg.com/news/articles/2011-10-12/scott-forstall-the-sorcerers-apprentice-at-apple.

En el libro publicado por el periodista de *Fortune* Adam Lashinsky[274], *Apple, el legado de Steve Jobs,* se le apuntaba como potencial CEO de Apple en reserva, a la espera de hacerse con el puesto en cuanto la era Tim Cook tocara a su fin. Con su veloz ascenso en Apple, parecía que era el candidato más probable a suceder a Steve Jobs. Pero a finales de 2012, dejó la compañía.

Forstall era el miembro del equipo ejecutivo de Steve Jobs menos querido por la gente, pero tenía una amistad con el cofundador de Apple que lo protegía. Según Lashinsky, si algo había que decir contra Forstall es que su ambición era excesivamente descarada. Su hambre de poder e influencia en el seno de la compañía molestaba a los demás ejecutivos y al resto de los empleados, pero gozaba del favor de Jobs, que valoraba su forma de hacer directa y su competencia. Cuando Jobs murió, esa red de seguridad desapareció. La partida de Forstall en 2012 fue seguida por dos lanzamientos de software de calidad inferior a la habitual: la decepcionante salida al mercado de Siri y la desastrosa introducción de Apple Maps. Siri tuvo sus inicios en el SRI International Artificial Intelligence Center y fue el resultado de un proyecto de inteligencia artificial subvencionado por la DARPA (Agencia de Proyectos de Investigacion Avanzados de Defensa). Se lanzó al mercado en 2010 como una aplicación IOS creada por terceros. Apple la adquirió rápidamente y se propuso remodelarla a su imagen y semejanza.

Cuando Forstall presentó Siri[275] en el acto de lanzamiento del iPhone 4S, fue el producto más comentado de la velada. Hacía realidad el concepto de asistente personal digital que Apple había mostrado por primera vez en 1987 bajo el nombre «Knowledge Navigator». Pero cuando los usuarios reales probaron Siri, la aceptación fue diversa. Steve Wozniak,

---

274. Philip Elmer-Dewitt, «Scott Forstall Is Apple's "CEO-in-Waiting" Says New Book», *Fortune,* 17 de enero de 2012, consultado el 10 de septiembre de 2018, http://fortune.com/2012/01/17/scott-forstall-is-apples-ceo-in-waiting-says-new-book/.

275. «Apple Knowledge Navigator Video (1987)», YouTube, publicado por Mac History, 4 de marzo de 2012, consultado el 13 de septiembre de 2018, www.youtube.com/watch?v=umJsITGzXd0.

cofundador de Apple, a pesar de confesarse un gran admirador de la aplicación original desarrollada por terceros, criticó públicamente la versión de Apple. Comentó que Siri lo había convencido en su día al ser capaz de comprender preguntas como «¿Cuáles son los cinco lagos más grandes de California?» o «¿Cuáles son los números primos mayores que 87?» Pero con la versión lanzada por Apple[276], dijo Woz, su pregunta sobre los lagos era respondida con enlaces a propiedades situadas a orillas de los lagos, mientras que la pregunta sobre los números primos le daba respuestas relacionadas con carne de «primera» calidad. Un año después de aquel lanzamiento, dos de los ejecutivos que habían trabajado con la aplicación Siri original —Adam Cheyer y el antiguo CEO de Siri, Dag Kittlaus—, dejaron Apple para dedicarse a otros proyectos. Juntos cofundaron[277] otra start-up especializada en inteligencia artificial llamada Viv, que posteriormente fue vendida a Samsung por 215 millones de dólares, dejando atrás el desastroso lanzamiento al mercado de Siri.

Por mucho que Siri quedara clasificada como una oportunidad perdida, no fue nada en comparación con el fiasco de Apple Maps. El software cartográfico de Apple[278] fue anunciado en el transcurso de la Apple Worldwide Developers Conference (WWDC) el 11 de junio de 2012. Venía incorporado al iOS 6 y sustituía a Google Maps como servicio cartográfico por defecto de Apple. Los sistemas de cartografía móvil estaban todavía en su infancia, pero cada vez era más evidente que los

---

276. Todd Wasserman, «Wozniak: Siri Was Better Before Apple Bought It», Mashable, 15 de junio de 2012, consultado el 13 de septiembre de 2018, https://mashable.com/2012/06/15/wozniak-on-siri/#EepIlr_2_8q8.

277. Cromwell Schubarth, «Now We Know What Siri's Creators and Investors Got When They Sold Viv to Samsung», Silicon Valley Business Journal, 1 de marzo de 2017, consultado el 13 de septiembre de 2018, www.bizjournals.com/sanjose/news/2017/03/01/now-we-know-what-siris-creators-and-investors-got.html.

278. «Apple Previews iOS 6 with All New Maps, Siri Features, Facebook Integration, Shared Photo Streams & New Passbook App», Apple, 31 de agosto de 2018, consultado el 13 de septiembre de 2018, www.apple.com/newsroom/2012/06/11Apple-Previews-iOS-6-With-All-New-Maps-Siri-Features-Facebook-Integration-Shared-Photo-Streams-New-Passbook-App/.

mapas eran una aplicación genial para los teléfonos inteligentes. Los mapas y las indicaciones eran una herramienta clave, cargada con un potencial inmenso de oportunidades con las que obtener beneficios, como la publicidad móvil. Apple sabía que era importante no ceder el control a Google y decidió en consecuencia desarrollar su propio servicio. Entre sus características, Apple Maps ofrecía navegación paso a paso, mapas en 3D, Flyover y Siri integrado, lo que lo diferenciaba del popular Google Maps.

Pero por desgracia, cuando Apple Maps salió al mercado, el 19 de septiembre, los usuarios no tardaron mucho en etiquetarlo como un auténtico caos. Presentaba problemas de todo tipo: paisajes tan deformados que recordaban los cuadros de Dalí, búsquedas en el Reino Unido de Londres, la capital del país, dirigidas a «Londres, Ontario» y asuntos peligrosos de verdad, como sugerir a los usuarios que accedieran al Fairbanks International Airport, de Alaska, cruzando una de sus pistas. El *New York Times*[279] describió Apple Maps como «el software más bochornoso y menos manejable que Apple ha producido jamás». Y se sabe que un ejecutivo de Apple[280] llegó media hora tarde a una reunión porque Apple Maps lo había dirigido al lugar equivocado. De haberse decidido Apple por una aplicación más sencilla, es muy probable que hubiera funcionado como cabía esperar. Pero Apple se extralimitó. Intentó lanzar un software repleto de características especiales para sustituir a Google Maps, que llevaba siete años en el mercado y había alcanzado su madurez. Apple, en su intento de superar a Google, intentó estirar el brazo más que la manga y lo acabó pagando.

279. David Pogue, «Apple's New Maps App Is Upgraded, but Full of Snags—Review», *New York Times,* 26 de septiembre de 2012, consultado el 13 de septiembre de 2018, www.nytimes.com/2012/09/27/technology/personaltech/apples-new-maps-app-is-upgraded-but-full-of-snags-review.html.

280. Yukari Iwatani Kane, *Haunted Empire: Apple After Steve Jobs,* William Collins, Londres, 2015, p. 236.

Como máximo ejecutivo de Apple Maps, Forstall era el máximo responsable del fracaso de la nueva aplicación. Un artículo[281] publicado en el *Business Insider* por Jay Yarow, titulado «The Apple Maps Disaster Is Really Bad News for Apple's "CEO-in-Waiting"» [«El desastre de Apple Maps es una noticia malísima para el "CEO a la espera" de Apple»], subrayaba que era el «segundo fiasco consecutivo con el software IOS» de Forstall. El año anterior había presionado a Apple para que incorporara Siri a iOS, con resultados en absoluto estelares. Se sabe que Cook instó a Forstall a pedir disculpas públicamente, pero Forstall se negó. Ni Cook ni Forstall han abordado nunca el tema.

Después de que el clamor público continuara durante dos días, y sin que hubiese señales de una disculpa por parte de Forstall, Cook tomó personalmente la iniciativa. Envió una carta pública a los usuarios de Apple pidiéndoles perdón, detallando los problemas de Maps y haciendo una promesa de futuro:

En Apple nos esforzamos[282] por crear productos de primera calidad que proporcionen a nuestros clientes la mejor experiencia posible. Con el lanzamiento de nuestro nuevo Maps la semana pasada, no conseguimos cumplir este compromiso. Lamentamos tremendamente la frustración que esto ha causado a nuestros clientes, y estamos haciendo todo lo posible por mejorar Maps.

Todo lo que hacemos en Apple está enfocado a crear los mejores productos del mundo. Sabemos que esto es justo lo que nuestros clientes esperan de nosotros, y seguiremos trabajando sin descanso hasta que nuestro Maps alcance esos estándares increíblemente elevados.

---

281. Jay Yarow, «The Apple Maps Disaster Is Really Bad News for Apple's "CEO-in-Waiting"», *Business Insider*, 28 de septiembre de 2012, consultado el 13 de septiembre de 2018, www.businessinsider.com/scott-forstall-apple-maps-2012-9.

282. Brian X. Chen, «Tim Cook Apologizes for Apple's Maps», *New York Times,* 28 de septiembre de 2012, consultado el 13 de septiembre de 2018, https://bits.blogs.nytimes.com/2012/09/28/tim-cook-maps/.

Para algunos, la carta de disculpas de Cook fue un signo de debilidad. Según la revista *The Week*, la disculpa de Cook fue «una forma de humillación[283] que hace que mucha gente vaya diciendo: "Esto nunca habría pasado de seguir Steve Jobs con vida"». Y el editorial proseguía con la pregunta: «¿Es la disculpa de Cook la prueba definitiva de que él no es Steve Jobs?» Steve Jobs jamás se había disculpado por los errores de Apple. Un par de años antes[284], cuando los usuarios se quejaron de que con el nuevo iPhone 4 se cortaban las llamadas cuando los dedos entraban en conexión con la antena exterior —lo que se conoció como el escándalo del «Antennagate»—, Jobs replicó con la absurdidad de que los usuarios estaban «sujetándolo mal». (Al final, celebró una conferencia de prensa sobre el Antennagate y ofreció a los usuarios una funda gratuita para atenuar el problema, pero nunca llegó a pedir claras disculpas.)

Pero, por lo visto, Cook quería hacer las cosas a su manera. Viendo que Forstall era una influencia perturbadora en el equipo y que era una persona problemática que no estaba dispuesta a asumir responsabilidades, lo despidió. Greg Joswiak, colega de Cook, elogió indirectamente el gesto, diciendo que Cook había actuado con gran decisión a la hora de hacer los cambios necesarios en el equipo de Maps, aunque declinó comentar nada sobre Forstall o nombrarlo directamente. Después de calificar a Cook de «atrevido y decisivo»[285] y «un líder de los pies a la cabeza», Joswiak dijo también que Cook «se implicó muy personalmente en lo que tendríamos que hacer para enderezar el rumbo de aquel barco».

---

283. «Tim Cook's Apology for Apple Maps: Proof He's No Steve Jobs?», *The Week*, 28 de septiembre de 2012, consultado el 13 de septiembre de 2018, http://theweek.com/articles/471907/tim-cooks-apology-apple-maps-proof-hes-no-steve-jobs.

284. Doug Gross, «Apple on iPhone Complaints: You're Holding It Wrong», CNN, 25 de junio de 2010, consultado el 13 de septiembre de 2018, www.cnn.com/2010/TECH/mobile/06/25/iphone.problems.response.index.html.

285. Entrevista del autor con Greg Joswiak, marzo de 2018.

Al parecer, entre los demás ejecutivos no hubo protestas por el despido de Forstall o, como mínimo, no hubo protestas públicas. Internamente, consta que su partida[286] fue recibida con «vítores» por los empleados. Un antiguo empleado de Apple, que ha pedido permanecer en el anonimato, dijo que a Forstall le gustaba mucho el politiqueo, que a menudo se colgaba medallas por el trabajo que habían hecho otros, que se abría paso a codazos entre sus colegas para ser el primero y que su presencia provocaba muchas fricciones. Era descaradamente ambicioso, lo que lo alejaba de sus compañeros. «Quería estar implicado[287] en demasiadas cosas que no eran asunto suyo —declaró el empleado—. Y creo que eso molestaba un poco a la gente. [...] Creo que mucha gente estaba bastante harta de él.»

Tony Fadell, antiguo vicepresidente sénior de la división del iPod y uno de los «padres del iPod», declaró en la BBC que Forstall «tuvo su merecido». Era un rumor por todos conocido que Forstall y Fadell se llevaban fatal. Al parecer, cuando ambos trabajaban en el desarrollo del iPhone (Forstall era el responsable del software y Fadell lideraba el equipo de ingeniería), se peleaban constantemente. Chocaron por la distribución de recursos y de personal y por apuntarse los distintos méritos hasta que Fadell se marchó de Apple en 2008. En aquella misma entrevista, Fadell declaró que creía que el despido de Forstall y la reorganización de Cook eran una buena maniobra. «Pienso que Apple[288] es un lugar estupendo, que tiene grandes productos y que en la compañía hay gente magnífica, y pienso también que esa gente disfruta ahora de la oportunidad de tener una base firme desde la que continuar con el legado que dejó Steve», dijo.

---

286. Leo Kelion, «Tony Fadell: From iPod Father to Thermostat Start-up», BBC News, 29 de noviembre de 2012, consultado el 13 de septiembre de 2018, www.businessinsider.com/ipod-inventor-fired-apple-exec-scott-forstall-got-what-he-deserved-2012-11.

287. Entrevista del autor con un antiguo empleado de Apple, septiembre de 2014.

288. Kelion, «Tony Fadell: From iPod Father to Thermostat Start-up».

Muchos empleados consideraron que la afición al politiqueo de Forstall fue la principal causa de su despido. Era el responsable del software que hacía funcionar el iPhone y su fama aumentó con el despegue del iPhone. Se convirtió en un ejecutivo con mucho poder y el analista de Apple, Horace Dediu, dijo haber oído rumores de que Forstall estaba empezando a desarrollar sus propios proyectos, sin implicar en ellos a Cook ni a otros ejecutivos de Apple. «Por mucho que estuviera contribuyendo[289], por mucho que lo estuviera haciendo bien, la ofensa máxima contra Apple era desobedecer y traspasar tus límites».

Dediu comentó que dudaba de que Forstall fuera despedido simplemente por haber fastidiado el proyecto Apple Maps, puesto que la cultura de Apple tiende a perdonar los errores. Pero si es cierto que Forstall se negó a la orden directa de Cook de pedir disculpas públicamente, es muy probable que fuera aquella actitud desafiante lo que lo condenó. Dediu declaró que pensaba que «Tim debió de decirse[290]: "Me están poniendo a prueba. Estos chicos están empezando a ejercer el poder. Tengo que ser muy decisivo", y creo que, en parte, su razonamiento debió de ser el siguiente: "Necesito llevar a cabo esta ejecución pública para que los demás me tomen en serio". Y por eso a partir de aquel momento tuvo muchos menos problemas internamente».

Unos meses después del despido de Forstall, Cook concedió una entrevista a *Bloomberg Businessweek* que reveló algún detalle más sobre el episodio, y también algo más sobre el estilo de liderazgo de Cook. Cook dijo que la reforma en la directiva[291] pretendía incrementar la colaboración en el seno de la compañía, tal y como la prensa había dicho. «En Apple tenemos un nivel de colaboración enorme, pero se trata ahora de

289. Entrevista del autor con Horace Dediu, marzo de 2018.

290. Entrevista del autor con Horace Dediu, marzo de 2018.

291. Josh J. Tyrangiel, «im Cook's Freshman Year: The Apple CEO Speaks», Bloomberg, 6 de diciembre de 2012, consultado el 13 de septiembre de 2018, www.bloomberg.com/news/articles/2012-12-06/tim-cooks-freshman-year-the-apple-ceo-speaks.

llevarla hasta otro nivel —dijo—. Hay que ver en qué somos grandes. Y lo somos en muchas cosas. Pero una de las cosas que hacemos, y que pienso que nadie más hace, es integrar hardware, software y servicios de tal manera que la mayoría de consumidores deja de diferenciarlos. Lo único que ven es que la experiencia es fantástica. ¿Cómo seguir haciendo esto y llevarlo además a un nivel superior? Obteniendo[292] una matrícula de honor en colaboración.»

Cook no abordó directamente el despido de Forstall y Browett, pero lo que dijo a continuación sobre cómo colaboraban los miembros del equipo ejecutivo y asumían responsabilidades resultó revelador. «Lo que nos vincula a los unos a los otros es que estamos unidos por valores. Queremos hacer lo correcto. Queremos ser honestos y sinceros. Reconocemos cuándo nos equivocamos y tenemos la valentía necesaria para poder cambiar. Y no puede haber politiqueo. Odio el politiqueo. En la compañía no hay espacio para ello. Mi vida es demasiado corta como para perder el tiempo en esas cosas. Nada de burocracia. Queremos una compañía que avance con rapidez[293], con agilidad, sin politiqueo y sin agendas preconcebidas.» Leyendo entre líneas esta declaración, Cook despidió a Forstall porque le gustaba el politiqueo y tenía una agenda personal muy definida: no quiso reconocer que se equivocó, no quiso pedir perdón por ello y no demostró disposición para el cambio. Para Cook y su estilo de liderazgo, todo eso eran pecados capitales.

¿Se ha llegado a la cumbre de Apple?

No es de extrañar que no todo el mundo pensara que despedir a Forstall fuera buena idea. «Hemos llegado la cumbre de Apple: a partir de aquí

---

292. Tyrangiel, «Tim Cook's Freshman Year».
293. Tyrangiel, «Tim Cook's Freshman Year».

todo es cuesta abajo —escribió Dan Crow para el *Guardian* a finales de 2012—. La decisión de descartar[294] Google Maps por completo y los cambios en la cúspide de la compañía para echar a Scott Forstall y John Browett indican una sutil trayectoria descendente.» A pesar de que Apple seguía con unos resultados financieros extremadamente buenos (la facturación en 2012 ascendió a 156.500 millones de dólares, de los cuales 46.330 fueron beneficios), muchos expertos lo atribuían a Jobs y a los frutos de su legado. La gente no podía resistirse al relato de que la manzana estaba sufriendo miles de diminutos recortes que acabarían haciéndola caer estrepitosamente del árbol.

Incluso TBWA\Media Arts Lab, la agencia de publicidad propiedad de Apple, parecía estar cayendo también víctima ese relato, para desasosiego de la compañía. En enero de 2013, el *Wall Street Journal*[295] publicó un artículo titulado «Has Apple Lost Its Cool to Samsung?» [«Ha perdido Apple su encanto a favor de Samsung?»]. El artículo sugería que Samsung, que por aquel entonces estaba inmersa en una agresiva campaña de marketing para su nuevo Samsung Galaxy S3, había sorprendido a Apple en un momento de bajón. En mensajes de correo privados dirigidos a los ejecutivos de Apple, que posteriormente salieron a la luz en el transcurso del juicio de patentes de Samsung contra Apple, TBWA escribió: «Comprendemos que este[296] momento es muy similar a 1997 en lo relativo a la necesidad de ayudar a Apple a recuperarse para superarlo». En 1997, cuando Jobs volvió a Apple, encargó la famosa y galardonada campaña «Piensa Diferente» para recordar al mundo que, a

294. Dan Crow, «We've Passed Peak Apple: It's All Downhill from Here», *Guardian,* 7 de noviembre de 2012, consultado el 13 de septiembre de 2018, www.theguardian.com/technology/2012/nov/07/peak-apple.

295. Ian Sherr and Evan Ramstad, «Has Apple Lost Its Cool to Samsung?», *Wall Street Journal,* 28 de enero de 2013, consultado el 14 de septiembre de 2018, www.wsj.com/articles/SB10001424127887323854904578264090074879024.

296. Jay Yarow, «Phil Schiller Exploded on Apple's Ad Agency in an Email», Business Insider, 7 de abril de 2014, consultado el 14 de septiembre de 2018, www.businessinsider.com/phil-schiller-emails-2014-4.

pesar de los problemas financieros, había aún una gran compañía ansiosa por emerger. Funcionó espectacularmente, e insufló nueva vida a una compañía inmersa en graves problemas. En 2012, la situación parecía ser la inversa. Apple tenía buenos resultados financieros, pero la percepción exterior era mala y el público pensaba que había entrado en declive.

Pero en Apple tenían fe. El director de marketing, Phil Schiller, replicó: «Esto no tiene nada que ver con 1997[297]. [...] En 1997, Apple no tenía productos en el mercado. Teníamos una compañía que ganaba tan poco dinero que estábamos a seis meses de quedarnos fuera del mercado. [...] No éramos la compañía tecnología de más éxito del mundo, la que fabrica los mejores productos del mundo, la que ha creado los estándares físicos del teléfono inteligente y de la tableta y es líder en los mercados de distribución de contenido y de software. Ni la compañía que todos quieren imitar y contra quien todos quieren competir».

Es revelador que TBWA nunca haya producido un anuncio actualizado, al estilo del de «Piensa diferente», en la época de Tim Cook.

Cook empieza a cambiar Apple

A pesar de que los cambios en la cúpula y el incremento en la colaboración eran ajustes internos importantes, para los observadores externos era como si no hubiera cambiado nada. Cook parecía estar continuando el legado de su predecesor. Sin embargo, varias pistas indicaban ya cómo guiaría el rumbo de Apple en los años siguientes.

El primer gran cambio que Cook implementó como CEO fue en enero de 2012, solo cinco meses después de tomar posesión del cargo. Celebró una reunión de empleados cuando se anunciaron los espectaculares resultados financieros del trimestre anterior. En la convocatoria

---

297. Yarow, «Phil Schiller Exploded on Apple's Ad Agency in an Email».

previa, había comunicado a los empleados que en la reunión se hablaría de «novedades excitantes», y una de esas novedades fueron las iniciativas filantrópicas de Apple. Era una desviación importante de la visión que tenía Steve Jobs para Apple. Por todos era sabido que Jobs siempre se había mostrado tacaño con respecto a las obras benéficas, con el argumento que la acción más benéfica que podía llevar a cabo era incrementar el valor de Apple para que sus accionistas tuvieran más dinero que donar a las causas que les apeteciera. Bajo el mandato de Jobs, Apple no realizó ninguna contribución benéfica relevante o, como mínimo, no lo hizo públicamente. El único acto filantrópico público en el que participó la compañía fue en la iniciativa conocida como (PRODUCT)RED liderada por Bono, el líder de U2, que recauda dinero para luchar contra el sida en África vendiendo productos bajo la marca RED. Desde 2006, la compañía[298] ha vendido media docena de versiones RED del iPod y el iPhone, recaudando más de 160 millones de dólares.

Pero Cook tiene una visión distinta. Su idea es[299] donar toda su fortuna a proyectos filantrópicos, una vez haya costeado la educación universitaria de su sobrino. Como CEO, ha instituido un programa de donaciones complementarias con el cual Apple equipara, hasta un máximo de diez mil dólares por empleado y año, las aportaciones que sus empleados realizan a entidades benéficas. Fue un cambio importante. En los dos primeros meses de implementación del programa, la compañía y sus empleados realizaron donaciones por 2,6 millones de dólares. En aquella reunión general, Cook reveló también que Apple había donado[300] cincuenta millones de dólares a hospitales de Stanford. Cook no explicó por qué había elegido Stanford, pero tanto la compañía como

298. «(PRODUCT)RED™», Apple, consultado el 14 de septiembre de 2018, www.apple.com/product-red/.

299. Adam Lashinsky, «Apple's Tim Cook Leads Different», *Fortune,* 25 de marzo de 2015, http://fortune.com/2015/03/26/tim-cook.

300. «Apple Support for Charity», MacRumors.com Help Center, consultado el 14 de septiembre de 2018, https://macrumors.zendesk.com/hc/en-us/articles/202084918-Apple-Support-for-Charity.

Steve Jobs tenían una larga relación con la universidad y sus instalaciones hospitalarias. Jobs realizó en 2005 un famoso discurso inaugural en la universidad y había recibido tratamiento para el cáncer en el Stanford Cancer Center. Desde 2011, Apple ha donado asimismo varios cientos de millones de dólares a diversas iniciativas educativas y medioambientales, destacando entre ellas el dinero destinado a damnificados por huracanes, a la recuperación de zonas forestales destrozadas por incendios y a damnificados por inundaciones en China.

Además de invertir de forma generosa en planes educativos, Apple ha realizado grandes donaciones a instituciones benéficas centradas en la salud y los derechos humanos. Cerca de un año y medio después de convertirse en CEO, Cook accedió a dedicar voluntariamente parte de su tiempo a una subasta gestionada por Charitybuzz que ofrecía a los participantes la oportunidad de poder tomar un café con él en la sede de Apple. La puja recaudó 610.000 dólares[301] para el Robert F. Kennedy Center for Justice and Human Rights, igualando el record que se había establecido en Charitybuzz hacía tan solo dos meses con la puja por un Lamborghini Aventador LP 700-4 Roadster. Era el doble de lo que se había recaudado nunca en una acción de ese tipo para el RFK Center, y doce veces más del «valor estimado» para la subasta cuando se puso en marcha unas semanas antes. Se sabe que entre los participantes había desarrolladores de aplicaciones, fabricantes de accesorios y emprendedores, pero el ganador de la subasta se mantuvo en el anonimato.

Con el cierre de 2004, la compañía realizó una generosa donación de 20 millones de dólares a PRODUCT(RED) para colaborar en su lucha contra el sida. El dinero se recaudó a través de colaboraciones con desarrolladores de aplicaciones, que donaron parte de los ingresos obtenidos a partir de sus ventas y de las compras que se realizan dentro de sus

301. «Robert F. Kennedy Center's 6th Annual Spring Auction Raises over $1.1 Million at Charitybuzz.com», Charitybuzz, 15 de mayo de 2013, consultado el 14 de septiembre de 2018, www.charitybuzz.com/press_releases/646.

aplicaciones, y a través de la venta de productos Apple durante las dos jornadas de compras más importantes el año: el Black Friday y el Cyber Monday. «Me emociona anunciar[302] que nuestra donación para este trimestre ascenderá a más de veinte millones de dólares, la donación más cuantiosa que hayamos recaudado jamás, lo que hace que la cantidad total que Apple ha recaudado para PRODUCT(RED) supere los cien millones de dólares —escribió Cook en un mensaje dirigido a todos los empleados—. Este dinero está salvando vidas y dando esperanza a gente necesitada. Es una causa que todos debemos sentirnos orgullosos de apoyar.»

La compañía no ha vuelto a publicar más cifras sobre las donaciones de sus empleados, de modo que la cantidad recaudada desde el anuncio realizado por Cook en 2011 es desconocida. Pero en 2018[303], después de que la administración Trump hiciera ajustes en la legislación fiscal de los Estados Unidos para permitir que Apple repatriara casi 250.000 millones de dólares de capital que tenía en el extranjero, Cook anunció que la cantidad de donaciones complementarias a las aportaciones benéficas realizadas por los empleados se duplicaría y que pasaría a ser de una razón de dos a uno, en vez de ser de uno a a uno. Remitió a los empleados de Apple una nota diciendo que la compañía doblaría las donaciones benéficas de los empleados (sin tocar el tope de diez mil dólares anuales) a final de año. Apple doblaría asimismo la cantidad aportada por cada hora de tiempo que donaran los empleados.

La postura altruista de Cook fue bien recibida en términos generales, pero algunos apuntaron a que el dinero donado era una gota en el océano y que entraba en contradicción con los problemas laborales que

---

302. Dawn Chmielewski, «Apple's Holiday Product Red Campaign Raises $20 Million for AIDS Research», Recode, 17 de diciembre de 2014, consultado el 14 de septiembre de 2018, www.recode. net/2014/12/17/11633904/apples-holiday-product-red-campaign-raises-20-million-for-aids.

303. «Apple Employees Get Big Bonus Thanks to Trump», Cult of Mac, 19 de enero de 2018, consultado el 14 de septiembre de 2018, www.cultofmac.com/523889/apple-employees-get-big-bonus-thanks-trump/.

sufría Apple en su cadena de suministro. «Las iniciativas benéficas de Apple[304] no son nada cuando miras los 97.700 millones de dólares que tiene en la actualidad la compañía en capital efectivo», escribió la periodista Sarah Mitroff en Venture-Beat. El dinero «que Apple ha donado no es más que una pequeña gota en el océano, incluso en comparación con los 46.330 millones de dólares, la facturación de Apple en el primer trimestre de 2012. Además, los problemas laborales de Foxconn, la compañía que fabrica el iPhone y otros productos Apple, dañan la nueva imagen de Apple como compañía que realiza aportaciones benéficas». En su pedregoso primer año, Cook realizó pequeños cambios que presagiaban los grandes cambios positivos que se vivieron en Apple más adelante.

Iniciativas en la cadena de suministro

Estos cambios incluyeron novedades en las prácticas de la cadena de suministro de Apple. En febrero de 2012[305], ABC emitió un especial del programa *Nightline* sobre Foxconn, el principal fabricante de Apple. A pesar de haber sido filmado con la aprobación de Apple, el especial arrojó una luz profunda y preocupante sobre las condiciones en las que se fabricaban los productos de Apple. Entre los muchos detalles interesantes, destacaba el hecho de que para fabricar un solo iPad eran necesarios cinco días y la sorprendente cifra de 325 manos. El especial reveló asimismo que los trabajadores de Foxconn trabajaban en turnos de doce

---

304. Chance Miller, «Here's the Full Email Tim Cook Sent to Apple Employees Announcing Bonuses & New Charity Donation Matching», 9to5Mac, 17 de enero de 2018, consultado el 14 de septiembre de 2018, https://9to5mac.com/2018/01/17/tim-cook-bonus-email-to-employees/.

305. Bill Weir, «A Trip to the iFactory: "Nightline" Gets an Unprecedented Glimpse Inside Apple's Chinese Core», ABC News, 20 de febrero de 2012, consultado el 14 de septiembre de 2018, https://abcnews.go.com/International/trip-ifactory-nightline-unprecedented-glimpse-inside-apples-chinese/story?id=15748745.

horas y recibían 0,70 dólares en concepto de dietas para comer, pagaban un alquiler de 17,50 dólares por una cama en un dormitorio de ocho personas y recibían 1,78 dólares a la hora por su trabajo.

El *New York Times* publicó también[306] una serie de reportajes de investigación, que fue galardonada con un premio Pulitzer, sobre las condiciones laborales en Foxconn. Cook reaccionó con una ira atípica en él, compartiendo sus pensamientos con los empleados con un estilo que no podría haber sido más distinto del de Steve Jobs, que había sido criticado por su insensibilidad al respecto. En un correo interno, Cook dijo que se sentía «ofendido» e «indignado» por aquellos reportajes. Fue directo y transparente con sus empleados, y escribió: «Para nosotros, hasta el último trabajador de nuestra cadena global de suministros es importante[307]. Cualquier accidente que se produzca es profundamente preocupante, y cualquier problema relacionado con las condiciones laborales es causa de desasosiego. Cualquier sugerencia de que todo esto no nos importa es obviamente falsa y ofensiva para nosotros. Como bien sabéis mejor que nadie, acusaciones como estas son contrarias a nuestros valores. Eso no es lo que somos». Reforzando la idea de que Apple había estado mejorando las condiciones laborales de centenares de miles de trabajadores, Cook estaba decidido a dejar las cosas claras.

Casi de inmediato, Apple contrató los servicios de la Fair Labor Association, una organización con sede en Washington DC que se dedica a acabar con la explotación laboral en el mundo. Apple encargó a la FLA la auditoría de las fábricas de Foxconn en Shenzhen y Chengdu, China. La iniciativa fue vista como un paso importante de Apple en cuanto a hacer limpieza y ser responsable de su cadena de suministro, uno de los

---

306. «The iEconomy», (serie de artículos), *New York Times*, consutado el 14 de septiembre de 2018, http://archive.nytimes.com/www.nytimes.com/interactive/business/ieconomy.html.

307. Mark Gurman, «Tim Cook Responds to Claims of Factory Worker Mistreatment: "We Care About Every Worker in Our Supply Chain"», 9to5Mac, 27 de enero de 2012, consultado el 14 de septiembre de 2018, https://9to5mac.com/2012/01/26/tim-cook-responds-to-claims-of-factory-worker-mistreatment-we-care-about-every-worker-in-our-supply-chain/.

seis valores que enuncia su página web. Apple fue la primera compañía tecnológica que contrató los servicios de la FLA, que tiene gran reputación como reformadora de las cadenas de suministros del sector alimentario y textil. Hasta octubre de 2016, cuando Apple dejó de trabajar con la FLA, era la única compañía tecnología en hacerlo.

En una conferencia en Goldman Sachs celebrada poco después, Cook abordó sin rodeos las acusaciones de abuso laboral en la cadena de suministro de Apple. En su discurso, dijo que Apple no descansaría hasta que todos los trabajadores tuvieran garantizado un entorno laboral seguro y sin discriminaciones, además de un salario competitivo. Dijo que rescindiría el contrato a todos los proveedores que no cuidaran debidamente a sus trabajadores. «Apple se toma muy en serio las condiciones laborales[308], y lo venimos haciendo desde hace mucho tiempo —dijo Cook—. Independientemente de que estén en Europa, Asia o los Estados Unidos, todos los trabajadores son importantes para nosotros.» Habló de su propia experiencia como obrero. «He pasado mucho tiempo en fábricas, y no solo como ejecutivo —dijo—. He trabajado en una papelera en Alabama y en una fábrica de aluminio en Pensilvania; me importa, y tenemos cientos de empleados que trabajan en nuestras fábricas a tiempo completo. Y ellos también nos importan. Tenemos una gran conexión con las condiciones de nuestros trabajadores a nivel granular.»

El compromiso de Cook con una reforma con significado[309] fue bien recibida en general. Dara O'Rourke, profesor asociado de política medioambiental y laboral de la Universidad de California en Berkeley, declaró al *New York Times* que Cook se merecía una felicitación por

---

308. Philip Elmer-Dewitt, «Transcript: Apple CEO Tim Cook at Goldman Sachs», *Fortune*, 15 de febrero de 2012, consultado el 14 de septiembre de 2018, http://fortune.com/2012/02/15/transcript-apple-ceo-tim-cook-at-goldman-sachs/.

309. Nick Wingfield, «Apple's Chief Puts Stamp on Labor Issues», *New York Times*, 2 de abril de 2012, consultado el 14 de septiembre de 2018, www.nytimes.com/2012/04/02/technology/apple-presses-its-suppliers-to-improve-conditions.html.

haber alzado la voz en ese sentido. «Me gustaría felicitar a Tim Cook por lo que ha hecho —dijo—. Está reconociendo que tienen problemas.» Daniel Diermeier, un profesor de la Northwestern University especializado en gestión de la reputación, se mostró de acuerdo con esta declaración. Dijo que era evidente que la mala prensa había incentivado a Cook a actuar, pero que estaba en buena posición para emprender un cambio positivo. «Creo que es muy probable que tenga un conocimiento profundo de la situación, y que se trata de una cuestión más personal para él de lo que podría serlo para otros ejecutivos.»

Pero hubo también quien dudó de las declaraciones de Cook. Jeff Ballinger, activista sindical e investigador, dijo que las promesas de reforma de Cook eran cuestionables. «Me recuerda un patrón[310] que ya he observado en otras ocasiones —dijo. Cook está esperando «que las cosas se vayan calmando por sí solas. No resulta muy convincente.»

Pero Cook estaba decidido a hacer cambios. Invirtió tiempo y esfuerzo en mejorar las condiciones laborales, visitando las fábricas de Apple e interactuando con sus trabajadores. A finales de marzo, viajó a China para visitar una nueva planta de ensamblaje de Foxconn en Zhengzhou que daba empleo a cerca de 120.000 trabajadores, muchos de los cuales se dedicaban al ensamblaje del iPhone. Apple publicó una fotografía de la visita que fue distribuida por todo el mundo. Era muy importante que Cook se implicara más en la logística de la cadena de suministro —Steve Jobs jamás se había hecho una foto en las líneas de producción—, aunque muchos blogueros cínicos despreciaron la imagen, calificándola de simple postureo.

A pesar del compromiso[311] de Cook de mejorar las condiciones laborales de las fábricas, más de dos mil trabajadores de una planta de

---

310. Wingfield, «Apple's Chief Puts Stamp on Labor Issues».

311. Maxim Duncan, «Foxconn China Plant Closed After 2,000 Riot», Reuters, 24 de septiembre de 2012, consultado el 14 de septiembre de 2018, www.reuters.com/article/us-hon-hai/foxconn-china-plant-closed-after-2000-riot-idUSBRE88N00L20120924.

Foxconn en Chengdu se amotinaron como consecuencia de un incidente menor, supuestamente un robo en uno de los dormitorios de la fábrica. La tensión en la planta era elevada por culpa de las condiciones laborales y los salarios. Más tarde, un trabajador de veintitrés años de Chengdu se suicidó tirándose por la ventana de su apartamento. Llevaba solo un mes en Foxconn, un suceso que se produjo poco después de las promesas de reforma de Apple.

No fue el primer suicidio en Foxconn. En 2007 había habido una muerte y otra en 2009, pero en 2010 se había producido un incremento significativo, con una estimación de dieciocho intentos de suicidio y catorce fallecimientos, como mínimo. El primero tuvo lugar en enero de 2010, cuando un joven trabajador llamado Ma Xiangqian se lanzó al vacío. Ma había sido degradado recientemente a la tarea de limpiar los baños después de haber roto accidentalmente algún equipamiento de la fábrica. Había estado trabajando el triple del tiempo límite legal. «La vida es dura[312] para los trabajadores —comentó su hermana, Ma Liqun, poco después de la muerte de Ma—. Es como si nos entrenaran para ser máquinas.» Sun Dan-yong, un joven empleado de Foxconn de veinticinco años de edad que murió en julio de 2009 lanzándose desde lo alto de un bloque de apartamentos, lo hizo después de haber perdido un prototipo de iPhone que tenía. Poco antes de su muerte[313], declaró haber recibido una paliza y haber sufrido un registro de su dormitorio.

Terry Gou, el presidente de Foxconn, respondió de entrada con sorprendente indiferencia, declarando que «un entorno duro es positivo». Pero, cuando en mayo de 2010 el catorceavo[314] empleado de Foxconn se

312. Kane, *Haunted Empire*, p. 64.

313. David Barboza, «iPhone Maker in China Is Under Fire After a Suicide», *New York Times*, 27 de julio de 2009, consultado el 14 de septiembre de 2018, www.nytimes.com/2009/07/27/technology/companies/27apple.html?_r=2&scp=1&sq=foxconn&st=cse.

314. Joel Johnson, «1 Million Workers. 90 Million iPhones. 17 Suicides. Who's to Blame?», *Wired*, 28 de febrero de 2011, consultado el 14 de septiembre de 2018, www.wired.com/2011/02/ff-joelinchina/.

suicidó lanzándose al vacío, la compañía empezó a tomar medidas preventivas. Como primer paso[315], Foxconn instaló más de tres millones de metros cuadrados de red de color amarillo en torno a sus edificios para evitar las caídas, algo que en absoluto abordaba la causa del problema, aunque también aumentó en un 30% el sueldo de los trabajadores de Shenzhen, dejándolo en 1.200 renminbi mensuales (176 dólares), y prometió un segundo incremento en un plazo de seis meses. Finalmente, puso en marcha[316] un centro de asistencia psicológica abierto las veinticuatro horas del día, con una dotación de un centenar de especialistas, e inauguró una sala antiestrés donde los trabajadores podían utilizar bates de béisbol para descargar sus frustraciones sobre maniquíes.

Los suicidios se vincularon rápidamente a Apple. A pesar de que Apple no era la única compañía importante que utilizaba Foxconn, sí era la más grande y la más famosa. El escándalo contrastaba además con la imagen progresista de Apple. Los autores de *El libro de Steve Jobs,* que presenta a Apple y Jobs bajo un punto de vista generalmente positivo, se preguntan: «¿Cómo es posible que una compañía con esa aura de marketing tan angelical que la envuelve fabrique sus dispositivos en fábricas de Foxconn, donde el trabajo penoso y las difíciles condiciones laborales han dado como resultado el suicidio de una docena de trabajadores de sus líneas de producción?[317]».

Pero Steve Jobs no era la persona adecuada para plantar cara a este tema. Igual que Terry Gou, Jobs no era contrario a fomentar un entorno laboral duro. Cuando salió en defensa de Foxconn después de los suicidios de 2010, dijo que sus fábricas eran «muy agradables» y que no eran

315. Frederik Balfour and Tim Culpan, «The Man Who Makes Your iPhone», Bloomberg, 9 de septiembre de 2010, consultado el 14 de septiembre de 2018, www.bloomberg.com/news/articles/2010-09-09/the-man-who-makes-your-iphone.

316. John Vause, «Inside China Factory Hit by Suicides», CNN, 2 de junio de 2010, consultado el 13 de septiembre de 2018, http://edition.cnn.com/2010/WORLD/asiapcf/06/01/china.foxconn.inside.factory/index.html.

317. Brent Schlender y Rick Tetzeli, El libro de Steve Jobs: luces y sombras de un genio, Malpaso, Barcelona, 2015, p. 368.

«talleres de explotación laboral». Pero la frase que sentó peor fue su comentario «Ya hemos pasado página de esto[318]», que chocó a muchos como indiferente e insensible.

El caso es que Apple hizo cambios, que se aceleraron de forma destacada después de que Cook asumiera el puesto de CEO. La Fair Labor Association hizo público[319] su primer informe, emitido en agosto de 2012, en el que identificó 360 «medidas correctivas» que había que llevar a cabo relativas a la seguridad de los trabajadores, los salarios y las condiciones laborales. Las medidas incluían aspectos relacionados con salario y horas trabajadas, horas extra, formación en salud y seguridad, seguro de desempleo, trabajo infantil y la finalización de un programa de prácticas explotador.

En los siete meses que habían transcurrido desde que Cook contrató a la FLA para que trabajase con Apple había problemas que habían quedado sin solventar. El informe de la FLA destacaba que algunas de las medidas correctivas más importantes no se habían implementado, incluyendo la de la representación sindical y la disminución de horas de trabajo semanales para adaptarse a la legislación china. Pero reducir el horario laboral[320] y las horas extras no era popular entre muchos trabajadores, que a menudo preferían trabajar más horas y conseguir más paga, que ahorraban o enviaban a casa.

En general, de todos modos, la FLA destacó que Apple y Foxconn habían hecho avances significativos en la reforma de las condiciones de los trabajadores. Con fechas límite que se extendían hasta quince meses en algunos casos, el informe de la FLA indicaba que Apple y Foxconn ya habían implementado antes de tiempo 284 del total de cambios reco-

---

318. «Steve Jobs—Foxconn», YouTube, publicado por pudox34, 29 de septiembre de 2011, consultado el 14 de septiembre de 2018, www.youtube.com/watch?v=2gOu50HaEvs.

319. Fair Labor Association, «Foxconn Verification Status Report», August 2012, www.fairlabor.org/sites/default/files/documents/reports/foxconn_verification_report_final.pdf.

320. Fair Labor Association, «Foxconn Verification Status Report».

mendados. «Nuestra verificación muestra que los cambios necesarios, incluyendo medidas inmediatas relativas a salud y seguridad, están ya implementados —dijo el CEO de FLA, Auret van Heerdeen, en una declaración—. Estamos satisfechos porque Apple ha hecho todo lo necesario para que Foxconn sea responsable del cumplimiento del plan de acción, incluyendo el compromiso de reforma de su programa de prácticas.» En su primer año como CEO, Tim Cook ya había realizado más mejoras en la responsabilidad del proveedor que Steve Jobs en todo el tiempo que dirigió Apple. A principios de 2012, Cook escribió un mensaje a todos los empleados diciendo: «Nadie en nuestro sector está impulsando mejoras para los trabajadores como lo está haciendo Apple hoy en día».

En los años transcurridos desde entonces, Apple ha trabajado para mejorar su cadena de suministro, aunque sigue recibiendo alguna que otra crítica por parte de activistas de los derechos laborales y otras organizaciones. Dados su poder y sus márgenes de beneficios, muchos argumentan que podría y debería estar haciendo mucho más de lo que hace, y que las condiciones en las fábricas de los proveedores continúan siendo miserables. Li Qiang, director de China Labor Watch, criticó a Apple por seguir manteniendo muy bajos los márgenes de sus proveedores, lo que a su vez afecta a los salarios. Los proveedores de Apple tienen márgenes que oscilan solo entre el 5 y el 10%, afirmó, lo cual no es suficiente para aumentar los sueldos de los trabajadores. «Si realmente quisieran cambiar las condiciones laborales, tendrían que estar pagando más —dijo—. Al final, no son las cadenas de suministros ni las fábricas, sino Apple quien no está dispuesto a pagar más[321].»

Cuestionó asimismo la afirmación de Apple de que el 90% de sus fábricas se adhiere a la normativa en cuanto al horario laboral, que bajo la legislación china está limitado a sesenta horas semanales. Dijo que los

321. Entrevista del autor con Li Qiang, abril de 2018.

trabajadores están obligados a realizar horas extraordinarias para compensar los bajos salarios que perciben. Representantes de su grupo visitaron una fábrica de Pegatron en Shanghái y examinaron un millar de nóminas. Descubrieron que entre el 70 y el 80% de los trabajadores había trabajado más de sesenta horas. Cuando informaron a Apple de este hallazgo, la compañía despreció su preocupación alegando que el tamaño de la muestra era demasiado pequeño.

Muchos activistas creen que el problema se encuentra en el sistema de fabricación en sí mismo. Ted Smith, fundador y antiguo director ejecutivo de la Silicon Valley Toxics Coalition y presidente de la Electronics TakeBack Coalition, piensa que la solución para Apple radica en construir sus propias fábricas y contratar directamente a los directores de las líneas de producción y a los trabajadores. «La escala de lo que están intentando hacer o de lo que están haciendo es [...] casi inalcanzable[322] —dijo—. Aun en el caso de tener a la mejor gente del mundo en sus cuarteles generales, ocupando puestos de responsabilidad, influencia y poder, intentar gestionar 756 fábricas con, literalmente, millones de trabajadores, o instalaciones [...] es increíblemente abrumador.»

Smith dijo que su grupo empezó a presionar a Apple justo antes del fallecimiento de Jobs. Y que con Jobs tenía la sensación de que a Apple le daba igual, o que la compañía era demasiado tacaña como para implementar cambios. Elogió a Cook por incorporar a gente de primer nivel, «una vez más, un gran cambio con respecto a lo de antes», y muy en especial el fichaje de Lisa Jackson, antigua directora de la EPA. Elogió asimismo el consejo asesor académico fundado para estudiar los problemas relacionados con los trabajadores (véase página 158) y la disposición de Apple a ser más accesible al público y más transparente a través de sus informes anuales de responsabilidad con sus proveedores. «He

---

322. Entrevista del autor con Ted Smith, abril de 2018.

visto una mejora tremenda [...] y lo atribuyo básicamente al liderazgo de Tim Cook», afirmó.

Jeff Ballinger, un veterano activista contra la explotación laboral y profesor de ciencias políticas, coincide en que el problema está en el sistema. Apple no tendría tantos problemas con su cadena de suministro si no contratase externamente la fabricación. «Me gustaría ver una reintegración vertical[323] —dijo—. ¿Por qué estas compañías no pueden fabricar por sí mismas sus productos? Los abusos llegan porque el paradigma es el siguiente: tienes seis propuestas de subcontrata, pones en marcha un concurso y se lo lleva el que te da el precio más barato.» Y debido a esto, es imposible que Apple pueda ir luego a la subcontrata y decirle: «¿Y no puedes darles vacaciones, pagarles bonos, etc.?» En su opinión, la monitorización de las fábricas es inefectiva. «El problema está en el sistema —dijo—. Monitorizar es eludir la realidad.»

Jenny Chan, profesora de la Hong Kong Polytech, antigua organizadora de SACOM (Students and Scholars Against Corporate Misbehaviour) y autora de *Dying for an iPhone,* dijo que Apple es consciente de muchos de sus problemas de seguridad en el trabajo y que no hace suficiente, y que incluso, a veces, no hace absolutamente nada. Defiende más organización laboral, desde abajo hacia arriba, para de este modo empoderar a los trabajadores. «Los trabajadores tendrían que[324] participar en elecciones sindicales —dijo—. Los trabajadores deberían estar representados en los comités de seguridad y salud laboral. Para tener voz y expresar su opinión, para que sus decisiones y sus discusiones sean tomadas más en serio. Pero por el momento no veo esta estructura en funcionamiento.»

Heather White, directora cinematográfica con sede en Nueva York, creadora del documental *Complicit,* una película sobre las terribles con-

---

323. Entrevista del autor con Jeff Ballinger, abril de 2018.

324. Entrevista del autor con Jenny Chan, abril de 2018.

diciones laborales de la cadena de suministro de Apple, toma la postura más dura. Cuestiona por qué Apple está en China. Se trata de un régimen corrupto y represivo con un historial espantoso de prácticas laborales injustas. «Si alguna de las grandes corporaciones del sector de la electrónica se tomara en serio el cumplimiento de sus códigos de conducta, que publican en sus páginas web y dicen que representan sus compromisos con sus accionistas, tendrían que empezar a hablar de marcharse de allí[325]», declaró. Reconoció que esta propuesta no era realista, pero dijo que, si Apple y Tim Cook se tomaban en serio su código de conducta, la compañía tendría que fomentar la libertad de asociación y los derechos de los trabajadores, y tomar medidas enérgicas a favor de los estándares de salud y seguridad.

Pero Deirdre O'Brien, la *Veep of Peeps* de Apple (la «vice de la gente») que durante muchos años trabajó codo con codo con Cook en operaciones, defendió los avances de la compañía en lo relativo a la mejora de los derechos de los trabajadores. «La verdad es que tengo la sensación de que es una de las mejores cosas que ha hecho Tim[326] —dijo—. Creo de verdad que el trabajo que ha hecho Apple en la cadena de suministro es excepcional y que hemos trabajado para ser el líder en este espacio. De modo que, en vez de ignorar los problemas y decir "Eso no es asunto nuestro", Tim dio la cara y dijo: "Queremos ser los líderes en esto, hablemos del tema y pongámonos manos a la obra". [...] Estamos muy concentrados en garantizar su bienestar y hay oportunidades de educación, problemas de seguridad, cosas que nos tomamos increíblemente en serio.»

Y Cook ha puesto en marcha nuevas iniciativas para que Apple avance en la dirección adecuada. Justo después de la WWDC, en julio de 2013, Apple fundó un consejo asesor académico para supervisar el programa de responsabilidad de los proveedores. El consejo era una ex-

---

325. Entrevista del autor con Heather White, abril de 2018.
326. Entrevista del autor con Deirdre O'Brien, marzo de 2018.

tensión natural del compromiso de Cook con la reforma de la cadena de suministro. Integrado inicialmente por ocho profesores de las principales universidades norteamericanas, y presidido por el profesor Richard Locke de la Brown University, el consejo formó parte de las iniciativas de Cook para mejorar las prácticas laborales en la cadena de suministro. Su objetivo era llevar a cabo, o encargar, una investigación sobre los estándares laborales en la cadena de suministro de Apple, compartir investigaciones ya existentes que pudieran mejorar prácticas y políticas y hacer recomendaciones sobre los pasos positivos que Apple podría tomar. «Confío en que el Consejo [...] moldee las prácticas de Apple y sus proveedores de tal forma que todos los empleados implicados en su cadena de suministro [...] perciban salarios dignos y trabajen dentro de los regímenes de horario laboral y en entornos seguros donde puedan expresar sus derechos como ciudadanos[327]», dijo Locke en una declaración.

Cada año, Apple ha tratado también[328] de expandir su informe de responsabilidad de los proveedores, publicado por vez primera en 2005 junto con el Código de Conducta del Proveedor de Apple. En 2007, Apple audió solo 39 instalaciones como parte de ese programa. La cifra subió a 102 en 2009 y a 756, repartidas en treinta países, en 2017. Estableció además pautas a seguir para aspectos como los dormitorios, la protección al trabajador joven, la no discriminación por causas médicas, la no discriminación por embarazo, la prevención del trabajo no voluntario, salarios y beneficios, y horarios laborales.

Con Cook al timón, Apple ha tomado una postura más práctica en cuanto al lanzamiento de iniciativas pensadas para los trabajadores. En 2017, la compañía puso en marcha un nuevo programa de concienciación sobre la importancia de la salud dirigido a las mujeres que trabajan

327. «Locke to Chair Apple's Academic Advisory Board», Watson Institute, Brown University, 26 de junio de 2013, https://watson.brown.edu/news/2013/locke-chair-apples-academic-advisory-board.

328. Al final de esta página puede encontrarse un archivo con los informes: www.apple.com/supplier-responsibility/.

con sus proveedores en India y China, por el cual se ofrece acceso a distintos servicios y educación sobre el autoexamen para la detección precoz del cáncer, nutrición, cuidado personal y salud materna. Jeff Williams declaró[329] que Apple confía que, en 2020, este programa haya llegado ya a un millón de mujeres.

La potencia financiera de Apple hace también que pueda prescribir a sus proveedores gran parte de los términos de la negociación. En 2018, Apple obligó[330] a uno de sus proveedores en Filipinas a reembolsar un total de un millón de dólares que había cobrado por gastos de reclutamiento de puestos de trabajo en sus fábricas. Este tipo de pasos, que solo puede realizar una compañía con el peso y la influencia de Apple, se consideran cruciales. A pesar de que muchas compañías utilizan fabricantes y proveedores extranjeros para obtener sus componentes, Apple es la más reconocible de todas ellas. Y, tal y como demostró la historia de los suicidios en Foxconn, mucha gente no distingue entre Apple y las compañías que contrata para fabricar sus productos.

Este enfoque destinado a garantizar una conducta adecuada entre los que trabajan con Apple va incluso más allá de los proveedores directos. Según un informe de 2012 publicado por Endgadget, Apple insiste también en que las compañías que fabrican los accesorios oficiales MFi (Made for iPhone) para los móviles Apple sigan un código ético de conducta similar. Según escribió un periodista de Endgadget en su momento, «impulsar [este mandato] en todo el ecosistema de los accesorios sería un ejemplo concreto de cómo Apple utiliza su estatus de gorila de trescientos kilos en el espacio de la electrónica de consumo para influir y lograr que más compañías tengan una conducta ética en lo relativo a

---

329. «Apple Releases 12th Annual Supplier Responsibility Report», Apple, 7 de marzo de 2018, www.apple.com/newsroom/2018/03/apple-releases-12th-annual-supplier-responsibility-progress-report/.

330. Stephen Nellis, «Apple Finds More Serious Supplier Problems as Its Audits Expand», Reuters, 7 de marzo de 2018, https://www.reuters.com/article/us-apple-suppliers/apple-finds-more-serious-supplier-problems-as-its-audits-expand-idUSKCN1GK04G.

los derechos de los trabajadores, los problemas medioambientales y demás aspectos[331]».

Bajo el liderazgo de Cook, Apple ha conseguido enmendar parte de los informes negativos sobre su cadena de suministro. En mayo de 2014, en su *Electronics Industry Trends Report*, la organización de ayuda internacional Baptist World Aid Australia clasificó a Apple como la segunda compañía del mundo en cuanto a mejoras de las condiciones laborales de sus empleados. Apple obtuvo un notable alto, situándose justo por debajo de Nokia. «La inclusión de Apple en la parte superior de la tabla podría ser una sorpresa teniendo en cuenta la atención pública que ha recibido por las malas condiciones laborales y el trabajo infantil en proveedores chinos como Foxconn y Pegatron[332]», explicaba el informe, que destacaba que Apple estaba cambiando para mejor.

El éxito en el horizonte

El primer año de Cook como CEO estuvo lleno de desafíos. Las críticas sobre la relación de Apple con Foxconn, cuyas condiciones laborales eran nefastas, dieron sus frutos. Cook fue cuestionado por sus osadas decisiones en lo relativo a despidos y fichajes, y criticado por el lanzamiento de productos decepcionantes y desilusionantes. Pero su respuesta al fiasco de Foxconn fue recibida como admirable en términos generales, puesto que decidió invertir cada vez más recursos a la limpieza de la cadena de suministro, mientras que sus iniciativas para endurecer las políticas de privacidad de Apple después de la brecha de Path (la aplicación

---

331. Michael Rose, «Made for iPhone Manufacturers May Have to Comply with Apple's Supplier Responsibility Code», Engadget, 8 de noviembre de 2012, www.engadget.com/2012/11/08/made-for-iphone-manufacturers-may-have-to-comply-with-apples-su/.

332. *Electronic Industry Trends Report,* Baptist World Aid Australia, https://baptistworldaid.org.au/resources/ethical-electronics-guide/.

Path cargaba en secreto los datos del usuario) estuvieron bien vistas. Superó asimismo la preocupación inicial porque los productos Apple fueran considerados de calidad inferior con el lanzamiento y el aplastante éxito del nuevo iPhone. En septiembre de 2012, Apple introdujo el iPhone 5, el primer iPhone que lanzaba al mercado la compañía después del fallecimiento de Steve Jobs. El iPhone 5 presentaba importantes cambios en cuanto a diseño. Tenía componentes de cristal en su lente, una pantalla más grande y Lightning, el nuevo conector compacto de Apple que sustituía al conector de treinta clavijas presente en todos los iPhone anteriores. Este cambio provocó algunas controversias en su momento, pero el éxito del iPhone 5 fue, a pesar de ello, innegable.

Cuando el 14 de septiembre Apple empezó a aceptar pedidos, se vendieron más de dos millones de unidades en las primeras veinticuatro horas. Apple afirmó que el número[333] de pedidos previos al lanzamiento había doblado con creces el record del iPhone 4S, establecido en un millón de unidades. Cuando el nuevo teléfono salió a la venta, las ventas del primer fin de semana superaron los cinco millones de unidades, excediendo los cuatro millones que el iPhone 4S había alcanzado el año anterior en su primer fin de semana de ventas. Si alguien estaba preocupado por el futuro de Apple, no quedó en absoluto reflejado en el volumen de ventas del iPhone, que alcanzó nuevos records bajo el control de Cook.

Aquel octubre fue el primer aniversario de la muerte de Steve Jobs. En un mensaje publicado en la página de inicio de la web de Apple, Cook escribió: «Me siento increíblemente orgulloso del trabajo que estamos haciendo, ofreciendo productos que nuestros clientes aman y soñando con otros nuevos que los satisfarán más adelante. Es un tributo maravilloso para la memoria de Steve y para todo lo que él representa-

---

333. «iPhone 5 Pre-orders Top Two Million in First 24 Hours», Apple, 17 de septiembre de 2012, consultado el 14 de septiembre de 2018, www.apple.com/newsroom/2012/09/17iPhone-5-Pre-Orders-Top-Two-Million-in-First-24-Hours/.

ba[334]». Cook estaba manteniendo vivo el legado de Jobs. Apple no se había hundido tras la muerte de Jobs, como muchos vaticinaban, sino que Cook estaba liderando la compañía hacia nuevos récords. Y el mundo tomó debida nota. En diciembre de 2012[335], Cook fue nombrado por la revista *Time* como una de las «100 personas más influyentes» del mundo. En un relato que quedó incluido en el artículo, el antiguo vicepresidente de los Estados Unidos, Al Gore, que había formado parte del consejo de administración de Apple desde 2003, escribió:

> Resulta difícil imaginarse un reto más complicado que ser el sucesor del legendario Steve Jobs como CEO de Apple. Pero, con todo y con eso, Tim Cook, un hombre humilde y serenamente intenso, hijo de un trabajador de los astilleros de Alabama y de un ama de casa, no ha vacilado ni un solo instante. Mostrándose tremendamente protector del legado de Jobs y profundamente inmerso en la cultura de Apple, Cook, de cincuenta y un años de edad, ha guiado a la compañía más valiosa e innovadora del mundo hacia nuevos récords, implementando además, de manera fluida y brillante, importantes cambios de políticas. Ha impreso la huella indeleble de su liderazgo en todas las áreas de Apple, desde la gestión de sus complejos mecanismos internos hasta la identificación y la incorporación a la línea de producción de avances tecnológicos "demencialmente formidables" y diseños revolucionarios[336].

Gore dio en el clavo. Conocía a Cook mejor que la mayoría, y sabía que era un líder fantástico. El lugar ocupado por Cook en la lista de

---

334. Darrell Etherington, «Apple Posts a Video Remembering Steve Jobs and Highlighting His Greatest Achievements», TechCrunch, 5 de octubre de 2012, consultado el 14 de septiembre de 2018, https://techcrunch.com/2012/10/05/apple-posts-a-video-remember-steve-jobs-and-highlighting-his-greatest-achievements/.

335. : «The World's 100 Most Influential People: 2012», *Time,* consultado el 14 de septiembre de 2018, http://content.time.com/time/specials/packages/completelist/0,29569,2111975,00.html.

336. «The World's 100 Most Influential People: 2012».

Time vino a demostrar que, a pesar de sus inicios pedregosos como CEO, era la persona adecuada para liderar Apple en el futuro y mantener su legado intacto.

Durante todo el año, la acción de Apple había estado subiendo, en gran parte gracias a las ventas de récord del iPhone. Menos de un mes después de la muerte de Jobs, la acción de Apple alcanzó un máximo histórico al cotizarse a 413 dólares, disparando la capitalización de mercado de la compañía a 390.000 millones de dólares. Era el principio del ascenso vertiginoso de la acción de Apple bajo el mandato de Cook. Los analistas vaticinaron[337] que, con suerte, la compañía no tardaría en tener un valor superior a la suma de Google y Microsoft. A finales de enero de 2012[338], AAPL se cotizaba a 447,61 dólares, superando a ExxonMobil y convirtiéndose en la compañía cotizada en bolsa más valiosa del mundo.

En febrero de 2012, después de unos ingresos trimestrales muy fuertes, la acción de Apple alcanzó un nuevo máximo, situándose en 500 dólares. AAPL había subido a 75 dólares por acción, casi un 18%, en menos de un mes. Solo un mes después de eso, llegó a los 600 dólares. En agosto, coincidiendo casi con el primer aniversario de Cook como CEO, la acción de Apple llegó a un precio record de 665,15 dólares y a una capitalización de mercado de 622.980 millones de dólares. Era la capitalización de mercado históricamente más alta de una compañía cotizada en bolsa, sobrepasando el record establecido por Microsoft en 1999. Era evidente que el iPhone era un Fórmula 1 que no tenía intenciones de detenerse, y Wall Street tomó debida nota de ello. Apple era la compañía cotizada en bolsa más grande de la historia.

337. Jay Yarow, «Chart of the Day: Steve Jobs Leaves, Apple's Stock Soars», Business Insider, 20 de septiembre de 2011, consultado el 14 de septiembre de 2018, www.businessinsider.com/chart-of-the-day-apple-stock-after-steve-jobs-2011-9.

338. Leander Kahney, *Jony Ive: The Genius Behind Apple's Greatest Products,* Portfolio, Nueva York, 2014.

7

Pillándole el truco con productos nuevos y revolucionarios

En 2012, Cook y Apple estaban en la cresta de la ola. Pero el inicio de 2013 tuvo un sabor agridulce. A pesar de declarar[339] unos beneficios de récord de 13.060 millones de dólares —la segunda cifra más alta jamás alcanzada por una compañía norteamericana—, gracias a las fuertes ventas del iPhone y el iPad, la acción de Apple cayó un 12%. Los inversores se mostraban precavidos ante la competencia de Android y preocupados por las perspectivas de crecimiento de la compañía. Al fin y al cabo, hacer crecer una organización del tamaño de Apple es complicado. Según la «ley de los grandes números», Apple tendría que incrementar en miles de millones de dólares sus ventas trimestrales para crecer tan solo unos pocos puntos porcentuales. Por otro lado, a las compañías más pequeñas les basta con aumentar su facturación algunos millones de dólares para crecer en ese mismo porcentaje. En solo cuatro meses, el valor de Apple había caído a 424.000 millones de dólares, casi un año

---

339. «Apple Reports First Quarter Results», Apple, 24 de enero de 2012, aconsultado el 14 de septiembre de 2018, www.apple.com/newsroom/2012/01/24Apple-Reports-First-Quarter-Results/.

después de superar a ExxonMobil y convertirse en la compañía más valiosa cotizada en bolsa. «A mí tampoco me gusta —dijo Cook en febrero a los decepcionados accionistas en el transcurso de la convención anual de Apple, después de que el precio de la acción hubiera caído un 30% en cinco meses—. Y tampoco gusta ni al consejo de administración ni a la dirección [...] pero estamos centrados en el largo plazo[340].»

Cook estaba decidido a mantener a Apple en la vanguardia de la innovación y a seguir buscando oportunidades en nuevos mercados y con nuevas alianzas. Apple era aún la compañía más valiosa del mundo, y Cook tenía planeado que siguiera siendo así focalizándose en China, uno de los mercados de teléfonos inteligentes de mayor crecimiento en el mundo. Bajo su liderazgo, Apple empezó a invertir con fuerza en China, lanzando una nueva tienda *online*, llegando a acuerdos con operadores telefónicos chinos y abriendo nuevos establecimientos.

Durante un viaje a China a principios de enero —que incluyó visitas a funcionarios del gobierno, socios comerciales y empleados de Apple—, Cook declaró a Xinhua, la agencia estatal de noticias, que Apple tenía pensado abrir más Apple Store en China. En aquel momento, Apple tenía solo dos establecimientos en todo el país, el primero inaugurado en Beijing en 2008 y el segundo en Shanghái en julio de 2010. Después de referirse a China como un «país muy importante para nosotros[341]», añadió: «Hemos seleccionado grandes emplazamientos, nuestra base de fabricación está aquí y aquí tenemos también grandes socios».

Durante aquel mismo viaje a China, Cook se reunió con Xi Guohua, presidente de China Mobile, la operadora telefónica más grande del mundo. Steve Jobs había mantenido muchas reuniones secretas con

340. Jill Treanor y Heidi Moore, «Apple's Share Price: Tim Cook Tells Angry Investors: "I Don't Like It Either"», *Guardian*, 28 de febrero de 2013, consultado el 14 de septiembre de 2018, www.theguardian.com/technology/2013/feb/27/apple-tim-cook-angry-investors-dont-like-it-either.

341. Charles Riley, «Tim Cook: China Will Be Apple's Top Market», CNNMoney, 11 de enero de 2013, consultado el 14 de septiembre de 2018, http://money.cnn.com/2013/01/11/technology/china-tim-cook-apple/index.html.

China Mobile antes de su fallecimiento, pero Apple no había llegado todavía a un acuerdo con ellos para distribuir el iPhone. China Unicom, el rival de China Mobile, ya estaba vendiendo el iPhone en China, pero Cook aceleró los esfuerzos para que el dispositivo fuera más accesible a los más de setecientos millones de suscriptores de China Mobile. Apple confirmó finalmente el cierre del trato en diciembre de 2013 y, un mes después, China Mobile empezó a vender el iPhone 5S y el iPhone 5C. Fue un acuerdo tremendamente importante para Apple. En el año fiscal 2010, el último año completo de Jobs como CEO, los ingresos de Apple procedentes de China eran solo del 2%, pero esos ingresos se multiplicaron formidablemente bajo el mando de Cook y en tan solo dos años. Entre 2010 y 2012[342], los ingresos procedentes de China fueron superiores a los 20.000 millones de dólares, un salto de más del 600%. En solo dos años, China pasó a constituir más del 12% de los ingresos totales de Apple. Pero Cook creía que las cifras podían ser aún mejores, y creía también que la República Popular China se convertiría en el mercado principal de Apple, siempre y cuando se llevara a cabo la inversión adecuada en nuevos establecimientos minoristas.

Sin embargo, muy poco después de cerrar aquel gran acuerdo, Apple se vio obligada a pedir disculpas públicas a los clientes como consecuencia de varios meses de críticas negativas en relación con su política de garantías. Los fans chinos de la marca se quejaban porque Apple estaba solucionando los problemas de los iPhone estropeados en periodo de garantía reparándolos, en vez de sustituyéndolos por aparatos nuevos o renovados, algo que ya era una práctica común en otros mercados. La compañía estaba además en el ojo del huracán por ofrecer una garantía de noventa días en sustitución de piezas, a pesar de que la legislación indicaba que esa garantía debería durar un año como mínimo. El perió-

---

342. Jared Newman, «Apple in China: By the Numbers», *Macworld*, 5 de noviembre de 2013, consultado el 14 de septiembre de 2018, www.macworld.com/article/2056896/apple-in-china-by-the-numbers.html.

dico *People's Daily* calificó a Apple de «vacía y autocomplaciente[343]» en un artículo donde se criticaba esta política, y comentaba además la negativa de Apple a hablar con la prensa china. Una carta firmada por Cook a principios de abril aseguraba a los fans que Apple era consciente de que una «falta de comunicación [...] llevaba a la percepción de que la actitud de Apple era arrogante y que no nos importa y no valoramos la opinión del cliente». Y continuaba diciendo Cook: «Expresamos nuestras más sinceras disculpas por cualquier preocupación o malentendido que esto pueda haber causado a los consumidores[344]». Apple cambió su política de garantías en China para que los clientes con un iPhone defectuoso recibieran un teléfono nuevo, en vez de reparado, y Cook se comprometió a informar debidamente a los distribuidores locales sobre dicho cambio para evitar cualquier discusión al respecto. Era otro ejemplo de Cook pidiendo perdón y responsabilizándose de los problemas. Con ello demostró a sus empleados unas cualidades de liderazgo admirables, responsabilizándose de los errores y los problemas de un modo que otros, incluyendo a su predecesor, nunca habían hecho.

Evasión fiscal

El fiasco de las garantías en China no fue el único clamor público al que Apple tuvo que enfrentarse a principios de 2013.

El mes de mayo despertó un nuevo interés sobre las prácticas fiscales de Apple, cuando un subcomité del Senado de los Estados Unidos empezó a formular preguntas acerca de las gigantescas reservas de capital

---

343. Paul Mozur, «Beijing Takes Another Bite at Apple», *Wall Street Journal*, 26 de marzo de 2013, consultado el 14 de septiembre de 2018, www.wsj.com/articles/SB10001424127887323466204578382101284619638.

344. Dominic Rushe, «Tim Cook Apologises After Chinese Media Rounds on Apple», *Guardian*, 2 de abril de 2013, consultado el 14 de septiembre de 2018, www.theguardian.com/technology/2013/apr/01/apple-tim-cook-china-apology.

que la compañía tenía en el extranjero. Apple fue acusada de establecer subsidiarias en otros países para «evadir» miles de millones de dólares en concepto de impuestos que debería haber pagado por los 44.000 millones de beneficios obtenidos en el exterior a lo largo de cuatro años. En 2011, Apple había pagado en los Estados Unidos casi 6.000 millones de dólares en impuestos, pero fue acusada de haber desviado al extranjero 36.000 millones de dólares en 2012, evitando así un pago de 9.000 millones de dólares. «Apple pretende focalizarse en los miles de millones de dólares en impuestos que ha pagado —dijo Carl Levin, presidente del subcomité—. Pero el problema está en los miles de millones en impuestos que no ha pagado[345].»

En aquel momento, Apple tenía en el extranjero unos 102.000 millones de dólares de sus más de 145.000 millones de dólares en capital. Acumular sus ahorros en el exterior podía dar la impresión de evasión fiscal, y la situación era muy problemática para los legisladores. Testificando en una comparecencia ante el Subcomité Permanente de Investigaciones del Senado de los Estados Unidos, Cook insistió en que Apple paga «todos los impuestos que debemos, hasta el último dólar». Subrayó que Apple «no depende de trucos fiscales. Nunca hemos trasladado al exterior la propiedad intelectual de nuestros productos para venderlos luego a los Estados Unidos y así evitar el pago de impuestos. No tenemos reservas ocultas de dinero en ninguna isla caribeña. No utilizamos el dinero de nuestras subsidiarias en el extranjero para financiar nuestro negocio en los Estados Unidos y eludir de este modo el impuesto por repatriación de capitales[346]».

Declaró que la compañía tenía «operaciones reales en lugares reales con empleados de Apple vendiendo productos reales a clientes reales».

---

345. Connie Guglielmo, «Apple, Called a U.S. Tax Dodger, Says It's Paid "Every Single Dollar" of Taxes Owed», *Forbes,* 21 de mayo de 2013, consultado el 14 de septiembre de 2018, www.forbes.com/sites/connieguglielmo/2013/05/21/apple-called-a-tax-dodger-by-senate-committee-apple-says-system-needs-to-be-dramatically-simplified/#240e47e53384.

346. Guglielmo, «Apple, Called a U.S. Tax Dodger».

En su testimonio, Cook declaró que las subsidiarias de Apple en el extranjero suponían un «70% de nuestro capital debido al tremendo crecimiento de nuestro negocio internacional. Utilizamos estos ingresos para financiar nuestras operaciones en el extranjero [...] [y] adquirimos equipamiento para fabricar productos Apple y financiar la construcción de tiendas minoristas de Apple en todo el mundo». Se mostró de acuerdo en lo referente a lo desfasado de la legislación fiscal, sobre todo en comparación con otros países. «Resulta muy caro [...] traer de nuevo capital a los Estados Unidos[347]», y dijo que tanto Apple como otras multinacionales norteamericanas estaban sufriendo «en relación con nuestros competidores extranjeros, que no tienen este tipo de limitaciones en cuanto a libre circulación del capital».

El comité reconoció que Apple no había quebrantado ninguna ley, pero afirmó que la compañía había utilizado la legislación fiscal vigente —que fue criticada por no «haber seguido adecuadamente el ritmo de la llegada de la era digital y la cambiante economía global»— en beneficio propio, igual que habían estado haciendo muchas otras compañías de los Estados Unidos como Microsoft, Google y Oracle. Bajo la antigua legislación, compañías como Apple pagaban una tasa fiscal del 35% por repatriación de capital. En diciembre de 2017[348], la administración Trump la redujo a un pago único del 15,5% sobre el capital y un 8% sobre otros activos.

El entonces director financiero de Apple, Peter Oppenheimer, que acompañó a Cook en la comparecencia, utilizó la introducción a su declaración para destacar las contribuciones de Apple a la economía de los Estados Unidos: 600.000 puestos de trabajo y un plan para invertir 100 millones de dólares a finales de 2013 para abrir una planta de ensambla-

---

347. Guglielmo, «Apple, Called a U.S. Tax Dodger».

348. Daisuke Wakabayashi y Brian X. Chen, «Apple, Capitalizing on New Tax Law, Plans to Bring Billions in Cash Back to the U.S.», *New York Times,* 17 de enero de 2018, www.nytimes.com/2018/01/17/technology/apple-tax-bill-repatriate-cash.html.

je en Texas que utilizaría componentes fabricados en Illinois y Florida y equipamiento producido en Kentucky y Michigan. Apple estaba haciendo mucho trabajo a nivel doméstico[349], y Oppenheimer quiso asegurarse de que el comité estaba al corriente de ello.

A pesar de que el comité sometió a Apple a un escrutinio extremo, muchos de sus miembros tenían la impresión de que se estaba tratando a la compañía injustamente. Uno de ellos, el senador Rand Paul[350], acusó a sus colegas de intentar «vilipendiar» a Apple y dijo que el comité debería pedir disculpas por obligar al creador del iPhone a sentarse en un «juicio espectáculo». Compadecía a Apple por tener que funcionar bajo «una legislación fiscal estrafalaria y bizantina». Paul dejó claro que se sentía «ofendido porque un gobierno de 4 billones de dólares estuviera acosando, regañando e importunando a una de las historias de éxito más grandes de América».

El tema fiscal volvió a asomar la cabeza a finales de mayo, cuando Cook hizo su segunda aparición en la conferencia AllThingsD. Recordó a los asistentes que Apple había pagado más de 6.000 millones de dólares en impuestos, más que cualquier otra compañía de los Estados Unidos, aunque reconoció que podría «acabar pagando más» si se implementaban cambios para llenar ciertos vacíos legales. Cuando fue preguntado sobre la posibilidad de testificar ante el Congreso, respondió diciendo que pensaba que «es muy importante contar nuestra historia y verlo como una oportunidad y no como un fastidio[351]».

En AllThingsD salió también a relucir el tema del precio de la acción de Apple, y Cook reconoció que su caída había resultado «frustrante para los inversores y para todos nosotros[352]». Tan frustrante de hecho

---

349. Guglielmo, «Apple, Called a U.S. Tax Dodger».

350. Guglielmo, «Apple, Called a U.S. Tax Dodger».

351. Philip Elmer-Dewitt, «Apple's Tim Cook on Watches, Taxes, and How He's Like Steve Jobs», *Fortune*, 29 de mayo de 2013, consultado el 14 de septiembre de 2018, http://fortune.com/2013/05/29/apples-tim-cook-on-watches-taxes-and-how-hes-like-steve-jobs/.

352. Elmer-Dewitt, «Apple's Tim Cook on Watches, Taxes and How He's Like Steve Jobs».

que, después de tomar la decisión de que el sueldo del CEO tenía que estar en línea con el rendimiento de la compañía, Cook se redujo en cuatro millones de dólares su paga de 2013, mientras que incrementó el sueldo de todos los demás ejecutivos. En una declaración informativa presentada ante la SEC, dijo que su decisión era el resultado de un «fuerte deseo de dar ejemplo en el área de la compensación salarial del CEO y la gerencia» y un compromiso con «incluir criterios de rendimiento, en un futuro, a una parte de los premios en forma de acciones que [Apple] otorga a los ejecutivos[353]». Era un ejemplo insólito de liderazgo ético por parte del CEO de una gran corporación, que podía muy fácilmente haberse decantado por explotar su posición de poder. Y Cook, pese a ello, siguió ganándose bien la vida. Incluso con aquel recorte salarial[354], siguió asegurándose 2,8 millones de dólares en concepto de bono, además de su sueldo base de 1,4 millones de dólares.

A pesar de la negatividad que rodeaba el precio de la acción, Cook continuaba siendo optimista. En AllThingsD hizo notar que la caída en el precio de la acción de Apple tenía «precedentes. La belleza de llevar un tiempo por aquí es que has sido testigo de muchos ciclos[355]». Para garantizar al público que Apple iba al alza, reiteró sus planes para nuevos e «increíbles» productos y dijo que Apple guardaba bajo la manga «varias cosas más que cambiarán las reglas del juego». Dijo también que, aun siendo muy distinto a Steve Jobs, y haber implementado cambios importantes, la cultura de Apple seguía siendo la misma. Tranquilizó a fans[356] e inversores asegurándoles que la cultura nacida bajo el mandato

353. «Preliminary Proxy Statement," SEC, consultado el 14 de septiembre de 2018, www.sec.gov/Archives/edgar/data/320193/000119312513486406/d648739dpre14a.html.

354. Ben Fox Rubin, «Cook Paid $4.2 Million», *Wall Street Journal,* 28 de diciembre de 2012, consultado el 14 de septiembre de 2018, www.wsj.com/articles/SB100014241278873235304045782054304715220 20.

355. «Tim Cook Live at D11», The Verge, consultado el 14 de septiembre de 2018, https://live.theverge.com/tim-cook-d11-liveblog/.

356. «Tim Cook Live at D11».

de Steve Jobs, junto con muchas de las personas clave que habían creado el iPhone, el iPad, el iPod y el Mac, seguía vivita y coleando. La presentación de Cook fue bien recibida —el *Guardian* calificó de «admirable» su «serenidad sobrenatural[357]»—, pero fue el inversor multimillonario Carl Icahn quien hizo que la acción de Apple subiera rápidamente un 5,6% en agosto de 2013. Después de calificar en Twitter de «conversación agradable[358]» la que había mantenido con Cook, en el transcurso de la cual ambos estuvieron discutiendo un programa de recompra de acciones importante, Icahn publicó otro tuit sobre su compañía de inversión diciendo: «Actualmente tenemos una gran inversión de Apple. Creemos que la compañía está extremadamente infravalorada[359]». Solo aquel tuit sumó casi 12.000 millones de dólares al valor de mercado de Apple en solo cien minutos.

Mac Pro + iOS 7

Mientras Apple estaba en el punto de mira de muchos por la caída del precio de su acción y las acusaciones de evasión fiscal, los equipos de Cook habían estado ocupados trabajando en nuevos productos y software. En junio de 2013, Cook subió al escenario del Moscone West, San Francisco, con motivo de su segunda Worldwide Developers Conference, en el transcurso de la cual Apple presentó el OS X 10.9 Mavericks y las mejoras del MacBook Air.

Aunque pareció sentirse algo más cómodo en escena que en su primera conferencia Apple como CEO, los productos presentados fueron

---

357. «Apple's Tim Cook Leaves the D11 Audience Begging for... Anything», *Guardian*, www.theguardian.com/technology/blog/2013/jun/03/wall-street-journal-tech-conference.

358. Carl Icahn, entrada de Twitter, 13 de agosto de 2013, 11.25 horas, https://twitter.com/Carl_C_Icahn/status/367351130776285184.

359. Carl Icahn, entrada de Twitter, 13 de agosto de 2013, 11.21 horas, https://twitter.com/Carl_C_Icahn/status/367350206993399808.

recibidos con puntos de vista diversos. El nuevo Mac Pro, que incluía componentes de primerísima calidad en el interior de un cilindro compacto de aluminio, se ganó rápidamente el mote de «Mac papelera» entre algunos fans. El nuevo diseño dividió a la comunidad Apple; mientras muchos se mostraron maravillados por su ingeniería, otros criticaron su falta de capacidad de expansión. Su excepcional cuerpo cilíndrico dificultaba su ampliación con discos duros internos o tarjetas gráficas adicionales.

WWDC 2013 ofreció también a los fans de Apple el preestreno de iOS 7, una puesta al día importante gracias a su rediseño completo, liderado en este caso por Jony Ive después de la partida de Scott Forstall y los cambios directivos implementados por Cook. El aspecto esqueumórfico del que tan orgulloso se sentía Jobs, que hacía que las aplicaciones y los iconos parecieran objetos reales, se había dejado de lado para favorecer elementos visuales más limpios, «más planos» y más modernos. «Entendimos que la gente ya se sentía cómoda tocando cristal —explicó Ive en una entrevista concedida a *USA Today* después de que iOS 7 hiciera su debut público—, de modo que teníamos una libertad increíble en cuanto a no tener que hacer referencia de un modo tan literal al mundo real. —Y añadió—: Intentamos crear un entorno que fuera menos específico. Quitarnos de encima el diseño[360].»

Cook calificó iOS 7 como «la nueva interfaz de usuario asombrosa», pero no todos los usuarios de iPhone e iPad compartieron su opinión. Algunos etiquetaron[361] iOS 7 como feo y confuso, mientras que otros criticaron sus elementos visuales «sorprendentemente básicos» e «infantiles». Pero Cook e Ive no vacilaron en absoluto, y los cimientos establecidos con el rediseño de iOS 7, junto con muchos de los iconos originales de la aplica-

360. Marco Della Cava, «Jony Ive: The Man Behind Apple's Magic Curtain», *USA Today*, 19 de septiembre de 2013, consultado el 14 de septiembre de 2018, www.usatoday.com/story/tech/2013/09/19/apple-jony-ive-craig-federighi/2834575/.

361. Joshua Topolsky, «The Design of iOS 7: Simply Confusing», The Verge, 10 de junio de 2013, consultado el 14 de septiembre de 2018, www.theverge.com/apple/2013/6/10/4416726/the-design-of-ios-7-simply-confusing.

ción, siguen vigentes a fecha de hoy en el sistema operativo de los dispositivos móviles de Apple.

El iPhone 5S establece nuevos récords

Cook se marcó otra victoria de relaciones públicas en otoño con la introducción de nuevo hardware y software. iOS 7 hizo su debut en septiembre, solo una semana después de que Apple lanzara al mercado el iPhone 5S, con sus novedosas tecnologías. Entre ellas destacaba el Touch ID, el nuevo sistema de reconocimiento de huella dactilar que cambiaría la seguridad de los dispositivos iOS en los años venideros, y el procesador A7, el primer conjunto de chips específicamente móvil de Apple con una arquitectura de 64 bits y un rendimiento equiparable al de un PC de sobremesa. El A7 pilló por sorpresa a la competencia, con Qualcomm, el fabricante más importante de chips para dispositivos móviles Android, a casi dos años de lanzar al mercado su primer procesador Snapdragon de 64 bits. El rediseño de arquitectura del A7[362] ofrecía un rendimiento sin precedentes para un teléfono inteligente, con puntuaciones comparativas que superaban con facilidad a todos los dispositivos de la competencia, incluyendo los de Samsung y Motorola.

Estas mejoras sirvieron para que iPhone 5S se convirtiera en el teléfono inteligente más excitante creado hasta entonces por Apple bajo la dirección de Cook, lo cual quedó reflejado en sus ventas. Con un poco de ayuda[363] por parte del iPhone 5C, una alternativa al 5S más asequible que ofrecía especificaciones algo más antiguas en un diseño de plástico de co-

---

362. Mario Aguilar, «iPhone A7 Chip Benchmarks: Forget the Specs, It Blows Everything Away», Gizmodo, 4 de octubre de 2013, consultado el 14 de septiembre de 2018, https://gizmodo.com/iphone-a7-chip-benchmarks-forget-the-specs-it-blows-e-1350717023.

363. «First Weekend iPhone Sales Top Nine Million, Sets New Record», Apple, 23 de septiembre de 2013, consultado el 14 de septiembre de 2018, www.apple.com/newsroom/2013/09/23First-Weekend-iPhone-Sales-Top-Nine-Million-Sets-New-Record/.

lores intensos, Apple vendió la cifra record de nueve millones de teléfonos durante el fin de semana de su lanzamiento. El iPhone 5S vendió el triple de unidades que el 5C, con una demanda que excedió con creces la oferta inicial de aparatos, haciendo que algunos admiradores tuvieran que esperar más de un mes a que llegara su pedido. Seis meses después de que el iPhone 5S hiciera su debut, Apple reveló que las ventas de la marca iPhone habían superado los 500 millones de unidades. En mayo de 2014, el aparato superó incluso[364] en un 40% las ventas del nuevo Galaxy 5S de Samsung, que llevaba ya ocho meses en el mercado en aquel momento.

Un buen final de año

A pesar de que 2013[365] había empezado complicado y con una caída importante del precio de la acción, el periodo navideño de final de año llevó a Apple a conseguir unos ingresos récord de 57.600 millones de dólares, con un beneficio neto de 13.100 millones de dólares. Durante las fiestas se vendieron 51 millones de iPhone, 26 millones de iPad y 4,8 millones de Mac, mientras que los demás productos Apple siguieron disfrutando de un crecimiento impresionante. «Estamos muy felices por nuestro record de ventas de unidades de iPhone y iPad, por el impresionante rendimiento de nuestros productos Mac y por el crecimiento continuado de iTunes, software y servicios[366]», declaró Cook.

Cook despidió 2013 escribiendo un mensaje a los empleados de Apple en el que celebraba sus esfuerzos y les recordaba todas las cosas

364. «Apple Inc. (AAPL) iPhone 5S Outsold Galaxy S5: Best Selling Phone 2014», Dazeinfo, 18 de julio de 2014, consultado el 14 de septiembre de 2018, https://dazeinfo.com/2014/07/18/apple-inc-aapl-iphone-5s-samsung-galaxy-s5-top-selling-smartphones-2014/.

365. «Apple Reports First Quarter Results», Apple, 27 de enero de 2014, consultado el 14 de septiembre de 2018, www.apple.com/newsroom/2014/01/27Apple-Reports-First-Quarter-Results/.

366. Dominic Rushe, «Apple Shares Fall Despite Announcement of Record iPhone and iPad Sales», *Guardian,* 27 de enero de 2014, consultado el 14 de septiembre de 2018, www.theguardian.com/technology/2014/jan/27/apple-shares-fall-record-iphone-ipad-sales.

que la compañía había conseguido a lo largo de aquellos últimos doce meses. «En un momento en que muchos nos preparamos para celebrar las fiestas con nuestros seres queridos, me gustaría dedicar un momento a reflexionar sobre lo que hemos conseguido juntos durante este último año —dijo—. En 2013, hemos introducido productos líderes en la industria en todas nuestras principales categorías, demostrando con ello la profunda capacidad de innovación de Apple. Juntos hemos demostrado al mundo que en Apple la innovación va más allá de nuestros productos y alcanza tanto nuestra forma de hacer negocios como nuestra manera de devolver a la comunidad lo que recibimos de ella[367].»

Cook subrayó las decenas de millones de dólares que Apple había conseguido recaudar colaborando con importantes organizaciones e iniciativas benéficas a lo largo de 2013 y el apoyo continuado a PRODUCT(RED), estimulado por una serie de productos exclusivos diseñados por Jony Ive, terminados todos ellos en rojo. Cook insinuó asimismo que había «mucho que esperar de 2014, incluyendo grandes planes que pensamos que los clientes adorarán». Y concluyó diciendo: «Me siento tremendamente orgulloso de seguir a vuestro lado y de poder poner la innovación al servicio de los valores más profundos y las aspiraciones más elevadas de la humanidad. Me considero la persona más afortunado del mundo por tener la oportunidad de trabajar en esta maravillosa compañía y con todos vosotros[368]».

WWDC — iOS 8 y un saludable empujón

WWDC 2014 trajo consigo la presentación de iOS 8, que aportaba mejoras significativas para el sistema operativo de los dispositivos móvi-

367. Rex Crum, «Tim Cook's '… One More Thing' Is All About Luck», *The Tell* (blog), Marketwatch, 23 de diciembre de 2013, consultado el 14 de septiembre de 2018, http://blogs.marketwatch.com/thetell/2013/12/23/tim-cooks-one-more-thing-is-all-about-luck/.

368. Crum, «Tim Cook's '… One More Thing' Is All About Luck».

les de Apple. Una aplicación de salud, combinada con la estructura de HealthKit, fue el punto de partida de lo que se convertiría en una entrada con fuerza en el multimillonario sector sanitario, que Cook describiría más adelante como un «problema enorme del mundo» que exigía desesperadamente atención. «Con la sanidad tenemos un campo amplísimo en el que podemos realizar contribuciones realmente profundas[369]», destacó en una entrevista concedida a Charlie Rose en septiembre de 2014. HealthKit es «una forma de empezar a construir una visión exhaustiva de tu vida, algo que con el tiempo te empodere para cuidarte —prosiguió—. Para que, cuando necesites asistencia, puedas aportar determinados datos a tus médicos y ellos puedan ofrecerte su ayuda». Evidentemente, la salud es muy importante para Cook, un fanático del deporte, y bajo su supervisión, Apple haría pronto su grandiosa entrada en el universo de la salud y el bienestar.

Otros elementos destacados del WWDC fueron OS X Yosemite, nuevas opciones de color y un precio de salida más bajo para el iPod touch, y un iMac más asequible a 899 dólares. Apple presentó además Swift, su propio lenguaje de programación para Mac y aplicaciones iOS diseñado para ser más fácil de aprender y usar que el anticuado y complejo Objective-C. Más adelante, Apple crearía un proyecto de código abierto con Swift, permitiendo que todo el mundo, incluidos sus rivales, lo desarrollara y diera soporte a ese lenguaje, contribuyendo con ello a su evolución.

Cook, que había aprendido a programar en la universidad, ha hablado con pasión sobre la importancia de que los niños aprendan a programar. «Pienso que, si hubiera que elegir, es más importante aprender a programar que aprender un idioma extranjero —dijo—. Sé

---

369. Serenity Caldwell, «This Is Tim: Cook Talks to Charlie Rose About Apple Watch, Samsung, and the Future», *Macworld*, 16 de septiembre de 2014, consultado el 14 de septiembre de 2018, www. macworld.com/article/2684302/this-is-tim-cook-talks-to-charlie-rose-about-apple-watch-samsung-and-the-future.html.

que hay quien no estará de acuerdo conmigo en esto. Pero el lenguaje de programación es un idioma universal, te facilita poder conversar con siete mil millones de personas[370].» En otra ocasión, dijo: «Programar ofrece a la gente la posibilidad de cambiar el mundo y, a mi entender, es el segundo idioma más importante y el único idioma que es global[371].»

Cook ha mostrado pasión por incentivar a la gente a aprender programación (posteriormente pondría en marcha un programa educativo que llevaría por nombre «Everyone Can Code» o «Programación para todos», véase el capítulo 10). «Intentamos presionarnos continuamente para hacer más cosas, no solo en el área del hardware, sino también en términos de herramientas para los desarrolladores, para que puedan aprovechar el hardware que está en el mercado de la mejor manera posible —declaró en una entrevista concedida al *Independent* a principios de 2017, haciendo referencia al lanzamiento de Swift en 2014—. Esa es la base y el sentido del software de programación Swift. Hemos creado el lenguaje y confiamos en conseguir que cada vez haya más gente programando y, también, que la gente presione más para aprovechar al máximo el último hardware aparecido en el mercado[372].» Este énfasis en la programación ayuda también a Apple. Swift se está convirtiendo en un lenguaje popular entre los desarrolladores que crean aplicaciones para plataformas Apple. Y cuántas más aplicaciones corran sobre iOS y Mac, mejor será para Apple.

---

370. Samuel Gibbs, «Apple's Tim Cook: 'I Don't Want My Nephew on a Social Network», *Guardian*, 19 de enero de 2018, consultado el 14 de septiembre de 2018, www.theguardian.com/technology/2018/jan/19/tim-cook-i-dont-want-my-nephew-on-a-social-network.

371. Jasper Hamill, «Apple CEO Tim Cook Reveals How YOU Can Follow in His Footsteps», *The Sun*, 13 de octubre de 2017, consultado el 13 de septiembre de 2018, www.thesun.co.uk/tech/4663185/apple-ceo-tim-cook-reveals-a-big-career-secret-and-tells-how-you-can-follow-in-his-footsteps/.

372. David Phelan, «Apple CEO Tim Cook Speaks Out on Brexit», *Independent*, 10 de febrero de 2017, consultado el 14 de septiembre de 2018, www.independent.co.uk/life-style/gadgets-and-tech/features/apple-tim-cook-boss-brexit-uk-theresa-may-number-10-interview-ustwo-a7574086.html.

Angela Ahrendts

En octubre de 2013[373], después de un año sin vicepresidente del canal minorista, Cook fichó a Angela Ahrendts para sustituir a John Browett, que había sido despedido junto a Forstall. Ahrendts, que hasta aquel momento había sido CEO de Burberry, se convirtió en la primera mujer en ocupar un puesto en el equipo ejecutivo de Apple. A pesar de haberle dicho a Cook en sus entrevistas que ella no era una «loca de la informática[374]», se hizo con el puesto porque compartía «los valores de Apple y nuestro enfoque en la innovación», según escribió Cook en un mensaje que dirigió a todos los empleados. «Pone el mismo énfasis que ponemos nosotros en la experiencia del cliente. Le preocupan inmensamente las personas y abraza nuestra filosofía de que nuestro recurso más importante y nuestra alma es nuestra gente. Cree en enriquecer las vidas de los demás y es tremendamente inteligente —continuó Cook—. Angela ha demostrado ser una líder extraordinaria a lo largo de toda su carrera, y así lo constata con su trayectoria[375].» Ron Johnson, antiguo director del canal minorista de Apple, pionero de las tiendas Apple y del concepto del Genius Bar junto con Jobs, dijo a Bloomberg que Ahrendts era una «elección espectacular[376]».

Después de realizar la transición de Burberry a Apple en la primavera de 2014, Ahrendts se centró en la tarea de integrar el negocio físico y digital

---

373. «Angela Ahrendts to Join Apple as Senior Vice President of Retail and Online Stores», Apple, 14 de octubre de 2013, consultado el 14 de septiembre de 2018, www.apple.com/newsroom/2013/10/15Angela-Ahrendts-to-Join-Apple-as-Senior-Vice-President-of-Retail-and-Online-Stores/.

374. Anieze Osakwe, «Apple Exec Angela Ahrendts Recalls Telling Tim Cook, "I'm Not a Techie", in First Meeting», ABC News, 9 de enero de 2018, consultado el 14 de septiembre de 2018, https://abcnews.go.com/Business/apple-exec-angela-ahrendts-recalls-telling-tim-cook/story?id=52222468.

375. Mark Gurman, «Tim Cook Talks Hiring of Angela Ahrendts as Retail Chief, Says She Is "Best Person in the World for This Role"», 9to5Mac, 15 de octubre de 2013, consultado el 14 de septiembre de 2018, https://9to5mac.com/2013/10/15/tim-cook-talks-hiring-of-angela-ahrendts-as-retail-chief-says-she-is-best-person-in-the-world-for-this-role/.

376. Adam Satariano y Adam Ewing, «Apple Hires Burberry Chief to End Search for Retail Head», Bloomberg, 15 de octubre de 2013, consultado el 14 de septiembre de 2018, www.bloomberg.com/news/articles/2013-10-15/apple-names-burberry-chief-ahrendts-head-of-retail-operations.

de venta minorista de Apple para mejorar de este modo la experiencia del cliente. Se estableció además la misión de insuflar nueva vida a las Apple Store de todo el mundo, transformándolas en comunidades centradas en enriquecer la vida de sus visitantes. Las tiendas gozaban ya de un éxito tremendo, pero bajo el mando de Ahrendts se celebran muchos más actos y talleres que antes, y las tiendas se están convirtiendo además en puntos de reunión y lugares donde pasar un buen rato. Bajo su liderazgo, los empleados se contratan no por su experiencia en ventas, sino por su empatía y su humanidad. Se ha introducido la figura del «Creative Pro» para ayudar a los más de quinientos millones de visitantes diarios que reciben las Apple Store a sacar el máximo rendimiento de sus dispositivos y aprender nuevas habilidades. «Consideramos que las tiendas son los productos más grandes de Apple —dijo Ahrendts en el transcurso de su primera aparición como presentadora de un acto de Apple, en septiembre de 2017—. Es gracioso, ahora ya no las llamamos tiendas. Las llamamos "plazas de pueblo", porque son lugares de encuentro en los que todo el mundo es bienvenido[377].» En aquel mismo acto, Cook añadió: «El canal minorista de Apple siempre ha sido algo más que un simple punto de venta. Es un lugar donde aprender, donde inspirarse y donde conectar con la gente». Estaba decidido a hacer de Apple un concepto más accesible y fácil de utilizar para todos, y el fichaje de Ahrendts fue un paso que dio grandes resultados.

El Tim Cook de Tim Cook

Cook tomó otra buena decisión personal que ha contribuido al éxito continuado de Apple. En diciembre de 2015, ascendió al que fue durante

---

377. Abha Bhattarai, «Apple Wants Its Stores to Become "Town Squares". But Skeptics Call It a "Branding Fantasy"», *Washington Post,* 13 de septiembre de 2017, consultado el 14 de septiembre de 2018, www.washingtonpost.com/news/business/wp/2017/09/13/apple-wants-its-stores-to-become-town-squares-but-skeptics-call-it-a-branding-fantasy/?utm_term=.6bf6b8aba249.

mucho tiempo su lugarteniente en operaciones, Jeff Williams, al puesto de director de operaciones de Apple. A Williams lo llamaban[378] «el Tim Cook de Tim Cook». Es el actual responsable de la vertiente de operaciones del negocio, igual que hacía en su día Cook, siendo CEO Steve Jobs. Pero entre Williams y Cook hay un montón de asombrosas similitudes más.

Del mismo modo que Jobs y Cook se entendían muy bien trabajando, en gran parte porque eran completamente distintos, Williams y Cook trabajan bien porque son muy parecidos. «Williams es, en muchos sentidos, un doble de Cook —escribió el periodista de *Fortune* Adam Lashinsky en su libro *Apple, el legado de Steve Jobs*—. Alto, delgado y con el pelo canoso, como Cook, los ejecutivos de Apple decían que se parecía tanto a su jefe que, vistos desde atrás, era fácil confundir el uno con el otro[379].»

Desde un punto de vista filosófico, Williams encaja también a la perfección con Cook. Ambos están locos por el deporte y les encanta el ciclismo, y ambos son profundamente reservados por lo que se refiere a la vida que llevan fuera de Apple. Williams es frugal. Durante años condujo un destartalado Toyota con la puerta del lado del acompañante abollada, incluso después de haber sido ascendido a una responsabilidad directiva en Apple, un puesto que viene acompañado por millones de dólares en valiosas opciones de compra de acciones. Con los empleados dicen que es directo pero siempre justo, y que explica a la gente lo que tiene que hacer para solucionar los problemas sin arremeter contra nadie. «Con Jeff, lo que ves es lo que hay —comentó Gerald Hawkins, amigo de Williams y director emérito del programa Caldwell Fellows de la North Carolina State University—. Y si dice que va a hacer alguna cosa, pues la hace[380].»

---

378. JP Mangalindan, «Jeff Williams: Apple's Other Operations Whiz», *Fortune*, 20 de junio de 2014, consultado el 14 de septiembre de 2018, http://fortune.com/2011/09/13/jeff-williams-apples-other-operations-whiz/.

379. Adam Lashinsky, *Apple, el legado de Steve Jobs: la verdad sobre cómo funciona la empresa más admirada y hermética de Estados Unidos*, Aguilar, Madrid, 2012, p. 107.

380. Mangalindan, «Jeff Williams: Apple's Other Operations Whiz».

Cook jugó un papel clave en la formación de Williams para su puesto y se muestra efusivo siempre que lo describe. Cuando Williams fue ascendido a director de operaciones, Cook emitió un cordial comunicado en el que dijo: «Jeff es, sin lugar a dudas, el mejor ejecutivo de operaciones con quien he trabajado». Igual que Cook, Williams mantiene un perfil bajo y trabaja entre bambalinas. No fue ni siquiera mencionado en la biografía de Steve Jobs[381] que Walter Isaacson publicó en 2011, y es posible que esté en camino de convertirse en el próximo CEO de Apple.

Desde 2010, Williams ha supervisado toda la cadena de suministro de Apple, mantenimiento y soporte, así como las iniciativas de responsabilidad social, siendo este último aspecto algo de creciente importancia bajo la dirección de Cook. Uno de los triunfos de Williams en la cadena de suministro del iPod fue cerrar un trato que exigía a Apple realizar un pago por adelantado de unos 1.250 millones de dólares a proveedores como Hynix para asegurarse las memorias flash para el iPod Nano. Ayudó también[382] a acelerar el proceso de entrega del iPod, haciendo posible que los clientes pudieran comprar un iPod *online*, personalizarlo con un grabado y recibirlo en casa en un plazo máximo de tres días laborables. Detalles como este son pura magia de Cupertino y, en este caso, hay que darle las gracias a Williams por ello. Se comenta asimismo que Williams es uno de los contactos clave con el proveedor Foxconn.

«Jeff Williams está haciendo un trabajo fenomenal —escribió el analista de Apple Neil Cybart—. Como vicepresidente sénior de operaciones, Williams tiene la tarea de garantizar que la maquinaria de Apple esté bien engrasada y en plena forma, y sea no solo capaz de producir más de 100 millones de dispositivos iOs al trimestre, sino también de

381. Walter Isaacson, Walter Isaacson, *Steve Jobs, la biografía*. Debolsillo, Barcelona, 2013.
382. Mangalindan, «Jeff Williams: Apple's Other Operations Whiz».

incorporar flexibilidad al sistema para que pueda gestionar actualizaciones de hardware anuales que harían temblar de miedo a la mayoría de compañías fabricantes de hardware. [...] Ejecuta a niveles que muy pocos son capaces de alcanzar[383].» Williams jugó un importante papel en el desarrollo del iPhone de primera generación, y desde entonces ha liderado las operaciones a nivel mundial tanto del iPhone como del iPod. En la actualidad, sobrevive también al desarrollo del Apple Watch.

Socios sorprendentes

Para mantener a Apple avanzando a toda velocidad, Cook lideró también innovadoras colaboraciones con nuevas compañías. En mayo de 2014[384], Apple anunció la adquisición de Beats Music y Beats Electronics por 3.000 millones de dólares. «La música forma parte importante de nuestras vidas y ocupa un lugar especial en nuestros corazones —dijo Cook en una nota de prensa—. Por eso hemos seguido invirtiendo en música, y ahora agrupamos estos extraordinarios equipos para poder seguir creando los productos y los servicios de música más innovadores del mundo.»

En el transcurso de una entrevista[385] con Charlie Rose, concedida en septiembre de 2014, Cook reveló la razón por la cual Apple había decidido adquirir Beats. Jimmy Iovine, uno de los cofundadores de la compañía, le había explicado lo maravilloso que era Beats, «así que una noche me senté a comparar [su servicio] con otros y de repente caí en la

383. «Jeff Williams: Apple CEO Material», Above Avalon, consultado el 14 de septiembre de 2018, www.aboveavalon.com/notes/2015/1/29/jeff-williams-apple-ceo-material.

384. «Apple to Acquire Beats Music & Beats Electronics», Apple, 28 de mayo de 2014, consultado el 14 de septiembre de 2018, www.apple.com/newsroom/2014/05/28Apple-to-Acquire-Beats-Music-Beats-Electronics/.

385. «Tim Cook», *Charlie Rose,* 12 de septiembre de 2014, consultado el 14 de septiembre de 2018, https://charlierose.com/videos/18663.

cuenta de que, cuando pasaba un rato escuchando el de ellos, me sentía completamente distinto —explicó Cook—. Y la razón era porque ellos reconocían que la selección humana era importante en el servicio de suscripción». La selección humana —selección de temas por parte de editores humanos y no mediante algoritmos— era algo prácticamente exclusivo de Beats Music, puesto que los servicios rivales de emisión en continuo utilizaban algoritmos de ordenador para recomendar música sobre la base de la actividad previa del oyente. Describirlo es complicado, pero cuando lo sientes lo sabes», añadió Cook. Y fue entonces cuando tomó la decisión. «Tenemos que hacer esto. Y aquella noche, no pude dormir», dijo. Y rápidamente puso en marcha el plan de adquisición.

Como parte del trato de la que sigue siendo, hasta la fecha, la mayor adquisición de Apple, los cofundadores de Beat, Iovine y Dr. Dre, se incorporaron a Apple y trajeron con ellos al presidente de Beats, Luke Wood, a la directora de marketing Bozoma Saint John y a los directores creativos Trent Reznor e Ian Rogers, así como al director de operaciones Matthew Costello. «Lo que Beats aporta a Apple son chicos con talentos muy excepcionales —explicó posteriormente Cook a Recode—. Gente así no nace cada día. Son todos tremendamente excepcionales. Conocen la música en profundidad. De modo que su incorporación fue una gran infusión de talento para Apple[386].»

El papel que Dr. Dre y Jimmy Iovine jugaron después de la adquisición de Beats no está claro. Dre estaba casi siempre ausente[387], y Iovine destacó básicamente por su larga y dispersa presentación de Apple Music en un acto celebrado en junio de 2015. Pero fue fichado por sus conexiones en la industria de la música y en eso ha tenido éxito.

386. Peter Kafka, «Tim Cook Explains Why Apple Is Buying Beats (Q&A)», Recode, 28 de mayo de 2014, consultado el 14 de septiembre de 2018, www.recode.net/2014/5/28/11627398/tim-cook-explains-why-apple-is-buying-beats-qa.

387. «Apple—WWDC 2015», YouTube, publicado por Apple, 15 de junio de 2015, consultado el 14 de septiembre de 2018, www.youtube.com/watch?v=_p8AsQhaVKI.

Bozoma Saint John se convirtió en una de las más altas ejecutivas de Apple y en una de sus pocas ejecutivas mujer y afroamericana. Se convirtió, además, en uno de los elementos clave en los actos del sector y en las presentaciones de los productos Apple. Su figura aportó a la directiva de Apple un glamur muy necesario, junto con diversidad de raza y de género. Después de varios años en Apple, dejó la compañía en junio de 2017 para desempeñar el cargo de directora de marca en Uber. Un año más tarde[388], abandonó aquel barco para ocupar el puesto de directora de marketing en Endeavor, una agencia de talentos para el mundo del cine, los deportes y la moda.

Antes de esa adquisición, Apple había estado vendiendo auriculares y altavoces Beats directamente a través de sus tiendas *online* y físicas, y siguió ofreciendo el servicio de emisión en continuo de Beats Music hasta el lanzamiento de Apple Music, un año después. Apple Music se construyó sobre la base de Beats y sigue ofreciendo la experiencia de selección humana que enamoró en su día a los suscriptores de Beats. Ha estimulado además sus suscripciones con asociaciones exclusivas con artistas como Taylor Swift, Frank Ocean, Drake y Chance the Rapper. Apple Music ha tenido un éxito sorprendente[389], con treinta y ocho millones de suscriptores en marzo de 2018 y la predicción de superar a Spotify en los Estados Unidos en verano de 2018.

El acuerdo IBM — iOS en el mundo empresarial

Después de actualizar el MacBook Pro con una pantalla Retina en julio de 2014, Apple anunció una sorprendente asociación con IBM, una compañía

---

388. Kara Swisher, «Bozoma Saint John Is Leaving Uber for Endeavor», Recode, 11 de junio de 2018, consultado el 14 de septiembre de 2018, www.recode.net/2018/6/11/17449978/bozoma-saint-john-depart-uber-endeavor.

389. Stephen Nellis, «Apple Music Hits 38 Million Paid Subscribers», Reuters, 12 de marzo de 2018, consultado el 14 de septiembre de 2018, www.reuters.com/article/us-apple-music/apple-music-hits-38-million-paid-subscribers-idUSKCN1GO2G2.

que, como era conocido por todos, Jobs odiaba desde principios de los años ochenta, cuando Apple e IBM se convirtieron en grandes rivales. Apple siempre había sido una compañía que se centraba en consumidores domésticos y, con la excepción de las escuelas y las universidades, había ignorado al cliente corporativo, y muy en especial a las grandes multinacionales en las que se concentraba IBM. La nueva asociación demostró la voluntad de Cook de trabajar con socios externos y de expandirse hacia el mundo corporativo. La alianza unió las «fuerzas líderes en el mercado[390]» de Apple e IBM con la promesa de transformar la movilidad corporativa a través de una nueva categoría de más de cien soluciones de empresa específicas. «El iPhone y el iPad son los mejores dispositivos móviles del mundo, y han transformado la forma de trabajar de más del 98% de las empresas de la lista Fortune 500 y de más del 92% de las empresas de la lista Global 500, que actualmente hacen uso de dispositivos iOS en sus negocios —destacó Cook en el comunicado de prensa de Apple—. Se trata de un paso trascendental para el mundo de la empresa, algo que solo Apple e IBM pueden ofrecer.»

Cook explicó que IBM estaba inmersa en el proceso de diseñar multitud de aplicaciones, para multitud de industrias —incluyendo banca, fabricación y el sector aeroespacial—, y que las diez primeras se lanzarían al mercado antes de finales de 2014. «Se trata de un área donde pienso que todos saldremos ganando. Ganaremos nosotros, ganará IBM y, mucho más importante que eso, el cliente saldrá ganando[391]», explicó a Charlie Rose. Y, efectivamente, Apple e IBM salieron ganando, al menos por lo que a la reacción del mercado de valores se refiere. El día del anuncio del acuerdo, la acción de Apple subió un

390. «Apple and IBM Forge Global Partnership to Transform Enterprise Mobility», Apple, 15 de julio de 2014, consultado el 14 de septiembre de 2018, www.apple.com/newsroom/2014/07/15Apple-and-IBM-Forge-Global-Partnership-to-Transform-Enterprise-Mobility/.

391. «Tim Cook on Apple TV (Sept. 12, 2014) | Charlie Rose Show», YouTube, publicado por Charlie Rose, 12 de septiembre de 2014, consultado el 14 de septiembre de 2018, www.youtube.com/watch?v=oBMo8Oz9jsQ.

2,59%[392] antes de que se abriera la sesión, mientras que la acción de IBM subió casi un 2%. Las acciones de BlackBerry[393], que en aquel momento luchaba por recuperar cuota de mercado con sus soluciones de empresa, cayó cerca de un 10% tanto en el Nasdaq como en la bolsa de Toronto.

La extraña pareja tuvo éxito. En julio de 2017, con motivo del tercer aniversario del acuerdo, las dos compañías declararon que se habían creado más de un centenar de aplicaciones iOS para empresa en quince sectores industriales distintos. Solo en el sector sanitario, Apple e IBM habían desarrollado media docena de programas hospitalarios que están disponibles al público, y docenas de aplicaciones personalizadas para clientes específicos. Más de 380 organizaciones[394], incluyendo hospitales y sistemas de salud, utilizan aplicaciones MobileFirst para iOS, según Sue Miller-Sylvia, vicepresidenta de IBM MobileFirst for iOS Solutions.

La asociación fue una gran victoria para Cook en la era del BYOD («Bring Your Own Device» o «Trae tu propio dispositivo»), donde los trabajadores a menudo prefieren utilizar en el trabajo sus propios dispositivos. Hace veinte años, compañías como Microsoft y Dell dominaban el mundo corporativo, vendiendo volúmenes enormes de ordenadores a las empresas, tanto grandes como pequeñas. Pero en la era del BYOD, las compañías deben adaptarse. Las que se acomodan a la tendencia BYOD son las que salen ganando, y Cook está liderando el cambio con acuerdos de éxito con grandes negocios, como la colaboración con IBM.

---

392. «Apple, IBM Shares Up After Deal Announcement; BBRY Down», CNBC, 15 de julio de 2014, www.cnbc.com/2014/07/15/apple-ibm-shares-up-after-deal-annoucement-bbry-down.html.

393. Euan Rocha, «Apple-IBM Deal Dents BlackBerry's Prospects, Slams Stock», Reuters, 16 de julio de 2014, www.reuters.com/article/us-blackberry-stocks/apple-ibm-deal-dents-blackberrys-prospects-slams-stock-idUSKBN0FL1MZ20140716.

394. Bill Siwicki, «3 Years In, Here's What the Apple and IBM Partnership Has Achieved», *Healthcare IT News*, 10 de julio de 2017, www.healthcareitnews.com/news/3-years-heres-what-apple-and-ibm-mobilefirst-ios-partnership-has-achieved.

El iPhone 6 y Apple Pay

La salida al mercado del iPhone 6 y el iPhone 6 Plus, el primer teléfono móvil de pantalla grande de Apple, fue descrita por Cook como «el mayor avance de la historia del iPhone[395]». Los dispositivos, con un rediseño radical[396], con pantalla Retina HD notablemente más grande, conectividad LTE más rápida y el último conjunto de chips Apple A8, se convirtieron rápidamente en los productos de Apple de más éxito bajo el liderazgo de Cook, con cuatro millones de unidades vendidas en sus primeras veinticuatro horas, y más de diez millones[397] en su primer fin de semana. Las actualizaciones incorporaban también Apple Pay, lo que daba a los usuarios de iPhone la posibilidad de realizar pagos acercando el teléfono a un terminal compatible NFC.

Tanto el iPhone 6 como el iPhone 6 Plus fueron recibidos con críticas abrumadoramente positivas, con muchas publicaciones etiquetándolos como los mejores teléfonos inteligentes en cuanto a relación calidad-precio. Fueron elogiados por su rendimiento, por su diseño, por sus cámaras mejoradas y por sus pantallas más nítidas y transparentes. Pero al cabo de poco tiempo, el iPhone 6 y el iPhone 6 Plus empezaron a ocupar los titulares por razones totalmente contrarias. Todo empezó con el «Bendgate».

Los usuarios descubrieron que los nuevos teléfonos presentaban cierta tendencia a doblarse, sobre todo cuando estaban en el interior de bolsillos estrechos. Un vídeo de YouTube[398] publicado por Lewis

395. «Tim Cook on Apple TV (Sept. 12, 2014) | Charlie Rose Show».

396. Apple Announces Record Pre-orders for iPhone 6 & iPhone 6 Plus Top Four Million in First 24 Hours», Apple, 15 de septiembre de 2014, consultado el 14 de septiembre de 2018, www.apple.com/newsroom/2014/09/15Apple-Announces-Record-Pre-orders-for-iPhone-6-iPhone-6-Plus-Top-Four-Million-in-First-24-Hours/.

397. «First Weekend iPhone Sales Top 10 Million, Set New Record», Apple, 22 de septiembre de 2014, consultado el 14 de septiembre de 2018, www.apple.com/newsroom/2014/09/22First-Weekend-iPhone-Sales-Top-10-Million-Set-New-Record/.

398. «iPhone 6 Plus Bend Test», YouTube, publicado por Unbox Therapy, 23 de septiembre de 2014, consultado el 14 de septiembre de 2018, www.youtube.com/watch?v=znK652H6yQM.

Hilsenteger de Unbox Therapy, que cosechó decenas de millones de visualizaciones en solo pocos días, reveló que la nueva carcasa monolítica de aluminio de Apple podía combarse fácilmente si se aplicaba presión sobre la parte posterior del teléfono. El iPhone 6 Plus, con su pantalla notablemente más grande, era más susceptible al problema que su hermano pequeño. Apple negó que fuera un problema generalizado y dijo que solo nueve de los varios millones de unidades vendidas en los seis días siguientes al lanzamiento habían sido devueltas por presentar el defecto. Con su cuerpo monolítico, fruto de un trabajo de ingeniería de precisión, fabricado con aluminio ionizado, y con piezas de titanio y acero inoxidable, los nuevos iPhone cumplían y superaban «los estándares de alta calidad de Apple para soportar el uso real de la vida diaria[399]».

Apple animó a los consumidores a ponerse en contacto con Apple Support en caso de experimentar el problema, que calificó de «extremadamente excepcional», y más adelante invitó a periodistas a sus laboratorios para mostrarles las pruebas de durabilidad a los que habían sido sometidos el iPhone 6 y el iPhone 6 Plus durante el desarrollo del producto. El personal del servicio técnico dirigió a los clientes preocupados por el problema de deformación al Genius Bar, donde podían someter sus aparatos a una «Inspección Visual Mecánica». Suponiendo que el Genius no identificara ningún mal uso[400], y que los daños estuvieran «dentro de los parámetros» que Apple había establecido, los clientes recibirían un teléfono de sustitución gratuitamente.

399. Jeremy Horwitz, «Apple Knew iPhone Bent Easily, but Released It and Downplayed Issues», VentureBeat, 24 de mayo de 2018, consultado el 14 de septiembre de 2018, https://venturebeat.com/2018/05/24/apple-knew-iphone-6-bent-easily-but-released-it-and-downplayed-issues/.

400. Kif Leswing, «Leaked Document Shows How Apple Decides to Replace or Repair Your iPhone», Business Insider, 1 de septiembre de 2017, consultado el 14 de septiembre de 2018, www.businessinsider.com/leaked-apple-document-how-geniuses-decide-replace-repair-iphones-warranty-2017-9.

El fastidioso error de iOS 8.0.1

Pero, antes de que el caso Bendgate tuviera oportunidad[401] de caer en el olvido, Apple frustró a los propietarios del iPhone 6 con una actualización de software, iOS 8.0.1, que contenía un error que impidió a cerca de cuarenta mil usuarios realizar llamadas telefónicas. En aquel momento, los teléfonos tenían unas pocas semanas de vida, y los afectados se quedaron incapaces de conectarse a una red de telefonía móvil. Otro error causó estragos con el sensor Touch ID, utilizado para el reconocimiento de huella dactilar. «Estamos investigando activamente estos informes y proporcionaremos información lo más rápidamente posible —decía una declaración de Apple emitida el 24 de septiembre—. Entretanto, hemos retirado la actualización iOS 8.0.1[402].» Los usuarios que aún no habían instalado aquella versión ya no pudieron acceder a ella. Y los que tenían un iPhone 6 y habían hecho la actualización se vieron obligados a sufrir sus problemas técnicos hasta que se puso a su disposición iOS 8.0.2 el 26 de septiembre, solo dos días después de que saliera la versión 8.0.1.

A pesar de los problemas iniciales, el iPhone 6 sigue estando considerado como uno de los productos actualizados más destacados de Apple. Marcó un cambio importante en la estrategia de la compañía con respecto a los teléfonos inteligentes —y muy especialmente en lo relativo a las pantallas de los teléfonos inteligentes—, que antes se consideraba que deberían ser lo bastante pequeños como para poder ser operados con una sola mano. No fue hasta que Apple empezó a perder clientes a favor de los dispositivos Android de mayor tamaño cuando, finalmente, hizo caso a quienes recla-

---

401. Mike Beasley, «Apple Releases iOS 8.0.2 to Address Cellular and Touch ID Issues in Previous Update», 9to5Mac, 26 de septiembre de 2014, consultado el 14 de septiembre de 2018, https://9to5mac.com/2014/09/25/apple-releases-ios-8-0-2-to-address-cellular-and-touch-id-issues-in-previous-update/.

402. Chris Welch, «Apple Pulls iOS 8.0.1 After Users Report Major Problems with Update», The Verge, 24 de septiembre de 2014, consultado el 14 de septiembre de 2018, www.theverge.com/2014/9/24/6839235/apple-ios-8-0-1-released.

maban pantallas más grandes. Los datos obtenidos a partir del Kantar[403] Worldpanel ComTech revelaron que el 26% de las personas que compraron un teléfono inteligente Samsung en los tres meses anteriores a mayo de 2014 eran antiguos usuarios de iPhone, en comparación con solo el 12% del año anterior. En muchos mercados clave de Apple, incluyendo los Estados Unidos, la cuota de mercado de iPhone había estado menguando, mientras que la de los teléfonos Android se había incrementado.

Pero la introducción de una pantalla más grande con la serie iPhone 6 cambió pronto esa tendencia. Combinando los dos modelos[404], los nuevos teléfonos tuvieron una tasa de adopción significativamente más rápida que el iPhone 5 y el iPhone 5S, y después de menos de un año en el mercado se habían convertido ya en los iPhone más populares entre los usuarios, representando un 40% de la cuota total de mercado de Apple. Incluso ayudaron a atraer «un porcentaje más elevado de usuarios procedentes de otros dispositivos [Android] de lo que hemos visto en ciclos previos de iPhone[405]», reveló Cook en el transcurso de una reunión con inversores que tuvo lugar en abril de 2015.

Apple Pay

Durante el evento especial del iPhone 6, Cook presentó también al mundo Apple Pay, y el plan tremendamente ambicioso de la compañía para sustituir el dinero en efectivo y las tarjetas de crédito. Solo en los

403. Charles Arthur, «Impatient iPhone Users Switching to Larger-Screened Samsung Galaxy S5», *Guardian*, 30 de junio de 2014, consultado el 14 de septiembre de 2018, www.theguardian.com/technology/2014/jun/30/impatient-iphone-users-switching-to-larger-screened-samsung-galaxy-s5.

404. Neil Hughes, «iPhone 5s Represents 3.8% of All iPhones in Use, US Has Highest 5c Adoption Rate», AppleInsider, 28 de octubre de 2013, consultado el 14 de septiembre de 2018, https://appleinsider.com/articles/13/10/28/iphone-5s-represents-38-of-all-iphones-in-use-us-has-highest-5c-adoption-rate.

405. Jim Edwards, «Tim Cook Said This Word 5 Times on Apple's Earnings Call Last Night—Here's Why It's So Important», Business Insider, 28 de abril de 2015, consultado el 14 de septiembre de 2018, www.businessinsider.com/apple-ceo-tim-cook-talks-about-android-switchers-2015-4.

Estados Unidos, los consumidores gastaban 12.000 millones de dólares diarios utilizando tarjetas de crédito y de débito, y Apple quería una porción de ese pastel. Rivales como Google habían puesto ya en marcha, con escaso éxito, iniciativas para estandarizar los pagos mediante teléfono móvil, pero Cook confiaba en que la solución de Apple era ganadora, puesto que estaba en gran parte enfocada a la privacidad.

«La mayoría de la gente que ha trabajado en esto empezó creando un modelo de negocio centrado en sus propios intereses, y no en la experiencia del usuario —explicó Cook cuando subió al escenario—. Adoramos este tipo de problemas. Porque son exactamente los que Apple resuelve mejor[406].» Y, a diferencia de otros, Apple no tenía ninguna intención de utilizar su servicio de pagos para convertir a los clientes en productos, explotando sus datos.

«Vosotros no sois nuestro producto —insistió Cook durante una aparición en la Goldman Sachs Technology and Internet Conference, celebrada en febrero de 2015—. No existe ninguna razón por la que [...] necesitemos saber dónde estáis comprando, qué estáis comprando, cuánto estáis pagando. [...] Yo no quiero saber nada de eso. No es asunto mío, francamente[407].» Cook insistió también en subrayar las ventajas de Apple Pay en cuanto a seguridad, y en que los usuarios nunca tendrían que preocuparse de que la información relativa a su tarjeta de crédito pudiera ir a parar a manos equivocadas.

Cook creía que «Apple Pay cambiará para siempre nuestra manera de comprar cosas» y que los fans de la marca se morirían de ganas de probarlo. Durante una comparecencia[408] en una conferencia sobre tec-

406. Jason Del Rey, «Apple Introduces Apple Pay to Try to Replace Your Wallet, », Recode, 9 de septiembre de 2014, consultado el 14 de septiembre de 2018, www.recode.net/2014/9/9/11630686/apple-introduces-apple-pay-to-try-to-replace-your-wallet.

407. Serenity Caldwell, «This Is Tim: Cook at the Goldman Sachs Conference», iMore, 10 de febrero de 2015, consultado el 14 de septiembre de 2018, www.imore.com/tim-cook-goldman-sachs-conference.

408. Alex Wilhelm, «Apple CEO Tim Cook: Apple Pay Activated 1M Cards in 72 Hours», TechCrunch, 27 de octubre de 2014, consultado el 14 de septiembre de 2018, https://techcrunch.com/2014/10/27/apple-ceo-tim-cook-apple-pay-activated-1m-cards-in-72-hours/.

nología organizada por el *Wall Street Journal,* celebrada solo una semana después de que se presentara oficialmente el servicio, Cook reveló que, durante las primeras setenta y dos horas de disponibilidad de Apple Pay, se habían registrado un millón de tarjetas. Esta cifra, que destacó que era «más del total de todos los demás[409]», quería decir que el servicio de pago por móvil de Apple se había convertido ya en el líder de los pagos «sin contacto». Los primeros usuarios se quedaron impresionados por la atención que Apple había dedicado a la facilidad de uso. «Estoy recibiendo una avalancha de mensajes de clientes —dijo Cook—. Estamos en una especie de momento "¡Aah!": sacas el teléfono y ya no tienes que hacer nada más.»

En enero de 2015, más de 750 bancos e instituciones crediticias habían incorporado ya Apple Pay, y más de dos de cada tres dólares gastados en plataformas de pago sin contacto iban a través de Apple Pay. «Estoy increíblemente sorprendido, positivamente sorprendido, por cómo muchos establecimientos consiguieron implementar Apple Pay durante las navidades», dijo Cook durante una conferencia de presentación de resultados financieros de la compañía. Y proclamó que «2015 será el año de Apple Pay[410]».

Hasta la fecha, Apple no ha revelado cifras exactas sobre cuántos usuarios se han registrado en Apple Pay ni tampoco sobre cuánta gente utiliza el servicio de manera regular, pero la compañía presenta de vez en cuando cifras e hitos impresionantes. En junio de 2016[411], confirmó a *Fortune* que cada semana se registraban en Apple Pay un millón de per-

409. Nathan Ingraham, «Tim Cook Says That Apple Pay Is Already the Leader in Contactless Payments», The Verge, 28 de octubre de 2014, consultado el 14 de septiembre de 2018, www.theverge.com/2014/10/27/7082013/tim-cook-says-that-apple-pay-is-already-the-leader-in-contactless-payments.

410. Mark Sullivan, «Tim Cook: '2015 Will Be the Year of Apple Pay, », VentureBeat, 27 de enero de 2015, consultado el 14 de septiembre de 2018, https://venturebeat.com/2015/01/27/tim-cook-2015-will-be-the-year-of-apple-pay/.

411. Lena Rao, «Grubhub Adds Apple Pay to Food Delivery Apps», Fortune, 2 de junio de 2016, consultado el 14 de septiembre de 2018, http://fortune.com/2016/06/02/grubhub-apple-pay/

sonas, cinco veces más que la cantidad que atraía el servicio tan solo un año antes. En mayo de 2017, durante la conferencia de presentación de resultados del segundo trimestre, Cook hizo alarde del impresionante crecimiento de Apple Pay después de que el servicio viviera un incremento del 450% en transacciones con respecto al mismo periodo de tres meses del año anterior.

En aquel momento, Apple Pay había expandido su alcance a quince territorios repartidos entre Norteamérica, Europa, Australia y Asia, aunque su adopción no estaba a la altura de las expectativas de Cook. En febrero de 2018, reconoció ante los accionistas que Apple Pay había «despegado más lento de lo que personalmente habría imaginado si me lo hubierais preguntado aquí mismo hace unos años[412]». Pero, de todos modos, el CEO de Apple sigue mostrándose optimista respecto al futuro de Apple Pay y de los servicios móviles de pago similares.

En una reunión de accionistas de Apple celebrada en 2018, Cook se mostró también optimista respecto al futuro de Apple Pay y otros sistemas de pago sin contacto. «Confío en poder ver la eliminación del dinero antes de morirme[413]», declaró.

Apple Pay parece estar ganando inercia. Durante la presentación de resultados de julio de 2018, Cook comunicó a analistas e inversores que Apple Pay se había utilizado para «bastante más de mil millones de transacciones[414]» durante el tercer trimestre fiscal de 2018, lo cual es una cifra enorme y sobrepasa con creces la competencia. Cook reveló también los planes para expandir el servicio a la cadena de farmacias CVS y las tiendas 7-Eleven de todos los Estados Unidos, y en Alemania

412. Steven Anderson, «Apple's Tim Cook Surprised at Pace of Mobile Payments Adoption», *Payment Week*, 16 de febrero de 2018, consultado el 14 de septiembre de 2018, https://paymentweek.com/2018-2-16-apples-tim-cook-surprised-pace-mobile-payments-adoption/.

413. Kif, entrada de Twitter, 13 de febrero de 2018, 9.52 horas, https://twitter.com/kifleswing/status/963471023843651584.

414. Jeff Gamet, «Apple Pay Transactions Top 1 Billion in Q3 2018», Mac Observer, 31 de Julio de 2018, consultado el 14 de septiembre de 2018, www.macobserver.com/news/apple-pay-transactions-top-1-billion-q3-2018/.

a finales de año. Apple Pay tal vez haya tenido un inicio más lento de lo que Cook esperaba, pero su sueño de pago sin contacto va cogiendo ímpetu.

El primer gran producto de Cook: Apple Watch

Un soleado día de septiembre de 2014, Cook presentó por fin el muy esperado Apple Watch, al que calificó como «el próximo capítulo de la historia de Apple[415]». El reloj incorporaba un monitor de frecuencia cardiaca y elementos de control de la actividad física que brindaron a Apple la oportunidad de poner en el punto de mira a fanáticos de la salud que querían controlar y realizar el seguimiento de su ejercicio físico. La aplicación Activity animaba a los usuarios a levantarse, hacer ejercicio y mantenerse en forma, además de ofrecer medallas virtuales para aquellos que alcanzaban sus objetivos de actividad diarios. Era, evidentemente, un aparato muy cercano al corazón de Cook, un fanático del deporte. Cook describió el Apple Watch como «un reloj preciso, una forma nueva e íntima de comunicar desde la muñeca, y un dispositivo completo pensado para la salud y el bienestar físico[416]».

Los fans de la marca tendrían que esperar hasta abril de 2015 para poder tocar el primer accesorio tecnológico de Apple. Apple Watch no estaba aún preparado para iniciar sus envíos, y Apple quería dar a los desarrolladores tiempo suficiente para que pudiesen crear aplicaciones para el nuevo artilugio. De este modo, los primeros compradores podrían descargar sus aplicaciones favoritas en cuanto tuvieran el reloj en

415. Andrea Chang, «Apple Watch Unveiling Shows CEO Tim Cook's Time Has Come», *Los Angeles Times,* 9 de septiembre de 2014, consultado el 14 de septiembre de 2018, www.latimes.com/business/la-fi-apple-cook-20140910-story.html.

416. «Apple Special Event 2014—Apple Watch», YouTube, subido por el canal no oficial AppleKeynotes, 10 de septiembre de 2014, consultado el 14 de septiembre de 2018, www.youtube.com/watch?v=bdyVH5LqneU.

sus manos. Facebook y Twitter eran dos de las compañías que estaban trabajando ya en aplicaciones para watchOS, el nombre que Apple había puesto al sistema operativo de sus accesorios, una versión personalizada de iOS. Cuando por fin Apple Watch salió a la venta, el producto recibió críticas «abrumadoramente positivas[417]» de sus primeros usuarios, dijo Cook, aunque, hasta la fecha, la compañía se ha negado a facilitar cifras concretas de ventas. Según estimaciones de terceros, Apple Watch supera con creces a otros relojes inteligentes de la competencia, como pueden ser los modelos de Samsung, Motorola y LG. Se cree que, en menos de veinticuatro horas[418], el modelo original de Apple Watch superó la cifra total de dispositivos Android Wear vendidos hasta aquel momento, que estaba situada en torno a las 720.000 unidades.

En una entrevista concedida a Hoodinkee, la página web especializada en relojes de alta gama, Jony Ive reveló que el Apple Watch era el primer producto importante sin ningún tipo de input por parte de Steve Jobs. «Nunca hablamos sobre relojes, ni sobre la posibilidad de crear relojes —dijo Ive, refiriéndose a sus conversaciones con Jobs—. Tampoco recuerdo que él llevara reloj[419].»

El equipo ejecutivo empezó a darle vueltas al asunto pocas semanas después de su fallecimiento y, de hecho, la idea del reloj llegó indirectamente como consecuencia de la desaparición de Jobs. «La primera discusión sobre el tema tuvo lugar a principios de 2012, unos meses después del fallecimiento de Steve —comentó Ive. Y añadió—: Nos tomamos nuestro tiempo, nos paramos a reflexionar hacia dónde queríamos ir,

---

417. Juli Clover, «Apple CEO Tim Cook: We're 'Working Hard' to Remedy Apple Watch Supply/Demand Imbalance», MacRumors, 27 de abril de 2015, consultado el 14 de septiembre de 2018, www.macrumors.com/2015/04/27/apple-watch-supply-demand-balance/.

418. Arjun Kharpal, «Tim Cook: Health Care Opportunity "Enormous"», CNBC, 24 de mayo de 2016, consultado el 14 de septiembre de 2018, www.cnbc.com/2016/05/24/tim-cook-why-the-apple-watch-is-key-in-the-enormous-health-care-market.html.

419. Benjamin Clymer, «Apple, Influence, and Ive», *Hodinkee Magazine*, consultado el 14 de septiembre de 2018, www.hodinkee.com/magazine/jony-ive-apple.

qué trayectoria estábamos siguiendo como compañía y qué era lo que más nos motivaba[420].» La respuesta fue el Apple Watch.

Durante 2013 y 2014, y para consolidar su papel como nuevo líder de Apple, Cook exploró oportunidades en nuevos mercados, buscó establecer alianzas interesantes y fue aplicando innovaciones al iPhone, además de desarrollar el Apple Watch. A finales de noviembre de 2014[421], después de que la acción alcanzara un nuevo record, el precio de capitalización de Apple superó por primera vez la increíble cifra de 700.000 millones de dólares. En aquel momento, la compañía creadora del iPhone valía el doble que Google, y 300.000 millones de dólares más que ExxonMobil, la segunda compañía más valiosa del planeta. Cualquier duda sobre la capacidad de Cook para llegar a la altura de Jobs y liderar Apple hacia el éxito había quedado completamente aplastada.

---

420. Clymer, «Apple, Influence, and Ive».

421. «Apple Now Worth a Whopping $700 Billion», CNN, https://money.cnn.com/2014/11/25/investing/apple-700-billion/index.html.

8

Una manzana más verde

Apple está considerada hoy en día como una de las compañías más verdes del sector tecnológico, pero no fue hasta que Cook ocupó el puesto de CEO de forma permanente que sus iniciativas medioambientales fueron realmente genuinas.

«La sostenibilidad era[422] en Apple algo así como una idea secundaria», declaró Abraham Farag, antiguo ingeniero mecánico del departamento de diseño de producto, que trabajó en Apple entre 1999 y 2005. Farag habló de las iniciativas medioambientales de la compañía como algo que se hacía «con la boca pequeña», que se realizaba tan solo para apaciguar a los activistas y a los consumidores que estaban preocupados por el tema. En aquella época, Apple tenía una única persona dedicada a estudiar el impacto medioambiental, y era «imposible que una sola persona pudiera influir mucho si no contaba con el apoyo de los de arriba», del equipo directivo de Apple, «algo que no tenía», declaró Farag. «Esta persona lo intentó, sí, pero era tarea imposible».

---

422. Luke Dormehl, «Why Tim Cook's Green Push Goes Back to Apple's Roots», Cult of Mac, 26 de julio de 2015, consultado el 14 de septiembre de 2018, www.cultofmac.com/275699/apple-green-campaign.

Farag recuerda los tiempos en los que las organizaciones consagradas a la sostenibilidad presionaban para que los productos que pesaban más de 25 gramos llevaran impresos símbolos de reciclaje con el objetivo de fomentar ese proceso, y que Apple se negó a adoptar esa pauta porque consideraba que los símbolos no eran «bonitos». «No podíamos, de ninguna manera, alterar el diseño en ese sentido —explicó—. El aspecto externo estaba por encima de cualquier consideración relacionada con la sostenibilidad[423].» Con Jobs al timón, Apple hacía lo mínimo posible para ser vista como respetuosa con el medioambiente, pero reducir la huella medioambiental de la compañía nunca fue una prioridad. En aquel momento, a mediados de la década de 2000, Cook era vicepresidente sénior de operaciones, y no era el responsable de estas políticas.

Bajo la dirección de Steve Jobs, Apple tomó una serie de decisiones contrarias a la protección medioambiental, que quedaron reflejadas en numerosos informes de Greenpeace a lo largo de aquella década, y en los que se vapuleaba a Apple por el impacto destructivo que causaba en el entorno. El primer informe crítico de Greenpeace, publicado en 2007 y titulado *Missed Call: iPhone's Hazardous Chemicals* («Llamada perdida: sustancias químicas peligrosas en el iPhone»), detallaba el descubrimiento de varios materiales nocivos en los componentes del primer iPhone. El análisis encontró[424] evidencias de varias sustancias peligrosas según la regulación de la Unión Europea, destacando entre ellas antimonio, bromo, cromo y plomo. Se encontraron asimismo evidencias de policloruro de vinilo (PVC), que Apple se había comprometido a eliminar de sus productos. «El hecho de que un producto introducido en el mercado de los Estados Unidos en junio de 2007 siga utilizando PVC y retardantes

---

423. Entrevista con el autor con Abraham Farag, agosto de 2014.

424. David Santillo *et al.*, *Missed Call: iPhone's Hazardous Chemicals*, Greenpeace International, Amsterdam, octubre de 2007, www.greenpeace.org/archive-international/PageFiles/25275/iPhones-hazardous-chemicals.pdf.

de llama bromados (Bromated Fire Retardants o BFR) sugiere que Apple no está avanzando hacia el compromiso de retirar gradualmente toda utilización de estos materiales, incluso en líneas de productos totalmente nuevas —se leía en el informe—. Si Apple desea de verdad reinventar el teléfono, tendrá que eliminar de los diseños de sus teléfonos y periféricos todas las sustancias y los materiales peligrosos[425].»

Después de la regañina de Greenpeace, Jobs salió en defensa de Apple publicando una carta titulada «Una Apple más verde», en la que destacaba las diversas cosas que había hecho la compañía, y que seguía haciendo, para que sus productos fueran menos nocivos. Entre las iniciativas en ese sentido estaban haber eliminado por completo las pantallas CRT de sus productos desde 2006 y retirar gradualmente el PVC y los BFR hasta su eliminación a finales de 2008. Destacó asimismo que Apple llevaba a cabo programas de reciclaje en los países en los que se vendía el 82% de los Mac e iPod. «Apple va por delante, o pronto irá por delante, de la mayoría de sus competidores en estas áreas[426]», insistió. Poco después, Apple empezó a publicar sus informes anuales de responsabilidad medioambiental, una práctica que sigue vigente hoy en día, en los que se detallan las iniciativas verdes de la compañía.

En respuesta a la carta de Jobs, Greenpeace elogió públicamente a Apple por sus iniciativas. Se quedaron especialmente impresionados por la promesa de Apple de eliminar el PVC y los BFR y animaron a fabricantes de ordenadores rivales —Acer, Dell, HP, Toshiba y Lenovo— a seguir los pasos de Apple: «No hay excusa, para ninguna de estas compañías, para no seguir ahora mismo el ejemplo de Apple en cuanto a la eliminación de los elementos tóxicos, sin más dilación[427]».

425. Santillo *et al.*, *Missed Call.*

426. Gregg Keizer, «Steve Jobs Promises "Greener Apple"», *Computerworld,* 3 de mayo de 2007, www.computerworld.com/article/2544865/computer-hardware/steve-jobs-promises--greener-apple-.html.

427. «Steve Jobs Greener Apple Update», Greenpeace International, 5 de julio de 2015, consultado el 14 de septiembre de 2018, www.greenpeace.org/usa/steve-jobs-greener-apple-update/.

El iPhone 3GS, lanzado al mercado en 2009, fue uno de los primeros productos que Apple declaró libre de PVC y BFR. Pero Apple seguiría en el punto de mira de Greenpeace en los años siguientes, muy en especial a partir de que el interés en todo lo que hacía la compañía creció a raíz del iPhone y el iPad. En el ejemplar de junio de 2009 de su *Guide to Greener Electronics* («Guía hacia una electrónica más verde»), una publicación trimestral, Greenpeace criticó a Apple por «sus umbrales ilógicamente elevados de BFR y PVC en productos que supuestamente están libres de BFR y PVC»[428]. No queda claro si fue porque Apple no eliminó los productos químicos tal y como había dicho que eliminaría, o si porque sus subcontratas no lo habían hecho. (En la actualidad, bajo el mando de Cook, Apple audita de manera exhaustiva todos los componentes y los subcomponentes de sus productos para garantizar que cumplan especificaciones estrictas, incluyendo su formulación química.) Greenpeace puntuó también con notas bajas a la compañía por sus exiguos esfuerzos por utilizar plásticos reciclados y energías renovables. Pero a final de aquel año, Apple ascendió varios puestos en la clasificación que Greenpeace publicó en diciembre, puesto que se había comprometido a fabricar todos sus productos, excepto los cables, libres de PVC. Fue galardonada[429] también con más puntos por un aumento en el uso de energías renovables. Pero Greenpeace pronto pasó a ser la más leve de todas las preocupaciones medioambientales de Apple.

Contaminación y venenos

Las críticas más severas que recibieron las prácticas de Apple llegaron de China, donde activistas anticontaminación acusaron a la compañía de

---

428. Greenpeace International, *Guide to Greener Electronics,* junio de 2009, www.greenpeace.org/usa/wp-content/uploads/legacy/Global/usa/report/2009/7/guide-to-greener-electronics-12.pdf.

429. Greenpeace International, *Guide to Greener Electronics.*

degradar secretamente el medioambiente y de envenenar a los trabajadores de la cadena de suministro. Un estudio de enero de 2011[430], llevado a cabo por una coalición de los grupos medioambientales más destacados de China, clasificó a Apple, junto con otras veintinueve grandes compañías tecnológicas, en la parte más baja de la tabla. El informe fue publicado solo unos meses después de que se informara de que varios trabajadores chinos habían tenido que ser hospitalizados por exposición al n-hexano, un producto químico que se utilizaba para limpiar las pantallas del iPhone.

«Detrás de su imagen moderna y elegante, los productos de Apple poseen una vertiente que muchos desconocen: contaminación y veneno —afirmaba un informe de la Green Choice Initiative—. Esta vertiente está escondida en el fondo de la hermética cadena de suministro de la compañía.» Un vídeo que acompañaba el informe[431], en el que se mencionaba que sesenta y dos personas habían sido hospitalizadas en Taiwán, exigía a Jobs una explicación. «Queremos preguntarle si usted es o no el responsable de las compañías suministradoras elegidas —preguntaban—. Cuando mira el teléfono Apple que tiene en la mano y lo toca con sus propios dedos, ¿es posible que lo perciba no como una bella pantalla de la que jactarse, y sí como la vida y la sangre de todos nosotros, sus empleados y sus víctimas?»

El envenenamiento se produjo[432] en una fábrica de Wintek en Xuzhou, donde supuestamente los directivos cambiaron al n-hexano —un producto químico que presenta el potencial de provocar lesiones neurológicas que pueden prolongarse durante dos años— porque secaba antes que el alcohol y, en consecuencia, incrementaba la eficiencia de la línea de pro-

430. Jonathan Watts, «Apple Secretive About "Polluting and Poisoning" Supply Chain, Says Report», *Guardian,* 20 de enero de 2011, consultado el 14 de septiembre de 2018, www.theguardian.com/environment/2011/jan/20/apple-pollution-supply-chain.

431. Watts, «Apple Secretive About "Polluting and Poisoning" Supply Chain».

432. Watts, «Apple Secretive About "Polluting and Poisoning" Supply Chain».

204 · LA APPLE DE TIM COOK

ducción. En aquel momento, Apple ni negó ni confirmó tener una relación con Wintek, a pesar de que Green Choice se lo preguntó repeti-
das veces a lo largo de varios meses. (En aquel momento, Apple se
mostraba muy hermética en todo lo relacionado con sus proveedores.
La compañía se negaba siempre a identificar con quién trabajaba. Actualmente, bajo el liderazgo de Cook, Apple se muestra mucho más abierta
y publica una lista detallada de todos sus proveedores, que actualiza con
carácter anual.)

«Esta actitud hace que sea imposible tener cualquier tipo de supervisión pública sobre su cadena de suministro —declaró el medioam-
bientalista Ma Jun, director del Instituto de Asuntos Públicos y
Medioambientales de China—. Cuando las violaciones medioambientales pasan a ser de dominio público, nunca tendría que utilizarse la
confidencialidad comercial como excusa para guardar silencio. Y esto es
una diferencia con respecto a otras marcas destacadas[433].» Nokia y Motorola ya habían respondido a preguntas sobre su implicación con Wintek, pero Apple dijo que no haría comentarios a las acusaciones contra
ella.

Ma, antiguo periodista de investigación[434], había publicado a principios de 2011 un informe titulado *The Other Side of Apple* («La otra cara
de Apple»), en el que detallaba los desgarradores efectos que la cadena de
suministro de Apple tenía para algunos de sus trabajadores. En un vídeo
que acompañaba el informe, trabajadores enfermos describían sus síntomas entre imágenes de Jobs presentando nuevos productos de Apple. A
pesar de que tuvo cierto impacto[435], el informe llamó poco la atención

---

433. Watts, «Apple Secretive About 'Polluting and Poisoning' Supply Chain».

434. Friends of Nature, IPE, Green Beagle, *The Other Side of Apple*, 20 de febrero de 2011, www.
business-humanrights.org/sites/default/files/media/documents/it_report_phase_iv-the_other_side_
of_apple-final.pdf.

435. «The Other Side of Apple II. Pollution Spreads Through Apple's Supply Chain», GoodElectro-
nics, 1 de septiembre de 2011, consultado el 14 de septiembre de 2018, https://goodelectronics.org/
the-other-side-of-apple-ii-pollution-spreads-through-apples-supply-chain/.

de Apple, pero cinco meses más tarde Ma publicó otro informe, titulado *The Other Side of Apple II* («La otra cara de Apple II»), en el que especificaba diez casos más de violación medioambiental en supuestos proveedores de Apple.

Ma y el Instituto de Asuntos Públicos y Medioambientales acusaron a los proveedores de Apple de provocar graves efectos contaminantes, poniendo en peligro la salud y la seguridad públicas. En un informe de cuarenta y seis páginas[436], publicado en septiembre después de realizar visitas a muchas fábricas chinas, el grupo declaró que sospechaba que «docenas» de proveedores de Apple estaban vertiendo desperdicios contaminantes y metales tóxicos en las comunidades de los alrededores, mientras que veintisiete de ellos estaban provocando problemas medioambientales.

De entrada, Apple emitió un comunicado reflexionando sobre las iniciativas que ya había puesto en marcha para sus proveedores. «Apple está comprometida a impulsar los elevados estándares de responsabilidad social en toda su cadena de suministro —dijo Steve Dowling, portavoz de la compañía, en respuesta al informe—. Exigimos que nuestros proveedores ofrezcan condiciones laborales seguras, traten a sus trabajadores con dignidad y respeto y utilicen procesos de fabricación respetuosos con el medioambiente allí donde se fabriquen productos Apple[437].» Dowling insistió también en que Apple había estado monitorizando de forma agresiva todas las fábricas de su cadena de suministro y llevando a cabo auditorías regulares.

Pero la compañía acusó asimismo recibo del informe de Ma y solicitó una conferencia telefónica para «construir una relación con Ma en vez

---

436. «The Other Side of Apple II», véase también www.ipe.org.cn/Upload/Report-IT-V-Apple-II.pdf.

437. David Barboza, «Apple Cited as Adding to Pollution in China», *New York Times,* 1 de septiembre de 2011, consultado el 14 de septiembre de 2018, www.nytimes.com/2011/09/02/technology/apple-suppliers-causing-environmental-problems-chinese-group-says.html.

de intentar controlarlo[438]», según cuenta Yukari Kane en *Haunted Empire*. «Así fue como se iniciaron las delicadas conversaciones entre Ma y Apple». Al principio, los avances fueron lentos y las primeras reuniones fueron difíciles e incómodas, le explicó Ma a Kane. Pero después del fallecimiento de Jobs «hubo un avance». El avance se atribuye a Cook, que posteriormente dedicaría más recursos de la compañía a la responsabilidad de los proveedores.

Un cambio para mejor

En las iniciativas que ha puesto en marcha en Apple, Cook ha dejado claro su amor por el medioambiente. Desde que pasó a ocupar el puesto de CEO de la compañía, ha transformado las políticas medioambientales de Apple y su manera de abordar la sostenibilidad. Solo unas semanas después de convertirse en CEO, uno de sus principales lugartenientes del departamento de operaciones, Bill Frederick, se puso en contacto con Linda Greer, toxicóloga medioambiental del Natural Resources Defense Council (NRDC), una organización sin ánimo de lucro con sede en Washington, DC que trabaja con las grandes empresas para ayudarles a mejorar su impacto medioambiental.

Frederick reconoció que la seguridad medioambiental no había sido una prioridad para Apple bajo el mandato de Jobs, pero garantizó al NRDC que los ejecutivos de la compañía se estaban planteando maneras de monitorear mejor a los proveedores. Apple solicitó una reunión y el NRDC accedió, con la condición de que Ma, que ya había empezado a trabajar con el NRDC, estuviera presente.

«La reunión duró cinco horas —escribe Kane—. Algunos de los ejecutivos presentes se mostraron a veces a la defensiva y Apple siguió rete-

---

438. Yukari Iwatani Kane, *Haunted Empire: Apple After Steve Jobs*, William Collins, Londres, 2014, p. 123.

niendo detalles como las discrepancias que habían encontrado entre su auditoría y la investigación de Ma. Pero, por otro lado, reconocieron que necesitaban ser más transparentes. Al final, la compañía accedió a llevar a cabo su propia investigación para confirmar lo que había descubierto Ma y luego abordar los problemas que identificaran[439].» Menos de un mes después de que Cook tomara las riendas, Greer descubrió que Apple estaba haciendo más que sus rivales para arreglar las cosas y Ma llegó a la conclusión de que la compañía estaba «cambiando para mejor». Mientras que Jobs era, en el mejor de los casos, indiferente al impacto medioambiental que pudiera tener la cadena de suministro de Apple, Cook estaba decidido a abordar el asunto de cara. La postura de Apple con respecto al medioambiente acababa de dar un giro de 180 grados.

Datos sucios

El deseo de Cook de mejorar las iniciativas medioambientales de Apple era evidente, pero solucionar el caos que había heredado llevaría tiempo y esfuerzo. Las emisiones de Apple por producto estaban en sus máximos históricos cuando Cook fue nombrado CEO, y mientras la compañía impulsaba sus servicios en la nube, las reprimendas de Greenpeace continuaron. En un informe de 2011 sobre el impacto medioambiental del almacenamiento en la nube, que se tituló *How Dirty Is Your Data?* («¿Hasta qué punto son sucios tus datos?»), Apple fue etiquetada[440] como la compañía tecnológica «menos verde». El almacenamiento en la nube se estaba convirtiendo en una fuerza destacada en el sector y todas las compañías tecnológicas, desde Amazon hasta Zendesk, estaban invirtiendo en centros de datos gigantescos y devoradores de ener-

---

439. Kane, *Haunted Empire*, p. 123.

440. Greenpeace, *How Dirty Is Your Data?*, www.greenpeace.org/archive-international/Global/international/publications/climate/2011/Cool%20IT/dirty-data-report-greenpeace.pdf.

gía para gestionar sus servicios *online*. Apple estaba, obviamente, encabezando la tendencia.

Apple recibió el porcentaje más bajo en el «Índice de Energía Limpia» y el más alto en «Intensidad de Carbón» cuando decidió instalar su centro de datos iCloud en Carolina del Norte, un lugar con «una red eléctrica entre las más sucias del país», donde la energía generada a partir del carbón podía ser adquirida a muy bajo coste. «El hecho de que la localización alternativa como centro de datos en la nube de Apple fuera Virginia, donde la electricidad se obtiene también a partir de fuentes muy sucias, indica que, además de los incentivos fiscales, el acceso a la energía barata, independientemente de cuál sea su origen, es uno de los principales factores que Apple tiene en cuenta a la hora de elegir sus emplazamientos», decía el informe de Greenpeace.

A falta de respuesta de Apple[441], y viendo que pasaban los meses, los activistas iniciaron protestas delante de las Apple Store de todo el mundo. Los activistas de Greenpeace de Nueva York soltaron globos negros de helio en el interior de la tienda más emblemática de la compañía, en la Quinta Avenida, impidiendo el paso del sol a través de su techo de cristal. En mayo de 2012, dos activistas de Greenpeace se parapetaron delante de la sede central de Apple en Cupertino en el interior de un iPod gigante, construido a partir de una estructura de supervivencia de dos metros y medio de alto por tres de ancho que había sido utilizada previamente en protestas contra las perforaciones petrolíferas en el Ártico. La pareja se dedicó a transmitir mensajes de audio de fans de la marca de todo el mundo a los empleados que entraban en el edificio, en los que se instaba a Apple a cambiar el carbón por energías renovables. Se sumaron luego cuatro activistas más, disfrazados de iPhone, y con televisores atados a su cuerpo donde aparecían los mensajes de apoyo de las redes sociales.

---

441. C. J. Hughes, «Greenpeace Protests Apple Energy Practices by Releasing Balloons», 24 de abril de 2012, https://cityroom.blogs.nytimes.com/2012/04/24/greenpeace-protests-apples-energy-practices-by-releasing-balloons/.

«Los ejecutivos de Apple han ignorado hasta la fecha a los centenares de miles de personas que les piden que utilicen su influencia por una buena causa y construyan una nube impulsada con energías renovables —declaró Phil Radford, director ejecutivo de Greenpeace USA, en respuesta a la protesta—. Como clientes de Apple, adoramos nuestros iPhone y nuestros iPad, pero no queremos utilizar una iCloud alimentada con la contaminación sucia del carbón.»

Cook se pone manos a la obra

La protesta probablemente habría sido ignorada en tiempos de Jobs, pero con la concienciación cada vez mayor bajo el mando de Cook, Apple respondió con rapidez. En una declaración publicada solo dos días más tarde, la compañía prometió un cambio a favor de la utilización de energías renovables en su centro de datos de Maiden, Carolina del Norte, para finales de 2012. Apple ya había empezado a construir un campo de energía solar de cuarenta hectáreas y una planta de biogás en aquel terreno, pero la compañía seguía comprando gran parte de su energía a Duke Energy, que funcionaba con carbón. Apple se comprometió a contratar esa energía a proveedores locales de energías renovables y prometió que otro de sus centros de datos, el que tenía en Newark, California, cambiaría a energía renovable a principios de 2013.

Greenpeace emitió un comunicado a modo de respuesta, elogiando las iniciativas de Apple. «El anuncio que ha realizado Apple a fecha de hoy es una señal estupenda de que Apple se toma en serio a los centenares de miles de clientes que han pedido una iCloud impulsada con energía limpia, no con carbón sucio[442]». Pero Greenpeace siguió insistiendo en que no descansaría hasta que Apple y las demás grandes compañías

---

442. Robert McMillan, «After Greenpeace Protests, Apple Promises to Dump Coal Power», *Wired*, 3 de junio de 2017, consultado el 14 de septiembre de 2018, www.wired.com/2012/05/apple-coal/.

tecnológicas se comprometieran a utilizar energías renovables en los nuevos centros de datos que fueran construyendo. «Solo entonces tendrán los clientes la seguridad de que iCloud será más limpia a medida que vaya creciendo[443]».

La crisis de Apple en China fue también complicada de apaciguar. En febrero de 2013, uno de los proveedores de Apple, RiTeng Computer Accessory, integrante de la cadena de suministro del iPad, fue penalizado por las autoridades medioambientales chinas por verter un exceso de residuos en un río cuyas aguas tenían un aspecto «blanco lechoso». Los ciudadanos mostraron su preocupación al ver el color del río, y una investigación llevada a cabo demostró que las aguas contenían lubricantes y aceites cuyo origen se encontró en desagües propiedad de RiTeng. Solo dieciocho meses antes[444], una explosión en uno de los edificios de la compañía había acabado con sesenta y un trabajadores ingresados en el hospital. Las cosas no pintaban bien para Apple.

La entrada de la EPA

Cook, luchando una batalla cuesta arriba y reconociendo que Apple necesitaba ayuda, amplió el equipo ejecutivo de la compañía con el nombramiento, en 2013, de Lisa Jackson, que había sido directora de la Agencia de Protección Medioambiental de los Estados Unidos (EPA o Environmental Protection Agency) con la administración Obama durante un periodo de cuatro años. El nombramiento de Jackson dejó patente que Cook iba muy en serio en cuanto a la postura medioambiental de Apple.

---

443. McMillan, «After Greenpeace Protests, Apple Promises to Dump Coal Power».

444. «Apple Supplier Facing 'Harshest' Pollution Penalty», Shanghai.gov, 22 de febrero de 2013, consultado el 14 de septiembre de 2018, www.shanghai.gov.cn/shanghai/node27118/node27818/u22ai70987.html.

El fichaje de Jackson fue el primer paso del ambicioso plan de Cook para convertir Apple en una compañía más verde. «Jackson puede hacer de Apple el líder medioambiental del sector tecnológico, ayudando a la compañía a utilizar su influencia para presionar a las eléctricas y al gobierno con el fin de que que proporcionen la energía limpia que tanto Apple como América necesitan en estos momentos[445]», dijo Cook en mayo de 2013, cuando anunció el nombramiento de Jackson en el transcurso de la conferencia tecnológica D11.

En una entrevista que concedió al autor en Apple Park, en marzo de 2018, Jackson reforzó la nueva misión de Cook. «Es evidente que Tim está muy interesado en los problemas medioambientales —dijo—. Otorga un gran valor al entorno.» Cook es un enamorado de la naturaleza y pasa su tiempo libre practicando el senderismo y pedaleando en bicicleta por el Yosemite National Park, en California. «Forma parte de quien es —dijo Jackson, que está también decidida a preservar nuestro medioambiente—. Todo gira en torno a la naturaleza. Si la destruimos, jamás podremos recuperarla. Y nos da mucho, desde paz mental y agua limpia hasta aire limpio. Son cosas sin las que, en mayor o menor grado, el ser humano no podría sobrevivir[446].»

Jackson es una cautivadora y sociable mujer afroamericana que pasa ya los cincuenta y que se crio en Nueva Orleans, no muy lejos de donde vivía Cook en aquella época. Entró en la EPA como ingeniera a los pocos años de salir de la universidad y ascendió con rapidez en el organigrama. En 2008 fue seducida por el gobierno Obama para convertirse en la administradora de la EPA, pasando a supervisar a cerca de diecisiete mil empleados y convirtiéndose en la primera afroamericana que administraba la agencia. A pesar de ganarse una merecida reputación como

---

445. David Price, «Why Apple Was Bad for the Environment (and Why That's Changing)», *Macworld UK,* 3 de enero de 2017, consultado el 14 de septiembre de 2018, www.macworld.co.uk/feature/apple/complete-guide-apples-environmental-impact-green-policies-3450263/.

446. Entrevista del autor con Lisa Jackson, marzo de 2018.

212 • LA APPLE DE TIM COOK

persona trabajadora y buscadora de consensos, fue acusada de mantener estrechos vínculos con el sector y dejó la agencia en 2012 después de varios dolores de cabeza políticos. Y menos de un año más tarde, se incorporó a Apple.

En su primer día de trabajo en Apple, en mayo de 2013, Cook le dejó claro que tenía mucho que aprender de ella. Le preguntó: «¿Qué está haciendo mal Apple? ¿Qué podemos hacer mejor? Ayúdanos a esbozar una visión y luego ayúdanos a cumplirla». Cook se comprometió desde el principio. El fichaje de Jackson era el primer paso, pero Cook estaba ansioso por empezar a hacer cosas. Estaba decidido a adoptar un papel activo en las iniciativas medioambientales de la compañía, algo que su predecesor nunca había hecho.

La misión que Cook quería suscribir, le explicó a Jackson, era «dejar el mundo como un lugar mejor que el que encontramos», una declaración de intenciones que se repite a menudo en los informes medioambientales de Apple, en sus vídeos promocionales y en sus pósters inspiradores. Como una de las compañías más poderosas del mundo, Apple podía utilizar sus impresionantes recursos para poner en marcha un cambio real. La «gran visión de Cook era. "Apple es una gran compañía [...] ¿cómo podemos utilizar Apple como fuerza de bien? ¿Cómo podemos asegurarnos de que una compañía del tamaño y alcance de la nuestra [...] se enfrenta a los enormes problemas que tenemos por delante?"» Al final decidió concentrarse en tres áreas: abordar el cambio climático, utilizar materiales más verdes en la fabricación de productos y ayudar a salvaguardar los recursos del planeta.

Gary Cook, de Greenpeace[447], elogió el liderazgo de Tim Cook en cuanto a su compromiso por utilizar únicamente energías y materiales renovables. Declaró: «Tim Cook lo considera importante. Ha sido honesto sobre la necesidad de ponerse en acción para combatir el cambio

---

447. Entrevista del autor con Gary Cook, marzo de 2018.

climático, sobre la responsabilidad de Apple de abordar el cambio climático. Creo que su decisión de contratar a Lisa Jackson, antigua administradora de la EPA, indica que lo considera algo de alta prioridad para Apple, algo que tiene que abordarse pensando en el largo plazo». Conseguir la aprobación de Greenpeace fue el primer gran paso del plan de Cook para mejorar las políticas medioambientales de Apple. Pero Cook no se detendría aquí.

Una fuerza de bien

Las iniciativas de Apple para poder ser calificada como compañía verde eran en aquel momento mucho más importantes que en todos sus treinta y siete años de historia. Era evidente que los problemas medioambientales ocupaban un lugar de honor en la agenda de Cook y que habían dejado de ser una simple maniobra para apaciguar a los activistas. Apple se había convertido en «una fuerza de bien en el mundo, más allá de nuestros productos —dijo Cook en octubre de 2013, en el transcurso de una presentación de resultados con analistas e inversores—. Bien sea mejorando las condiciones laborales o el entorno, defendiendo los derechos humanos, ayudando a erradicar el sida o reinventando la educación, Apple está realizando importantes contribuciones a la sociedad[448]».

Gracias a la nueva misión de Cook, Apple empezó a ascender rápidamente en las clasificaciones de Greenpeace, reduciendo las emisiones por producto año tras año y confiando cada vez más en energías renovables, en vez de en carbón, para el funcionamiento de sus fábricas, sus oficinas y sus tiendas en todo el mundo. En un informe de Greenpeace

---

448. «Tim Cook Wants Apple to Be a "Force for Good"», Cult of Mac, 26 de julio de 2015, consultado el 14 de septiembre de 2018, www.cultofmac.com/251795/tim-cook-wants-apple-to-be-a-force-for-good/.

de 2014[449], Apple fue nombrada una de las operadoras de centros de datos más limpia del mundo. Apple había recorrido mucho camino, y Tim Cook estaba cambiando la compañía y haciendo del mundo un lugar mejor.

Y Cook quería asegurarse de que Apple se convertía en el líder en la preservación medioambiental. Si Apple ponía el medioambiente entre sus prioridades más destacadas, otras compañías seguirían su ejemplo. Apple necesitaba ser «una de esas piedrecitas que lanzas al estanque y generan una ola de esperanza», dijo Cook en septiembre de 2014 durante una conferencia en la Climate Week NYC, recurriendo a una frase de Robert F. Kennedy. Apple no estaba dispuesta a aceptar «un intercambio entre la economía y el entorno —le dijo a Christiana Figueres, secretaria ejecutiva de la Convención Marco de las Naciones Unidas sobre el Cambio Climático—. Si innovas y pones el listón bien alto, acabas encontrando la manera de hacer ambas cosas, y [...] debes hacer ambas cosas, porque las consecuencias a largo plazo de no abordar el problema medioambiental son enormes[450]».

En 2014, Apple consiguió eliminar por completo el PVC de sus productos[451], y necesitó más de seis años para encontrar una sustancia sustitutiva adecuada. Lisa Jackson dijo que para Apple era muy importante eliminar el PVC de los cables porque sabían que gente de todo el mundo «quemaba esos cables para extraer el cobre del interior. Es una situación realmente peligrosa desde el punto de vista sanitario. Y tampoco es bueno en el proceso de fabricación. Confiábamos en que, al hacerlo nosotros, los demás siguieran el ejemplo. Pero no ha sido así.

449. Elsa Wenzel, «Apple, Facebook, Google Score in Greenpeace Data Center Ratings», GreenBiz, 2 de abril de 2014, consultado el 14 de septiembre de 2018, www.greenbiz.com/blog/2014/04/02/google-apple-facebook-good-greenpeace-energy–ratings.

450. Darrell Etherington, «Apple CEO Tim Cook Says Tech Companies Should Accept No Compromises on Climate Change Issues», TechCrunch, 22 de septiembre de 2014, consultado el 14 de septiembre de 2018, https://techcrunch.com/2014/09/22/apple-ceo-tim-cook-on-climate-change/.

451. Apple Inc., *Environmental Responsibility Report*, julio de 2014, www.apple.com/environment/reports/docs/apple_environmental_responsibility_report_0714.pdf.

Hay que hacer lo correcto, es lo que Tim repite constantemente. Hay que hacer lo correcto, porque es lo correcto[452]». Esto resume las políticas medioambientales de Apple bajo la dirección de Cook. Cook no hace cambios de cara al escaparate, sino que le importa de verdad hacer lo correcto.

Cook acelera en lo solar

Otra forma utilizada por Apple para afrontar su responsabilidad medioambiental fue la implementación de iniciativas de energías renovables. En febrero de 2015[453], Apple anunció su alianza con First Solar para construir en California una granja de energía solar valorada en 850 millones de dólares. Emplazada en Monterey County, la granja, que una vez finalizada en 2016 se convertiría en la cuarta de Apple, produce energía suficiente como para dar electricidad a sesenta mil hogares. Apple y First Solar firmaron un acuerdo de compra de energía de veinticinco años, considerado en su momento como el acuerdo comercial de este tipo más importante del sector, que proporcionaría a Apple 130 megavatios de electricidad.

«Apple está liderando el camino para combatir el cambio climático demostrando que las grandes compañías pueden abastecer sus operaciones con energía renovable y cien por cien limpia[454]», declaró Joe Kishkill, director comercial de First Solar, en la nota de prensa que confirmaba el acuerdo. «El compromiso de Apple ha sido fundamental

452. Entrevista del autor con Lisa Jackson, marzo de 2018.

453. Jacob Pramuk, «Apple to Build $850M Solar Energy Farm in CA», CNBC, 11 de febrero de 2015, consultado el 14 de septiembre de 2018, www.cnbc.com/2015/02/10/apple-ceo-tim-cook-will-partner-with-first-solar-on-850m-ca-solar-farm.html.

454. «First Solar and Apple Strike Industry's Largest Commercial Power Deal», *Business Wire*, www.businesswire.com/news/home/20150210006559/en/Solar-Apple-Strike-Industry's-Largest-Commercial-Power.

para hacer posible este proyecto e incrementará de forma significativa el suministro de energía solar en California. Con el tiempo, la energía renovable de California Flats [que en julio de 2018 estaba todavía en construcción] proporcionará un importante ahorro en relación con otras fuentes de energía, además de tener un impacto medioambiental sustancialmente inferior[455].»

Comentando aquel compromiso con la energía solar, Cook reconoció que el cambio climático era una amenaza real, y subrayó que «el momento de las conversaciones ha pasado. Ahora estamos en el momento de actuar[456]». Y Greenpeace tomó debida nota: «Apple tiene aún trabajo que hacer para reducir su impacto medioambiental, pero otros CEO de compañías de la lista Fortune 500 harían muy bien estudiando todo lo que está haciendo Tim Cook», se leía en una declaración del grupo publicada justo después del anuncio de aquella alianza.

En octubre de 2015, Apple anunció planes para la construcción de 200 megavatios de proyectos solares —energía suficiente para abastecer 265.000 hogares— en China, como parte de sus iniciativas para guiar a los proveedores locales hacia la sostenibilidad. El proyecto «empezaría a compensar la energía utilizada en la cadena de suministro de Apple», que era todavía responsable de más del 70% del impacto de Apple con energía derivada del carbón. Cook declaró: «El cambio climático es uno de los grandes desafíos de nuestra época, y ha llegado el momento de actuar. La transición hacia una nueva economía más verde exige innovación, ambición y propósito. Creemos apasionadamente en dejar el mundo mejor de como lo encontramos, y confiamos en que los demás pro-

455. Maggie McGrath, «First Solar Jumps on $850 Million Partnership with Apple», *Forbes*, 10 de febrero de 2015, consultado el 14 de septiembre de 2018, www.forbes.com/sites/maggiemcgrath/2015/02/10/first-solar-jumps-on-850-million-investment-from-apple/&refURL=&referrer=#41d0a09ead1e.

456. Christina Farr, «Apple Investing $850 Million in California Solar Farm», Reuters, 10 de febrero de 2015, consultado el 14 de septiembre de 2018, www.reuters.com/article/us-apple-cook/apple-investing-850-million-in-california-solar-farm-idUSKBN0LE2RN20150210.

veedores, socios y otras compañías se sumen a nosotros en este importante esfuerzo[457]».

Foxconn, uno de los fabricantes más destacados de Apple[458], que apoyaba ya esta iniciativa, tenía planes para construir en 2018 400 megavatios de proyectos solares en la provincia china de Henan. La compañía tenía el compromiso de generar el máximo de energía limpia posible, el equivalente a lo que su fábrica de Zhengzhou consumía durante la producción final del iPhone. Lo cual era una empresa tremenda, teniendo en cuenta todos los problemas que Apple y Foxconn habían tenido a lo largo de los años con respecto no solo a las condiciones laborales, sino también al impacto medioambiental de las fábricas.

En una entrevista concedida al *Washington Post* con motivo de su quinto aniversario como CEO de Apple, Cook dijo que se sentía increíblemente orgulloso de cómo Apple había «acelerado el paso en cuanto a la responsabilidad social» y destacó que era uno de los aspectos en los que la compañía había evolucionado bajo su liderazgo. «Hacía décadas que en Apple se trabajaba por el medioambiente, pero no se hablaba del tema, y no se habían establecido objetivos con aspiraciones —explicó—. Aplicábamos la misma filosofía que aplicamos con nuestros productos, que es desvelarlos una vez están terminados. Pero dimos un paso atrás para revaluar el tema y dijimos: "¿Sabes qué? Si esperamos y seguimos haciéndolo así, no estaremos ayudando a nadie a llegar hasta allí"[459].»

457. «Apple Launches New Clean Energy Programs in China to Promote Low-Carbon Manufacturing and Green Growth», Apple, 22 de octubre de 2015, consultado el 14 de septiembre de 2018, www.apple.com/newsroom/2015/10/22Apple-Launches-New-Clean-Energy-Programs-in-China-To-Promote-Low-Carbon-Manufacturing-and-Green-Growth/.

458. Valerie Volcovici, «Apple to Build More Solar Projects in China, Green Its Suppliers», Reuters, 22 de octubre de 2015, consultado el 14 de septiembre de 2018, www.reuters.com/article/us-apple-renewables-china/apple-to-build-more-solar-projects-in-china-green-its-suppliers-idUSKCN0SG02V20151022.

459. Jena McGregor, «Tim Cook, the Interview: Running Apple "Is Sort of a Lonely Job"», *Washington Post*, 13 de Agosto de 2016, consultado el 14 de septiembre de 2018, www.washingtonpost.com/sf/business/2016/08/13/tim-cook-the-interview-running-apple-is-sort-of-a-lonely-job/.

Luego, en diciembre de 2016[460], y como parte del plan de Cook de realizar la transición de toda la cadena de suministro de la compañía hacia la utilización de energías renovables, Apple cerró otra alianza importantísima con una empresa de energías renovables china, Goldwin Science & Technology, el fabricante de turbinas eólicas más grande del mundo. Era la primera incursión de Apple en el terreno de la energía eólica y su proyecto más grande de energía limpia hasta la fecha, según Jackson. Como parte del acuerdo, Apple obtendría un 30% del accionariado de cuatro compañías —todas ellas propiedad de Beijing Tianrun New Energy, una subsidiaria de Goldwin—, que gestionaban proyectos de energía eólica en las provincias de Henan, Shandong, Shanxi y Yunnan, que producirían 285 megavatios de energía eólica para proveedores locales. El acuerdo sufrió problemas[461] en julio de 2017, cuando Goldwin informó de que el contrato con Apple había perjudicado la rentabilidad de la compañía, y en estos momentos no está claro si la alianza sigue todavía activa. Pero un año más tarde[462], en julio de 2018, Apple se sumó a diez de sus proveedores en la iniciativa de financiar un fondo de 300 millones de dólares para colaborar en la transición de su cadena de suministro china hacia la energía verde. El China Clean Energy Fund[463] invertirá y ayudará a desarrollar más de 1 gigavatio de energía verde en China (cantidad suficiente para abastecer un millón de hogares), y luego lo conectará a sus proveedores.

460. He Wei and Liu Zheng, «Apple Reaches Clean Energy Deal with Goldwind», *China Daily*, consultado el 14 de septiembre de 2018, www.chinadaily.com.cn/business/tech/2016-12/09/content_27618014.htm.

461. Ivan Shumkov, «Goldwind Revises Down Profit Guidance, Blames Deal with Apple», Renewables Now, consultado el 14 de septiembre de 2018, https://renewablesnow.com/news/goldwind-revises-down-profit-guidance-blames-deal-with-apple-576089/.

462. «Apple Launches New Clean Energy Fund in China», Apple, 12 de julio de 2018, consultado el 14 de septiembre de 2018, www.apple.com/newsroom/2018/07/apple-launches-new-clean-energy-fund-in-china/.

463. «Apple Launches $300 Mn "Green" Fund for China Suppliers», Phys.org, julio de 2018, consultado el 14 de septiembre de 2018, https://phys.org/news/2018-07-apple-mn-green-fund-china.html.

100 por cien renovable

Todas las alianzas que ha hecho Apple relacionadas con energías renovables han merecido la pena. El Día de la Tierra[464] de abril de 2018, Apple anunció que todas sus instalaciones funcionaban al 100 por cien con energías renovables. Y ahí se incluían centros de datos, tiendas y oficinas de todo el mundo, como el gigantesco campus Apple Park.

Jackson se esforzó en dejar claro que Apple no estaba recurriendo a ningún truco, como adquirir créditos de carbono, para hacer esa afirmación. La compañía había invertido en nuevas fuentes de energía renovable —como sus gigantescos campos solares y la instalación de paneles solares en los tejados de muchos edificios— para garantizar que no estaba monopolizando el suministro actual. «Nos mantenemos firmes en la postura de que, si estamos en un lugar comprando energía limpia, no queremos adquirirla en su totalidad —dijo Jackson—. Porque entonces llega otro y no puede conseguir energía limpia porque Apple, o un proveedor de Apple, ya la ha adquirido toda. De modo que una gran parte de todo eso representa energía limpia adicional en la red[465].»

Las instalaciones de Apple, sin embargo, no son más que una pequeña pate de la huella de carbono total de la compañía (unos 27,5 millones de toneladas en 2017). Hasta el 77%[466] de esta huella se encuentra en la cadena de suministro, y Apple insiste en reducirla también. Jackson comentó que Apple se había fijado un objetivo muy agresivo para 2020: incorporar 4.000 megavatios de energía limpia en colaboración con su cadena de suministro. Eso cubriría cerca de una tercera parte de dicha cadena de suministro; los dos tercios restantes seguirían utilizando energía sucia. Jackson dijo que necesi-

---

464. «Apple Now Globally Powered by 100 Percent Renewable Energy», Apple, 9 de abril de 2018, consultado el 14 de septiembre de 2018, www.apple.com/newsroom/2018/04/apple-now-globally-powered-by-100-percent-renewable-energy/.

465. Entrevista del autor con Lisa Jackson, marzo de 2018.

466. Apple Inc., *Environmental Responsibility Report*, julio de 2018, www.apple.com/environment/pdf/Apple_Environmental_Responsibility_Report_2018.pdf.

tarían cuatro años para conseguir que un tercio de la cadena de suministro funcionara con energías renovables, y que confiaba en que los dos tercios restantes funcionaran con energías renovables en un plazo de ocho años más. «Confío en que podamos seguir en esta trayectoria», dijo. Y han empezado bien. Hasta el momento, catorce proveedores se han comprometido a funcionar con energía 100 por cien renovable en todo lo relacionado con Apple.

Apple es única en cuanto a poner en marcha iniciativas sostenibles en su cadena de suministro. Gary Cook, de Greenpeace, destacó que «son la única compañía que ha extendido a sus proveedores su compromiso de funcionar al 100 por cien con energías renovables. Y esta actitud empieza a cambiar las conversaciones que se mantienen en el sector sobre lo que implica el concepto de responsabilidad corporativa, o sobre qué significa la responsabilidad climática para compañías como Apple». Afirmó que estamos aún en la prehistoria de estos conceptos, pero que espera que haya un efecto dominó con otras compañías.

Compañías como HP e Ikea han empezado a adquirir compromisos en relación con sus cadenas de suministro. «Se tardará unos años, pero pienso que si compañías como Samsung no abordan el tema de su huella de carbono y no realizan una transición hacia las energías renovables, se encontrarán en una importante desventaja competitiva, puesto que cada vez hay más compañías exigentes con sus proveedores y con expectativas más elevadas sobre su rendimiento medioambiental[467].» Samsung, que en la actualidad obtiene la mayor parte de sus ingresos a partir no de la venta de neveras o televisores, sino a partir de la venta de componentes como chips o pantallas a otras compañías como Apple, tiene solo un 1% de todas sus instalaciones funcionando con energías renovables, según Gary Cook. En julio de 2018[468], varios meses después de mi

467. Entrevista del autor con Gary Cook, marzo de 2018.

468. «Samsung Electronics to Expand Use of Renewable Energy», Samsung Global Newsroom, 14 de junio de 2018, consultado el 14 de septiembre de 2018, https://news.samsung.com/global/samsung-electronics-to-expand-use-of-renewable-energy.

entrevista con él, Samsung anunció que para 2020 habría llevado a cabo la transición completa a energías renovables en todas sus instalaciones de los Estados Unidos, Europa y China.

Gary Cook añadió que Apple, Facebook y Google lo están haciendo mucho mejor que Amazon y las grandes compañías chinas de comercio electrónico (Baidu, Alibaba y Tencent), que no han hecho todavía gran cosa para que sus operaciones funcionen con energía verde. «Amazon siempre se juega el todo por el todo —dijo—. Han desplegado mucha energía renovable, pero no es suficiente[469].» El rápido crecimiento de Amazon supera el del suministro de energías renovables. Apple, con Tim Cook, va a la par con su ritmo de crecimiento y sigue siendo la compañía líder en la aplicación de la sostenibilidad en su cadena de suministro, a la espera de que los demás sigan su ejemplo.

La cadena de suministro circular

En abril de 2017, Apple cosechó más elogios de Greenpeace con sus planes para implementar una cadena de suministro circular, que un día verá sus iPhone y demás dispositivos fabricados enteramente a partir de materiales reciclados. La intención de Cook es cambiar el carácter completo de la cadena de suministro. El objetivo es «que llegue un día en que dejemos de extraer por completo de la tierra —explicaba el informe de responsabilidad medioambiental de Apple de 2017—. Tal vez parezca una locura, pero estamos trabajando en ello. […] Nos gustaría ser capaces un día de fabricar nuevos productos única y exclusivamente a partir de materiales reciclados, incluyendo entre ellos los viejos productos de los clientes. Se trata de un experimento de tecnología del reciclaje que nos está enseñando muchas cosas, y confiamos

---

469. Entrevista del autor con Gary Cook, marzo de 2018.

en que este tipo de pensamiento inspire a los demás integrantes de nuestro sector[470]».

En marzo de 2016, Apple dio un gran paso hacia el objetivo de conseguir una cadena de suministro circular con la introducción de Liam, un robot que desensambla el iPhone 6, el teléfono inteligente de más éxito de la compañía hasta la fecha, para que todas sus piezas puedan ser recicladas. En la actualidad existen[471] dos robots Liam en funcionamiento (uno en los Estados Unidos y otro en Holanda), con capacidad, cada uno de ellos, para desensamblar un iPhone entero cada once segundos, o lo que es lo mismo, 1,2 millones de unidades al año.

«El reciclaje tradicional de residuos electrónicos solo es capaz de recuperar una mínima parte de toda la electrónica utilizada hoy en día —explica la guía del robot de reciclaje de teléfonos iPhone—. Liam permite a Apple abordar este problema generando ocho categorías distintas de materiales que se distribuyen adecuadamente para iniciar el proceso de reciclaje. Como resultado de ello, los equipos procesadores pueden recuperar un conjunto de materiales más diversos y con una rentabilidad más elevada que nunca[472].» Apple califica a Liam, que está aún considerado como un proyecto de investigación y desarrollo, de «paso crítico en el viaje hacia el establecimiento de una cadena de suministro circular para Apple. Es, además, un vehículo para impulsar la innovación en la industria del reciclaje». En abril de 2018, unos días antes de la celebración del Día de la Tierra, Apple presentó una nueva versión de Liam, esta vez capaz de desensamblar nueve versiones distintas de iPhone y que clasifica las piezas para recuperar los materiales de reciclaje mucho mejor que los recicladores

470. Apple Inc., *Environmental Responsibility Report*, julio de 2017, https://images.apple.com/environment/pdf/Apple_Environmental_Responsibility_Report_2017.pdf.

471. Kif Leswing, «Apple's iPhone-Destroying Robots Are "Operating" in California and Europe», Business Insider, 11 de marzo de 2017, 14 de septiembre de 2018, www.businessinsider.com/apples-iphone-robot-liam-update-2017-3.

472. Charissa Rujanavech *et al.*, «Liam—An Innovation Story», septiembre de 2016, consultado el 13 de septiembre de 2018, www.apple.com/environment/pdf/Liam_white_paper_Sept2016.pdf.

tradicionales. Llamado Daisy, el robot[473] es capaz de procesar doscientos iPhone por hora y está instalado en Breda, Holanda.

Apple está experimentando hoy en día con la utilización de estaño reciclado procedente de la soldadura de teléfonos iPhone y de aluminio reciclado también de aparatos iPhone en las carcasas del Mac Mini. La ventaja que presenta la utilización de aluminio reciclado de iPhone es que es un material de excelente calidad, a menudo mejor que el que puede obtenerse de los proveedores de materia prima, la calidad de los cuales puede oscilar mucho. Actualmente, el porcentaje[474] de aluminio reciclado es muy pequeño, en torno al 4%. Pero Jackson comentó que espera que las iniciativas de reciclaje de Apple aceleren. Dijo que en 2018 Apple abriría el primer laboratorio de recuperación de material del sector tecnológico, que estará «consagrado por completo a recuperar material de los productos para volverlo a utilizar[475]».

Apple anunció[476] asimismo un avance en el descubrimiento de un proceso de fundición del aluminio totalmente libre de carbón. En mayo de 2018, Apple reveló que había formado equipo con Alcoa y Rio Tinto Aluminum para ingeniar un método de fundición de aluminio que elimina las emisiones directas de gases de efecto invernadero. Apple lo calificó como un «avance revolucionario en la fabricación de uno de los metales más utilizados del mundo», que podría reducir la producción de dióxido de carbono en 6.500 toneladas anuales solo en Canadá.

El aluminio viene produciéndose de la misma manera desde hace 130 años, utilizando un proceso ingeniado por Charles Hall, el fundador de

---

473. Apple Adds Earth Day Donations to Trade-in and Recycling Program», Apple, 19 de abril de 2018, consultado el 14 de septiembre de 2018, www.apple.com/newsroom/2018/04/apple-adds-earth-day-donations-to-trade-in-and-recycling-program/.

474. Apple Inc., *Environmental Responsibility Report,* julio de 2018.

475. Entrevista del autor con Lisa Jackson, marzo de 2018.

476. «Apple Paves the Way for Breakthrough Carbon-Free Aluminum Smelting Method», Apple, 10 de mayo de 2018, consultado el 14 de septiembre de 2018, www.apple.com/newsroom/2018/05/apple-paves-the-way-for-breakthrough-carbon-free-aluminum-smelting-method/.

Alcoa Corporation, en 1886. El proceso consiste en aplicar una corriente eléctrica potente al óxido de aluminio, su estado natural, para eliminar el oxígeno. El proceso se lleva a cabo en el interior de grandes hornos de fundición con el fondo cubierto con un material de carbono que actúa a modo de electrodo y se quema durante el proceso, desprendiendo dióxido de carbono. En la actualidad, este proceso contribuye en un 21% a las emisiones de gases de efecto invernadero del sector industrial.

En 2015, tres ingenieros de Apple empezaron a investigar una manera más limpia de producir aluminio en grandes cantidades. Descubrieron que Alcoa había diseñado un proceso totalmente nuevo que sustituye el carbono por un material conductivo avanzado que libera oxígeno en vez de dióxido de carbono. Pero Alcoa necesitaba un socio para avanzar en el proceso. El equipo de desarrollo de negocio de Apple aportó Rio Tinto, que tenía gran experiencia en tecnología de fundición. Junto con el gobierno canadiense y las fundiciones de aluminio, Apple invirtió 144 millones de dólares para financiar un proceso patentado de fabricación de aluminio. Alcoa y Rio Tinto formaron una sociedad a la que pusieron por nombre Elysis, que se ha comprometido a desarrollar el nuevo proceso para que pueda implementarse a gran escala y comercializarse en 2024. «Nos sentimos orgullosos de formar parte de este ambicioso proyecto, y esperemos con ganas que llegue el día en que podamos ser capaces de utilizar para la fabricación de nuestros productos aluminio producido sin emisiones directas de gases de efecto invernadero[477]», declaró Cook.

Una vez más, Apple se erige como líder en el desarrollo de nuevas tecnologías sostenibles que tengan un impacto positivo en nuestro mundo. En 2017[478], todas sus plantas de ensamblaje, a nivel global, han re-

477. «Apple Paves the Way for Breakthrough Carbon-Free Aluminum Smelting Method».

478. «Apple Releases 12th Annual Supplier Responsibility Progress Report», Apple, 8 de marzo de 2018, consultado el 14 de septiembre de 2018, www.apple.com/sg/newsroom/2018/03/apple-releases-12th-annual-supplier-responsibility-progress-report.

cibido la certificación de contribuir con cero desechos a los vertederos, y los proveedores que trabajan con Apple han introducido mejoras de eficiencia energética que han reducido más de 320.000 de toneladas de emisiones de gases de efecto invernadero solo en 2017.

Bosques sostenibles

A pesar de todos los avances que ha hecho Apple en lo referente a energías renovables y reciclaje, Greenpeace destaca que aún queda mucho por hacer en algunas áreas, como en la sostenibilidad de los embalajes y en el control de las emisiones. En un informe publicado por Greenpeace en abril de 2016[479], sobre la utilización de papel y embalaje sostenibles por parte de Apple, Gary Cook dijo en tono crítico que la compañía valoraba poco los estándares forestales del PEFC o Programme for the Endorsement of Forest Certification (Programa para el Reconocimiento de Certificación Forestal), que incluye, en los Estados Unidos, la controvertida etiqueta SFI o Sustainable Forestry Initiative (Iniciativa de Silvicultura Sostenible). Según Greenpeace, los estándares PEFC y SFI son «un lavado de cara verde», es decir, estándares débiles que contribuyen a prácticas de explotación forestal controvertidas, destrucción de bosques y un aplastamiento de los derechos de los pueblos indígenas y de las comunidades cuya economía depende de los bosques.

Después de este informe, Apple se comprometió a fabricar el 100 por cien de su embalaje a partir de recursos sostenibles, y en 2018, el 99% ya funcionaba así, según Lisa Jackson. Apple se ha asociado con grupos de los Estados Unidos y China para que los estándares del FSC o Forest Stewardship Council (Consejo de Administración Forestal)

---

479. Gary Cook, «Greenpeace Responds to Apple Environmental Progress Report», Greenpeace International, 14 de abril de 2016, consultado el 14 de septiembre de 2018, www.greenpeace.org/usa/news/greenpeace-responds-to-apple-environmental-progress-report/.

sean más duros. En los Estados Unidos[480], Apple está ayudando a gestionar 14,5 hectáreas de «bosques activos» sostenibles en Maine y Carolina del Norte (en colaboración con el Conservation Fund), y en China, la compañía posee tres grandes «plantaciones» papeleras (el equivalente a 280.000 hectáreas) junto con la World Wildlife Fund.

En unos dos años, explicó Jackson, Apple ha llegado a un punto en el que estos bosques producen suficiente madera de gestión sostenible como para cubrir todas las necesidades de la compañía. Apple está reduciendo asimismo el papel virgen necesario para sus embalajes, utilizando más papel reciclado y haciendo embalajes más pequeños y ligeros. Jackson dijo que Apple, está intentando eliminar plásticos, como el poliestireno extruido, para sustituirlo por papel, un material renovable.

Por desgracia, no todo es tan sencillo. Apple lucha por sustituir el poliestireno extruido en el embalaje de productos grandes y voluminosos como el iMac. «Encontramos una solución con papel, pero no nos satisface —dijo Jackson—, puesto que no estamos a favor de sacrificar la experiencia del cliente y su placer y su expectación con respecto a la calidad y a todo lo que Apple significa. [...] Pero acabaremos encontrando una solución sostenible.» Viéndola tan confiada, solo cabe esperar que sea cuestión de tiempo que los diseñadores de Apple encuentren algo que funcione.

Un CEO consagrado a la causa

Gracias a la dedicación de Cook a estos aspectos, Apple va por delante en todo lo relacionado con el abordaje de los problemas medioambientales. En «otras compañías [...] el CEO no está tan implicado —afirma Gary Cook, de Greenpeace—. Al menos, en Apple han vinculado de

---

480. Apple Inc., *Environmental Responsibility Report,* julio de 2018.

verdad la marca al medioambiente de un modo en que los demás no lo han hecho[481]». La sostenibilidad ha pasado a formar parte importante de la cultura de Apple, y Tim Cook tiene muy claro que quiere que las demás compañías y el público lo sepan.

Cook está intentando dar ejemplo no solo para otras compañías, sino también para los clientes de Apple, una estrategia que se aparta de la típica atmósfera de secretismo que envuelve Apple. Lisa Jackson comentó: «Protegemos mucho nuestros laboratorios y nuestros productos, pero en lo referente al trabajo medioambiental, Tim ha dejado muy claro que hay ciertos secretos […] que no queremos guardar solo para nosotros[482]». Cook cree que esta transparencia inspirará a otros a tomar decisiones medioambientalmente conscientes.

Los empleados de Apple se sienten asimismo orgullosos de lo que su compañía ha conseguido hasta la fecha. Jackson dice que Cook fomenta un ambiente competitivo no solo en torno a los productos de Apple, sino también en lo referente a iniciativas medioambientales. «No nos permite que nos detengamos simplemente en lo que suena bien. Quiere que hagamos lo que está bien. Y no nos permite tampoco que busquemos una salida fácil y temporal al problema. Tenemos que encontrar una solución sostenible[483].» La determinación de Cook ha dado sus frutos, puesto que Apple destaca en la actualidad como una de las compañías más verdes del mundo.

---

481. Entrevista del autor con Gary Cook, marzo de 2018.

482. Entrevista del autor con Lisa Jackson, marzo de 2018.

483. Entrevista del autor con Lisa Jackson, marzo de 2018.

9

Cook lucha contra la ley, y gana

La privacidad es otro de los valores de Cook que se ha situado en un lugar prioritario en la agenda de Apple desde que pasó a ocupar el puesto de CEO. Desde la primera mención del asunto de la privacidad en 2013, pasando por el dilema de San Bernardino, hasta llegar a la actualidad, Cook se ha tomado siempre muy en serio el tema de la privacidad del usuario.

Proteger la privacidad[484] de los usuarios de Apple ha sido invariablemente uno de los grandes objetivos de Cook, que ha declarado ser una «persona muy privada» a quien le gusta «mantenerse en el anonimato». Bajo la dirección de Cook, Apple ha fomentado los controles de privacidad que los usuarios tienen a su disposición en sus productos. Prácticamente todas las actualizaciones de software que se han publicado durante su liderazgo han incrementado la protección de la privacidad y han facilitado la labor de los consumidores para que sus datos más sensibles no terminen en manos equivocadas, publicidad incluida. La expansión de los controles de privacidad se inició en 2012 con iOS 6, la

---

484. «Exclusive: Brian Williams Interviews Apple CEO», NBC News, www.nbcnews.com/video/exclusive-brian-williams-interviews-apple-ceo-11421251878?v=railb&.

primera actualización del sistema operativo del iPad y el iPhone desarrollada casi en su totalidad bajo el liderazgo de Cook.

iOs 6 introdujo un menú exclusivo de privacidad en los Ajustes de las aplicaciones, dando a los usuarios controles sencillos sobre los contenidos y los datos a los que sus aplicaciones pueden acceder. El menú ofrecía inicialmente seis secciones, cada una de las cuales contenía botones que facilitaban más que nunca la gestión de los permisos de cada aplicación. Una de las secciones, Localización, permitía a los usuarios impedir que determinados servicios del sistema —incluyendo la búsqueda de redes móviles, Genius y iAds— pudieran realizar un seguimiento de su localización. iOS 6 facilitaba además a los usuarios, por vez primera, la posibilidad de limitar el seguimiento de anuncios, haciendo más complicado que los desarrolladores pudieran hacer llegar a los usuarios anuncios segmentados sobre la base de sus intereses y su actividad en Internet. De este modo, el iPhone y el iPad estuvieron entre los primeros dispositivos móviles en ofrecer este tipo de protección, que desde entonces se ha extendido a las principales plataformas.

La privacidad y las mejoras de seguridad jugaron también un papel importante en iOS 7, presentado en la Worldwide Developers Conference de Apple en junio de 2013. El tema de discusión más relevante de la actualización fue su dramático y controvertido rediseño, concebido por Jony Ive, que había asumido la responsabilidad de supervisar el diseño de software después de la marcha de Scott Forstall, en octubre de 2012. Las mejoras de privacidad y seguridad quedaron en segundo plano, aunque eran igual de importantes. Apple incorporó soporte para Touch ID, el nuevo sistema de reconocimiento de huella que hizo su debut con el iPhone 5S. Touch ID fue elogiado en su momento como el principal paso adelante en términos de seguridad. Facilitaba la tarea de garantizar la seguridad del teléfono y eliminaba la necesidad de teclear una contraseña cada vez que había que desbloquearlo, lo que animó a más usuarios a empezar a asegurar sus iPhone.

iOS 7 supuso también la llegada del Bloqueo de Activación, una característica que impide que dispositivos perdidos o robados puedan ser reactivados sin la contraseña de iCloud del usuario. El Bloqueo de Activación[485] hace que el iPhone y el iPad resulten mucho menos atractivos para los ladrones, que rápidamente comprendieron que ya no podrían vender en el mercado negro lo que se había convertido en el ladrillo más atractivo del mundo si no estaba en posesión de su propietario. Datos policiales publicados en 2014, revelaron que los robos de iPhone en San Francisco habían caído un 38% desde que la introducción del Bloqueo de Activación en septiembre de 2013, mientras que los robos en Londres y Nueva York habían caído un 24 y un 19%, respectivamente.

En noviembre de 2013[486], Apple publicó su primer informe de transparencia, que detallaba las solicitudes que la compañía había recibido de agencias gubernamentales en busca de datos de los usuarios. «Creemos que nuestros clientes tienen derecho a comprender cómo se gestiona su información personal, y consideramos que es nuestra responsabilidad ofrecerles las mejores herramientas de protección de privacidad que tengamos disponibles —decía el informe—. Apple ha preparado este informe sobre las solicitudes de información de los usuarios que recibimos de distintos gobiernos con el fin de mantener nuestra transparencia con nuestros clientes de todo el mundo.»

El informe de transparencia reveló estadísticas sobre solicitudes relativas a cuentas de usuarios y a dispositivos Apple específicos. En su primer informe, Apple prometió que seguiría defendiendo la máxima transparencia posible en lo relativo a las solicitudes que recibe y, con este fin, ha seguido publicando informes de transparencia cada seis me-

---

485. Brian X. Chen, «Smartphones Embracing 'Kill Switches' as Theft Defense», *New York Times,* 19 de junio de 2014, consultado el 14 de septiembre de 2018, https://bits.blogs.nytimes.com/2014/06/19/antitheft-technology-led-to-a-dip-in-iphone-thefts-in-some-cities-police-say/.

486. Apple Inc., *Report on Government Information Requests,* 5 de noviembre de 2013, www.apple.com/legal/privacy/transparency/requests-20131105-en.pdf.

ses. «La privacidad del consumidor es algo que tenemos muy en cuenta desde las primeras fases del diseño de todos nuestros productos y servicios —declaró Apple—. Trabajamos duro para producir el hardware y el software más seguros del mundo.» Apple subrayó asimismo que su negocio «no depende de la compilación de datos personales», a diferencia de otros gigantes de Silicon Valley, como Facebook y Google. «No tenemos ningún interés en acumular información personal sobre nuestros clientes.»

Cook dio otra puñalada sutil a las compañías que ganan dinero con los datos de sus usuarios en una carta que remitió a los usuarios de Apple en septiembre de 2014. «Nuestro modelo de negocio es muy sencillo: vendemos grandes productos —escribió—. No construimos ningún tipo de perfil basado en el contenido de vuestro correo electrónico ni vuestros hábitos de navegación web para luego venderlo a los anunciantes. No "monetizamos" la información que almacenáis en vuestro iPhone o en iCloud, Y no leemos vuestro correo electrónico ni vuestros mensajes para obtener información y luego avasallaros con acciones de marketing.»

En aquel momento, Apple tenía su propio negocio de publicidad, iAds, pero seguía sin mostrar interés por recabar datos sensibles y personalizar de este modo sus anuncios. iAds «se aferra a la misma política de privacidad que aplica a los demás productos Apple —prometió Cook—. No obtiene datos de Health y HomeKit, Maps, Siri, iMessage, vuestro historial de llamadas o los servicios iCloud, como Contactos o Correo, y siempre podéis elegir no utilizarlos[487]».

Septiembre de 2014 fue también la fecha de la presentación de iOS 8, que ofrecía aún más protecciones de seguridad y privacidad, y de una nueva política de privacidad que prometía que Apple no desbloquearía

---

487. Chris Smith, «This Might Be Apple CEO Tim Cook's Most Important Message Yet», BGR, 18 de septiembre de 2014, consultado el 14 de septiembre de 2018, https://bgr.com/2014/09/18/tim-cook-on-apple-privacy-2/.

dispositivos iOS para la policía, ni siquiera con una orden judicial. Para cumplir esa promesa, Apple cambió inteligentemente la forma de encriptación de los datos en los dispositivos iOS. Adoptó un sistema similar al utilizado por el gobierno de los Estados Unidos para proteger los secretos militares clasificados, que genera una clave de encriptación combinando la contraseña iOS con una cadena de números secretos exclusiva para cada dispositivo. El sistema impide que otros, incluido Apple, pueda desencriptar los datos sin la contraseña del usuario, de modo que hace imposible que agencias gubernamentales puedan desproteger un dispositivo o abrir copias de seguridad protegidas, aunque un juez obligue a ello.

Pero esa encriptación no protegía todo lo que un usuario tuviera instalado en su dispositivo hasta que en septiembre de 2015 se produjo el lanzamiento de iOS 9, que trajo además consigo el soporte de los bloqueadores de contenido, una característica que ofrece a los usuarios un control mayor sobre publicidad, las cookies y las herramientas de recopilación de datos en Safari, el navegador web por defecto de iOS. Tres meses antes, Cook se convirtió en el primer líder empresarial galardonado por el Electronic Privacy Information Center (EPIC) por su «liderazgo corporativo». Durante su discurso en el EPIC Champions of Freedom Awards Dinner, Cook reiteró el compromiso de Apple con la protección de la privacidad, algo que la compañía considera un «derecho fundamental[488]».

«Como muchos de vosotros, en Apple rechazamos la idea de que nuestros clientes tengan que elegir entre privacidad y seguridad —empezó diciendo Cook—. Podemos, y debemos, ofrecer ambos aspectos en igual medida. Creemos que la gente tiene el derecho fundamental a la privacidad. El pueblo estadounidense lo exige, la Constitución lo

---

488. Farhad Manjoo, «What Apple's Tim Cook Overlooked in His Defense of Privacy», *New York Times,* 21 de diciembre de 2017, consultado el 14 de septiembre de 2018, www.nytimes.com/2015/06/11/technology/what-apples-tim-cook-overlooked-in-his-defense-of-privacy.html.

exige, y la ética lo exige[489].» Cook aprovechó la oportunidad para avergonzar de nuevo a Facebook y Google, sin nombrarlos, por su postura con respecto a los datos de sus usuarios. «Os hablo desde Silicon Valley, donde algunas de las empresas más importantes y exitosas han construido sus negocios animando a sus clientes a ser complacientes con el uso de su información personal —dijo—. Están devorando todo lo que puedan aprender sobre vosotros y tratando de monetizarlo. Nosotros creemos que esto está mal. Y este no es el tipo de compañía que Apple desea ser[490].»

Apple «no quiere vuestros datos —recordó Cook a los asistentes y a los fans de Apple—. No pensamos que tengáis que intercambiarlos por un servicio que pensáis que es gratuito, pero que realmente tiene un coste muy alto[491]». Explicó que el empeño de Apple por proteger nuestros datos es más importante si cabe en un tiempo en el que todos nuestros datos sensibles, incluyendo los bancarios y la información relativa a nuestra salud, está almacenada en nuestros teléfonos inteligentes. «Creemos que el cliente tiene que tener el control de su información. Tal vez os gusten esos servicios supuestamente gratuitos, pero no creemos que sean merecedores de tener acceso a vuestro correo electrónico, vuestro historial de búsqueda y ahora incluso a vuestras fotos familiares, sustraídas y vendidas para Dios sabe qué propósitos publicitarios. Y pensamos que, algún día, los clientes verán esto como lo que en realidad es.»

Aprovechó también el momento para defender la encriptación y explicar por qué Apple no proporcionaba una «puerta de atrás» que permitiera a las agencias gubernamentales acceder a los dispositivos iOS. «Eliminar las herramientas de encriptación de nuestros productos, como a algunos en Washington les gustaría que hiciéramos, solo conseguiría

---

489. Matthew Panzarino, «Apple's Tim Cook Delivers Blistering Speech on Encryption, Privacy», TechCrunch, 2 de junio de 2015, consultado el 14 de septiembre de 2018, https://techcrunch.com/2015/06/02/apples-tim-cook-delivers-blistering-speech-on-encryption-privacy/.

490. Panzarino, «Apple's Tim Cook Delivers Blistering Speech on Encryption, Privacy».

491. Panzarino, «Apple's Tim Cook Delivers Blistering Speech on Encryption, Privacy».

perjudicar a los ciudadanos que respetan las leyes y que confían en nosotros para proteger sus datos —enfatizó—. Tenemos un profundo respeto por las autoridades, pero en este tema discrepamos. Así que permitidme ser muy claro: debilitar la encriptación, o eliminarla por completo, solo perjudicaría a las personas que la utilizan por los motivos correctos. Y, en última instancia, creo que tendría un efecto pavoroso sobre los derechos de los ciudadanos que quedan reflejados en la Primera Enmienda y socavaría los principios sobre los que se fundó nuestro país. —Y alertó—: Si escondemos una llave bajo la alfombra para la policía, un ladrón también podrá encontrarla. Los criminales están usando todas las herramientas tecnológicas que tienen a su disposición para piratear las cuentas de otras personas. Si saben que hay una llave escondida en alguna parte, no pararán hasta encontrarla.»

Durante una entrevista[492] concedida a Charlie Rose en diciembre de 2015, Cook reconoció que, si el gobierno emitía una orden judicial solicitando información específica, Apple tendría que obedecer a pesar de su postura firme al respecto, «porque tenemos que hacerlo por ley». Pero, gracias a las protecciones construidas en su software y sus dispositivos, Apple no tendría apartarse mucho de su compromiso. «En el caso de la información encriptada, no la tenemos y no podemos darla», explicó. Quería asegurarse de que los usuarios de Apple comprendían que, aunque tendría que acatar la ley, Apple seguía comprometida con la seguridad de sus datos.

Preocupación por la privacidad

Pero, a lo largo de los años, hubo algunos escándalos relacionados con la privacidad que pusieron nerviosos a los usuarios de Apple. Uno de los

492. «What's Next for Apple?», CBS News, 20 de diciembre de 2015, consultado el 14 de septiembre de 2018, www.cbsnews.com/news/60-minutes-apple-tim-cook-charlie-rose/.

primeros debates[493] sobre la postura de Apple en lo referente a la privacidad tuvo lugar en diciembre de 2013, cuando se filtró un documento clasificado que revelaba que la National Security Agency (Agencia de Seguridad Nacional) tenía un programa activo, conocido como «DROPOUTJEEP», que, mediante un implante de software, permitía escuchar prácticamente todas las conversaciones enviadas desde un iPhone. El público se puso rabioso y Apple fue acusada de trabajar con la NSA, de permitirle el acceso a iOS «por la puerta de atrás» y de apoyar el espionaje gubernamental. Pero la compañía publicó una declaración muy clara a modo de respuesta: «Apple nunca ha trabajado con la NSA para crear una puerta de atrás que permita acceder a cualquiera de nuestros productos, incluyendo el iPhone. Además, no conocíamos este supuesto programa de la NSA pensado para nuestros productos». La declaración explicaba que «esta funcionalidad incluye la capacidad de bajar/subir archivos desde el dispositivo, recuperación de SMS, recuperación de listas de contactos, correo de voz, micrófono, geolocalización, captura de cámara, localización de antena de telefonía, etc.[494]». La NSA declaró tener un éxito del 100 por cien en dispositivos Apple, pero Apple prometió: «continuaremos utilizando nuestros recursos para ir por delante de los piratas informáticos maliciosos y defender a nuestros clientes de los ataques contra su seguridad, independientemente de quién esté detrás de ellos».

Un libro blanco de fecha anterior[495], publicado en octubre de 2013 por los especialistas en investigación en materia de seguridad QuarksLab,

493. Jay Hathaway, «The NSA Has Nearly Complete Access to Apple's iPhone», Daily Dot, 8 de marzo de 2017, consultado el 14 de septiembre de 2018, www.dailydot.com/layer8/nsa-backdoor-iphone-access-camera-mic-appelbaum/.

494. Matthew Panzarino, «Apple Says It Has Never Worked with NSA to Create iPhone Backdoors, Is Unaware of Alleged DROPOUTJEEP Snooping Program», TechCrunch, 31 de diciembre de 2013, consultado el 14 de septiembre de 2018, https://techcrunch.com/2013/12/31/apple-says-it-has-never-worked-with-nsa-to-create-iphone-backdoors-is-unaware-of-alleged-dropoutjeep-snooping-program/.

495. Fred Raynal, «iMessage Privacy», Quarkslab's Blog, 17 de octubre de 2013, consultado el 14 de septiembre de 2018, https://blog.quarkslab.com/imessage-privacy.html.

había afirmado que Apple tenía capacidad para acceder a las conversaciones llevadas a cabo a través de iMessage, en caso de desear hacerlo o en caso de «recibir el requerimiento a través de una orden del gobierno». Pero Apple se apresuró a negarlo, en una declaración que explicaba que «iMessage no dispone de una arquitectura que permita a Apple leer los mensajes». Apple dijo que la investigación «hablaba de vulnerabilidades teóricas que exigirían a Apple diseñar de nuevo el sistema iMessage para explotarlas, y Apple no tiene planes ni intenciones de hacerlo[496]». La compañía emitió a continuación un informe que detallaba las peticiones gubernamentales solicitando datos personales de clientes que había recibido hasta entonces. Decía:

> Creemos que nuestros clientes tienen derecho a saber cómo se gestiona su información personal, y consideramos que es nuestra responsabilidad proporcionarles las mejores protecciones de privacidad disponibles. Apple ha preparado este informe sobre las solicitudes que recibe por parte de gobiernos que buscan información sobre usuarios o dispositivos por el interés de la transparencia de nuestros clientes de todo el mundo. [...] Hemos publicado toda la información que estamos legalmente capacitados para compartir, y Apple seguirá defendiendo la mayor transparencia sobre todas las solicitudes que reciba[497].

Pero la preocupación sobre la privacidad continuó existiendo. En una conferencia tecnológica organizada por el *Wall Street Journal* cele-

---

496. John Paczkowski, «Apple: No, We Can't Read Your iMessages (and We Don't Want To, Either)», AllThingsD, 18 de octubre de 2013, consultado el 14 de septiembre de 2018, http://allthingsd.com/20131018/apple-no-we-cant-read-your-imessages.

497. Alex Heath, «Apple Exposes Governments' Requests for Customer Data, Pushes for Greater Transparency in New Report», Cult of Mac, 5 de noviembre de 2013, consultado el 14 de septiembre de 2018, www.cultofmac.com/253020/apple-exposes-governments-requests-for-customer-data-in-new-report/.

brada en Laguna Beach, California, en octubre de 2015, Cook respondió a las preguntas sobre el acceso por la puerta de atrás al software de Apple diciendo que «no debe existir puerta de atrás[498]». Si la NSA u otras autoridades tuvieran acceso a iOS por la puerta de atrás, los atacantes también podrían acceder a él. Existiría entonces el riesgo de que ese acceso fuera descubierto y explotado por actores maliciosos, exponiendo a sus peligros a centenares de millones de usuarios de iOS. Al fin y al cabo, la habilidad para identificar debilidades en el software de Apple es lo que engendró en su día una floreciente comunidad de *jailbreakers* que permitió que en dispositivos iOS se pudieran instalar aplicaciones no autorizadas por Apple. «Si alguien puede entrar en los datos, puede haber grandes abusos —añadió Cook—. En consecuencia, una encriptación potente juega a favor de los intereses de nuestra nación.»

Apple hizo avances en el sector, pero en septiembre de 2014, después de que fotografías y vídeos privados de más de un centenar de famosos se filtraran en Internet, Cook y Apple fueron acusados de no tomarse en serio la seguridad de su iCloud. Conocida como el «Celebgate», la filtración afectó a estrellas de primer orden como Jennifer Lawrence, Rihanna y Cara Delevigne, pero Apple insistió en que sus sistemas iCloud no habían sufrido ninguna violación. «Ninguno de los casos que hemos investigado ha sido resultado de una violación en alguno de los sistemas de Apple, incluyendo iCloud —dijo un comunicado—. Seguimos trabajando con los cuerpos policiales para ayudar a identificar a los criminales implicados.» Apple dijo que las cuentas se habían visto afectadas por «un ataque muy orientado a nombres de usuario, contraseñas y preguntas de seguridad[499].»

---

498. Kia Kokalitcheva, «Apple CEO Tim Cook Says No to NSA Accessing User Data», *Fortune,* 20 de octubre de 2015, consultado el 14 se septiembre de 2018, http://fortune.com/2015/10/20/tim-cook-against-backdoor/.

499. Steve Kovach, «We Still Don't Have Assurance from Apple That iCloud Is Safe», Business Insider, 2 de septiembre de 2014, consultado el 14 de septiembre de 2018, www.businessinsider.com/apple-statement-on-icloud-hack-2014-9.

iCloud «no ha sido pirateado[500]», reiteró Cook en el transcurso de una entrevista con Charlie Rose. «Ha habido un malentendido al respecto. Si piensas en lo que significaría que iCloud fuese pirateado, estaríamos hablando de que alguien ha entrado en la nube y ha fisgoneado en las cuentas de la gente.» Pero Cook insistió en que «eso no ha pasado». Y dijo que el atacante había utilizado lo que calificó de una «aventura de fraude electrónico». En vez de entrar en los servidores de iCloud, Ryan Collins, de Lancaster, Pensilvania, envió mensajes fraudulentos que asemejaban comunicaciones oficiales de Apple que consiguieron engañar a los usuarios para convencerlos de que entregaran sus datos de acceso a la cuenta. De este modo, consiguió acceder a las cuentas y a las copias de seguridad de iPhone e iPad que se utilizan para restaurar los dispositivos. A continuación, compartió y publicó en el tablón de imágenes electrónico 4Chan los centenares de imágenes y vídeos que consiguió y, a partir de ahí, empezaron a circular por la red. «Hay mucha mala gente que se dedica a estas cosas», le dijo Cook a Rose.

A pesar de que Apple no lo consideró de entrada como un problema de iCloud, la reacción negativa de los medios de comunicación y de los fans obligó a Cook a reconocer que la compañía podría haber hecho más, y prometió cambios para impedir un fiasco similar. «Cuando me distancio del terrible escenario de todo lo que pasó y me pregunto qué más podríamos haber hecho, pienso en la concienciación —explicó a un periodista de *Wall Street Journal*—. Creo que tenemos la responsabilidad de intensificar las medidas. Y no se trata solo de un tema de ingeniería. Queremos hacer todo lo posible para proteger a nuestros clientes, porque nosotros estamos tan enfadados como ellos, si no más, por todo lo que ha pasado[501].»

500. Serenity Caldwell, «This Is Tim: Cook Talks to Charlie Rose About Apple Watch, Samsung, and the Future», *Macworld,* 16 de septiembre de 2014, consultado el 14 de septiembre de 2018, www. macworld.com/article/2684302/this-is-tim-cook-talks-to-charlie-rose-about-apple-watch-samsung-and-the-future.html?page=2.

501. Daisuke Wakabayashi, «Tim Cook Says Apple to Add Security Alerts for iCloud Users», *Wall Street Journal,* 5 de septiembre de 2014, consultado el 14 de septiembre de 2018, www.wsj.com/articles/tim-cook-says-apple-to-add-security-alerts-for-icloud-users-1409880977.

Cook prometió que Apple emitiría mensajes de correo electrónico y notificaciones *push* siempre que alguien intentara cambiar la contraseña de una cuenta, restaurar datos almacenados en iCloud en un nuevo dispositivo o acceder a una cuenta iCloud por primera vez en un nuevo dispositivo. «Tendríamos que hacer cosas para notificar al cliente cuando esto sucede —añadió en su entrevista con Charlie Rose—. No queremos que vuelva a suceder, pero si sucede, imagino que el cliente querrá saberlo al instante.» Antes de la filtración, Apple enviaba un mensaje de correo electrónico a los usuarios de iCloud siempre que se producía un cambio en la contraseña de su cuenta, pero no había notificaciones cuando se restauraban los datos. Apple empezó a implementar[502] este sistema solo una semana después del famoso suceso, y desde entonces ha funcionado a la perfección.

Hacía ya años que Cook había estado sorteando entre bambalinas estos temas de privacidad. Pero la postura de Apple con relación a la privacidad saltaría al primer plano del debate nacional en 2016, después del ataque terrorista en San Bernardino. Aquella masacre sería el test más grande al que se había visto sometida la carrera de Cook, un test que a punto estuvo de poner en peligro el futuro de la compañía.

San Bernardino

En 2016, Tim Cook lucho contra la ley… y ganó.

A última hora de la tarde del martes 16 de febrero de 2016, Cook y varios de sus lugartenientes se reunieron en la «sala de juntas júnior» de la planta ejecutiva del One Infinite Loop, la antigua sede de Apple. La compañía acababa de recibir el mandato judicial de un magistrado de

---

502. Eric Slivka, «Apple Now Sending Alert Emails When iCloud Accounts Accessed via Web», MacRumors, 8 de septiembre de 2014, consultado el 14 de septiembre de 2018, www.macrumors. com/2014/09/08/icloud-alert-emails-web/.

los Estados Unidos ordenándole la creación de un software especializado que permitiera al FBI acceder al iPhone utilizado por Syed Farook, sospechoso del tiroteo de San Bernardino, que en diciembre de 2015 había acabado con la vida de catorce personas.

El iPhone estaba bloqueado mediante una contraseña de cuatro dígitos que el FBI no había conseguido descifrar. El FBI quería que Apple creara una versión especial de iOS que aceptara electrónicamente una combinación ilimitada de contraseñas, hasta encontrar la acertada. El nuevo iOS tendría que poder cargarse en el iPhone, dejando los datos intactos.

Pero Apple se había negado[503]. Cook y su equipo estaban convencidos de que una nueva versión de iOS, sin bloqueo, podía ser tremendamente peligrosa. Podía ser utilizada incorrectamente, filtrada, robada, y una vez en el mundo, jamás podría eliminarse. Y sería potencialmente capaz de socavar la seguridad de centenares de millones de usuarios de Apple.

En la sala de juntas, Cook y su equipo repasaron el mandato línea por línea. Tenían que decidir cuál era la postura legal de Apple y comprender de cuánto tiempo disponían para dar una respuesta. Fue una reunión estresante, de alto riesgo. Apple no había recibido[504] ningún preaviso sobre la llegada de aquel mandato, pero Cook, Bruce Sewell (el principal abogado de la compañía) y otros ejecutivos llevaban semanas tratando proactivamente el caso con los cuerpos policiales.

El mandato «no era una simple petición de colaboración para solventar un caso criminal —explicó Sewell—. Era un pliego de cuarenta y dos páginas emitido por el gobierno que se iniciaba con una letanía de todas las cosas horrorosas que habían sucedido en San Bernardino. Y

---

503. Amanda Holpuch, «Tim Cook Says Apple's Refusal to Unlock iPhone for FBI Is a "Civil Liberties" Issue», *Guardian,* 22 de febrero de 2016, consultado el 14 de septiembre de 2018, www.theguardian.com/technology/2016/feb/22/tim-cook-apple-refusal-unlock-iphone-fbi-civil-liberties.

504. Entrevista del autor con Bruce Sewell, marzo de 2018.

luego [...] la otra letanía sesgada sobre todas las veces que Apple había dicho que no a lo que se describía como peticiones de lo más razonable. Era lo que en la jerga legal se conoce como una demanda parlante. Desde el día uno, el objetivo era elaborar un relato [...] que pusiera el público en contra de Apple[505]».

El equipo llegó a la conclusión de que la orden del juez era una jugada de cara al exterior —un forcejeo muy público para presionar a Apple y obligarla a acatar las exigencias del FBI— que podía poner a la compañía en graves problemas. Apple «es una marca de gran consumo famosa e increíblemente poderosa, y ahora tienen la arrogancia de plantarse contra el FBI y decirle: "No, no pensamos daros eso que andáis buscando para que intentéis solventar esta amenaza terrorista"[506]», explicó Sewell.

Sabían que tenían que responder de inmediato. El mandato llenaría todos los titulares de prensa del día siguiente, y Apple debía tener su respuesta preparada. «Tim sabía que tenía que tomar una decisión importantísima», dijo Sewell. Era un momento trascendental, «una decisión en la que podría decirse que se apostaba la compañía entera». Cook y el equipo pasaron la noche en vela —dieciséis horas seguidas de reunión— trabajando en su respuesta. Cook conocía ya cuál iba a ser su postura —Apple se negaría a colaborar en aquel sentido—, pero quería conocer todos los ángulos: ¿cuál era la postura legal de Apple? ¿Cuál era su obligación legal? ¿Era esa la respuesta correcta? ¿Cómo sería recibida? ¿Cómo se interpretaría? ¿Cuál sería el tono a emplear más adecuado?

Cook estaba muy preocupado por la reacción del público, y sabía que uno de los resultados de sus actos sería que Apple podía ser acusada de estar del lado de los terroristas. ¿Qué tipo de compañía se negaría a

505. Entrevista del autor con Bruce Sewell, marzo de 2018.

506. Entrevista del autor con Bruce Sewell, marzo de 2018.

colaborar con el FBI en una investigación terrorista? Desde un punto de vista de relaciones públicas, Apple siempre había estado al lado de los defensores de la privacidad y las libertades civiles. Pero aquel caso situaba inesperadamente a la compañía en el bando de los terroristas. Era un territorio completamente nuevo, y Cook tenía que averiguar cómo moverse por él. Tenía que demostrar al mundo que defendía la privacidad del usuario, no que apoyaba el terrorismo.

A las cuatro y media de la mañana[507], justo a tiempo del comienzo de los noticiarios de la Costa Este, Cook publicó una carta abierta a los clientes de Apple explicando por qué la compañía se oponía al fallo que «amenaza la seguridad de nuestros clientes». Hizo referencia al peligro que podía suponer un exceso de poder por parte del gobierno. «Las implicaciones de las demandas del gobierno son escalofriantes —escribió—. Si el gobierno puede utilizar la *All Writs Act* para desbloquear el iPhone de un usuario, tendría también el poder para entrar en cualquier dispositivo y capturar sus datos.»

Apple había estado trabajando con el FBI para intentar desbloquear el teléfono, aportando datos y poniendo ingenieros a su disposición, explicó Cook. «Pero ahora el gobierno de los Estados Unidos nos pide algo que, simplemente, no tenemos, y algo cuya creación consideramos demasiado peligrosa [...] una puerta trasera para acceder al iPhone. —Y continuó—: En manos erróneas, este software, que hoy en día no existe, sería potencialmente capaz de desbloquear cualquier iPhone que esté físicamente en manos de alguien.» Lo cual podría tener consecuencias desastrosas, dejando a los usuarios impotentes para impedir cualquier invasión no deseada de su privacidad. «Por mucho que el FBI utilice otras palabras para describir esta herramienta, no nos equivoquemos: crear una versión de iOS que esquive la seguridad de esta manera crearía, sin la menor duda, una puerta trasera. Y aunque el gobierno defien-

---

507. «A Message to Our Customers», Apple, 16 de febrero de 2016, consultado el 14 de septiembre de 2018, https://www.apple.com/customer-letter/.

da que su uso quedaría limitado única y exclusivamente a este caso, no existe manera de garantizar ese control.»

Cook acusó a continuación al gobierno de intentar obligar a Apple a «piratear a nuestros usuarios y socavar décadas de avances en cuestiones de seguridad que protegen a nuestros clientes [...] de los ataques de piratas informáticos sofisticados y de cibercriminales». A partir de ahí, sería avanzar por un terreno resbaladizo. El gobierno podría exigir entonces a Apple que creara software de vigilancia para interceptar mensajes, acceder a historiales sanitarios o datos financieros o realizar el seguimiento de las localizaciones de los usuarios. Cook necesitaba establecer los límites. Creía que las intenciones del FBI eran buenas, pero su responsabilidad era proteger a los usuarios de Apple. «No encontramos precedentes en los que una compañía norteamericana se haya visto obligada a exponer a sus clientes a un riesgo elevado de ataque», escribió. A pesar de lo complicado que era resistirse a las órdenes del gobierno de los Estados Unidos, y de saber que se enfrentaría a reacciones negativas, necesitaba posicionarse.

Un debate de largo recorrido

La orden del magistrado puso bajo los focos un debate de largo recorrido sobre la encriptación que Apple había estado manteniendo con las autoridades. Apple y el gobierno llevaban más de un año inmersos en el tema, desde el lanzamiento al mercado del sistema operativo encriptado de Apple, el iOS 8, a finales de 2014.

iOS 8 incorporaba una encriptación mucho más potente que la que tenían previamente los teléfonos inteligentes. Encriptaba todos los datos del usuario —historial de llamadas telefónicas, mensajes, fotografías, contactos, etc.— con la contraseña del usuario. La encriptación era tan fuerte, que ni siquiera Apple podía romperla. La seguridad en los dispositivos anteriores era mucho más débil y había diversas maneras de quebrantarla, pero Apple ya no podía acceder a dispositivos protegidos que corrieran sobre iOS8, por mucho que los cuerpos policiales tuvieran una orden judicial válida. «A diferencia de nuestros competidores, Apple no puede eludir la contraseña del usuario y, en consecuencia, no puede acceder a sus datos —escribió la compañía en su página web—. Por lo tanto, no es técnicamente factible que podamos responder a las órdenes del gobierno de extraer datos de los dispositivos que estén en su posesión y corran sobre iOS 8[508].»

La actualización había obstaculizado repetidamente la labor de los investigadores. En la rueda de prensa que se celebró en Nueva York dos días después de que apareciera publicada la carta de Cook sobre los hechos de San Bernardino, las autoridades dijeron que habían desbloqueado 175 iPhone en diversos casos que estaban gestionando. Desde hacía más de un año, los altos rangos de las fuerzas y los cuerpos de seguridad habían estado presionando a Apple en busca de una solución. «Cuando el FBI presentó la demanda por lo de San Bernardino, pienso que mucha gente del público lo percibió como el principio de algo —comentó Sewell—. Mientras que, en realidad, era la culminación de un largo camino que condujo hasta eso, con mucha actividad precediendo la decisión tomada por Comey [el director del FBI] de demandar[509].»

Sewell explicó que Cook, él y otros miembros del equipo legal de Apple llevaban tiempo manteniendo reuniones con altos mandos del FBI, del departamento de Justicia y con el discal general, tanto en Washington como en Cupertino. Cook, Sewell y los demás[510] no solo se habían reunido con James Comey, sino también con el fiscal general Eric

---

508. «Privacy», Apple, consultado el 14 de septiembre de 2018, www.apple.com/privacy/government-information-requests/.

509. Entrevista del autor con Bruce Sewell, marzo de 2018.

510. Entrevista del autor con Bruce Sewell, marzo de 2018.

Holder, la fiscal general Loretta Lynch, el director del FBI Bob Mueller (el predecesor de Comey) y la fiscal general adjunta, Sally Yates.

Cook y Yates se reunieron con Eric Holder y Jim Cole, entonces fiscal general adjunto, a finales de 2014, y los agentes del FBI les comunicaron que estaban «interesados en poder acceder a teléfonos de forma masiva». Esto fue mucho antes del atentado de San Bernardino, y Apple dejó claro desde un buen principio que no pensaba dar acceso al FBI para que pudiera piratear los teléfonos de los usuarios de Apple. Cook y Sewell les dijeron a Holder y Cole que «no consideraban que fuera una solicitud adecuada para una compañía cuya principal preocupación era la protección de todos los ciudadanos». Y mantuvieron una conversación similar con Lynch y Yates.

Sewell explicó que durante esas discusiones quedó claro que algunos responsables policiales no quedaron convencidos por sus preocupaciones sociales. Algunos se mostraron intelectualmente comprensivos con su postura, pero, como funcionarios al servicio de la ley, insistieron en que necesitaban el acceso para solventar sus casos. Sewell dijo que Cook se mantuvo firme en su postura de que la seguridad y la privacidad eran pilares básicos de la compañía. Cook se mostró inflexible, afirmando que cualquier intento de esquivar la seguridad podía acabar siendo muy peligroso. En cuanto se hubiera creado una puerta trasera de acceso[511], las filtraciones, los robos y los abusos serían sencillos.

Pero las fuerzas de seguridad vieron los sucesos de San Bernardino como una oportunidad para forzar la situación. «A nivel del FBI, había la sensación de que aquello era la tormenta perfecta —dijo Sewell—. Estamos ante una situación trágica. Tenemos un teléfono. Tenemos un atacante muerto. Es el momento de presionar. Y ahí fue cuando el FBI decidió interponer la demanda [el mandato ordenando a Apple la creación de una puerta trasera][512].»

---

511. Entrevista del autor con Bruce Sewell, marzo de 2018.
512. Entrevista del autor con Bruce Sewell, marzo de 2018.

La tormenta ígnea

Tal y como Cook y su equipo habían predicho, la orden del juez prendió la mecha en los medios de comunicación y estalló la tormenta. La historia dominó las noticias de aquella semana y seguiría ocupando los titulares durante dos meses. La respuesta de Apple provocó[513] la condena de las fuerzas y los cuerpos de seguridad, de políticos y de especialistas, como la senadora demócrata por California Dianne Feinstein, jefe del Comité de Inteligencia del Senado de los Estados Unidos, que instó a Apple a colaborar con el «atentado terrorista que se ha producido en mi estado», y amenazó con tomar medidas legales.

En una rueda de prensa celebrada en Manhattan, William Bratton, comisionado de policía de la ciudad de Nueva York, criticó también las políticas de Apple. Mostró un teléfono implicado en otra investigación, relacionada con el ataque con arma de fuego contra dos agentes de policía. «A pesar de disponer de una orden judicial, no podemos acceder a este iPhone —dijo a los periodistas presentes—. Dos de mis agentes murieron víctimas de un ataque, y la imposibilidad de acceder a este dispositivo nos impide seguir avanzando en el caso[514].»

Unos días más tarde, Donald Trump[515], entonces candidato presidencial, pidió un boicot contra Apple en un mitin de campaña celebrado en Pawleys Island, Carolina del Sur. Trump acusó incluso a Cook de albergar motivaciones políticas: «Tim Cook quiere montar el espectáculo, supongo que demostrar lo liberal que llega a ser». Trump

---

513. Sam Thielman y Danny Yadron, «Crunch Time for Apple as It Prepares for Face-off with FBI», *Guardian,* 27 de febrero de 2016, consultado el 14 de septiembre de 2018, www.theguardian.com/technology/2016/feb/27/apple-fbi-congressional-hearing-iphone-encryption.

514. «Apple's Line in the Sand Was Over a Year in the Making», *New York Times,* www.nytimes.com/2016/02/19/technology/a-yearlong-road-to-a-standoff-with-the-fbi.html.

515. «Donald Trump Boycott Apple If They Don't Help FBI», YouTube, 20 de febrero de 2016, consultado el 14 de septiembre de 2018, www.youtube.com/watch?v=xG7aus4ldxA.

estaba ante su público conservador, intentando hacer pasar a Cook por el mal chico liberal y utilizando la táctica del miedo para dejar claro que Apple estaba del bando de los terroristas. Posteriormente atacó a Apple vía Twitter en varias ocasiones, pidiendo de nuevo un boicot hasta que la compañía entregara la información requerida al FBI.

Con tantos políticos y funcionarios en contra de Apple, el público norteamericano se alineó también en su contra. Un sondeo Pew[516] descubrió que el 51% de la población opinaba que Apple debería desbloquear el iPhone para ayudar al FBI, y solo un 38% apoyaba la postura de Cook. Pero unos días más tarde, otro sondeo presentado por Reuters/Ipsos llegó a una conclusión distinta. Según este sondeo[517], el 46% de la población se mostraba de acuerdo con la postura de Apple, un 35% en desacuerdo y un 20% no sabía. La diferencia se atribuyó[518] a la forma de articular la pregunta. La pregunta del sondeo de Pew proporcionaba menos información sobre la postura de Apple y parecía sesgada a favor del FBI. Un análisis de los emoticonos utilizados en las redes sociales llegó a una conclusión mixta similar. Analizando los emoticonos positivos y negativos[519] que acompañaban a los tuits de la gente (caras sonrientes, enfadadas, aplausos, pulgares levantados y pulgares hacia abajo), una empresa de marketing llamada Convince & Convert descubrió una

516. Shiva Maniam, «More Support for Justice Department Than for Apple in Dispute over Unlocking iPhone», Pew Research Center for the People and the Press, 22 de febrero de 2016, consultado el 14 de septiembre de 2018, www.people-press.org/2016/02/22/more-support-for-justice-department-than-for-apple-in-dispute-over-unlocking-iphone/.

517. Jim Finkle, «Solid Support for Apple in iPhone Encryption Fight: Poll», Reuters, 24 de febrero de 2016, consultado el 14 de septiembre de 2018, www.reuters.com/article/us-apple-encryption-poll-idUSKCN0VX159.

518. Krishnadev Calamur, «Public Opinion Supports Apple over the FBI—or Does It?», *Atlantic,* 24 de febrero de 2016, consultado el 14 de septiembre de 2018, www.theatlantic.com/national/archive/2016/02/apple-fbi-polls/470736/.

519. Gabrielle Hughes, «Social Media's Response to Apple vs. the FBI», Convince and Convert, consultado el 14 de septiembre de 2018, www.convinceandconvert.com/realtime-today/social-medias-response-to-apple-vs-the-fbi/.

división bastante equitativa entre los que respaldaban a Apple y los que apoyaban al FBI. A pesar de ser un enfoque menos científico, era evidente que el público estaba dividido. Era una experiencia sin precedentes, y muchos no sabían qué pensar.

Y tampoco era tan malo, en verdad. La postura de Cook tenía cierta influencia sobre la opinión pública. En centenares de respuestas a los tuits de Trump, muchos ciudadanos defendían la actuación de Apple. Los tuits de Trump levantaban, en general, opiniones contrarias, pero la mayoría de las reacciones tendía hacia la defensa de Apple. Uno de los respondientes tuiteó: «Boicotear los productos de Apple es absurdo. A la que entren en un iPhone, nadie volverá a tener privacidad. ¡No podemos fiarnos del gobierno!»

Varias figuras de renombre[520] expresaron también públicamente su apoyo a Cook y Apple, destacando entre ellos el CEO de Facebook Mark Zuckerberg, el CEO de Google Sundar Pichai, el CEO de Twitter Jack Dorsey y Edward Snowden, el informante de la NSA. El consejo editorial del *New York Times* se puso también del lado de Apple. En un editorial titulado[521] «Why Apple Is Right to Challenge an Order to Help the F.B.I» («¿Por qué Apple tiene razón al desafiar la orden de colaborar con el FBI?»), escribieron: «Existen muchas probabilidades de que una ley así, concebida para facilitar el trabajo de las fuerzas y cuerpos de seguridad, acabe perjudicando de gran manera la seguridad de los ciudadanos, los negocios y al mismo gobierno». Cook y su equipo se mostraron de acuerdo, evidentemente, y se prepararon para continuar su batalla.

---

520. Stephen Foley and Tim Bradshaw, «Gates Breaks Ranks over FBI Apple Request», *Financial Times*, 23 de febrero de 2016, consultado el 14 de septiembre de 2018, www.ft.com/content/3559f46e-d9c5-11e5-98fd-06d75973fe09.

521. «Why Apple Is Right to Challenge an Order to Help the F.B.I.», *New York Times*, 19 de febrero de 2016, consultado el 14 de septiembre de 2018, www.nytimes.com/2016/02/19/opinion/why-apple-is-right-to-challenge-an-order-to-help-the-fbi.html.

La sala de guerra

Durante los dos meses siguientes[522], la planta ejecutiva del One Infinite Loop se convirtió en un centro de operaciones las veinticuatro horas del día, siete días a la semana, con personal encargado de enviar mensajes y responder a las preguntas de los periodistas. Un representante del departamento de relaciones con la prensa[523] comentó que había ocasiones en las que enviaron, en un mismo día y por correo electrónico, varias actualizaciones a cerca de setecientos periodistas. Lo cual contrasta de forma notable con la habitual estrategia de relaciones públicas de Apple, que consiste en notas de prensa ocasionales y en ignorar de forma rutinaria las llamadas y los correos de los periodistas.

Cook tenía además la sensación de que había que animar a las tropas, mantener la moral alta en un momento en que la compañía estaba siendo atacada por todas partes. En un mensaje enviado a los empleados de Apple, titulado «Gracias por vuestro apoyo», escribió: «Este caso va mucho más allá de un solo teléfono o una sola investigación. —Y continuó diciendo—: Está en juego la seguridad de los datos de centenares de millones de personas que respetan la ley, y se podría establecer un precedente peligroso que amenazaría las libertades civiles de todos[524]». Funcionó. Los empleados de Apple confiaban en que su líder tomaría la decisión que fuera correcta no solo para ellos, sino también para el público en general.

Cook estaba muy preocupado por la percepción que el público pudiera tener de Apple durante aquella tormenta de medios de comunicación. Y quiso aprovechar la oportunidad para educar al público sobre la

---

522. Entrevista del autor con Bruce Sewell, marzo de 2018.

523. Entrevista del autor con un empleado del Departamento de Relaciones con la Prensa de Apple, que solicitó permanecer en el anonimato, marzo de 2018.

524. «Tim Cook Says Apple's Refusal to Unlock iPhone for FBI Is a "Civil Liberties" Issue», *Guardian*, www.theguardian.com/technology/2016/feb/22/tim-cook-apple-refusal-unlock-iphone-fbi-civil-liberties.

seguridad personal, la privacidad y la encriptación. «Pienso que muchos periodistas vieron una nueva versión, una nueva cara de Apple —dijo el empleado del departamento de relaciones con la prensa, que prefirió mantenerse en el anonimato—. Actuar de aquella manera fue decisión de Tim. No tenía nada que ver con lo que se había hecho en el pasado. A veces enviábamos mensajes a los periodistas tres veces al día para mantenerlos actualizados[525].»

Fuera de las paredes de Apple, Cook se lanzó a una ofensiva de carisma. Ocho días después de publicar su carta sobre la privacidad, se sometió a una entrevista con ABC News en horario de máxima audiencia. Sentado en su despacho en el One Infinite Loop, explicó con sinceridad la postura de Apple. Fue la «entrevista más importante que ha concedido como CEO de Apple —escribió el *Washington Post*—. Cook respondió a las preguntas con una convicción tan tremenda que se mostró incluso más contundente de lo habitual. Utilizó un lenguaje afilado e intenso, calificando la petición de "el equivalente en software al cáncer", y habló sobre libertades civiles "fundamentales". Dijo que estaba dispuesto a llevar su lucha hasta el Tribunal Supremo[526]». Era patente que el líder de Apple no pensaba echarse atrás en su postura, por mucho que las cosas se pusieran complicadas.

La entrevista fue bien, y en los cuarteles generales de Apple todos los presentes en la sala de guerra consideraron que fue un hito crucial. Creían que Jobs había hecho un gran trabajo, no solo en cuanto a explicar el punto de vista de Apple, sino también en lo referente a demostrar al mundo que era un líder empático y ético en quien los usuarios podían confiar su privacidad. «No es para nada un ejecutivo empresarial rapaz,

525. Entrevista del autor con un empleado del Departamento de Relaciones con la Prensa de Apple, que solicitó permanecer en el anonimato, marzo de 2018.

526. Jena McGregor, «Tim Cook's Interview About Apple's Fight with the FBI May Be the Most Important of His Career», *Washington Post*, 26 de febrero de 2016, consultado el 14 de septiembre de 2018, www.washingtonpost.com/news/on-leadership/wp/2016/02/26/tim-cooks-interview-about-apples-fight-with-the-fbi-may-be-the-most-important-of-his-career/.

252 • LA APPLE DE TIM COOK

que está solo ahí para ganar montones de dinero —dijo Sewell—, sino que es alguien en quien puedes confiar. Alguien que hace lo que dice que hará. Y que no hace cosas maliciosas ni mal intencionadas, sino que intenta ser justo, intenta ser un buen capitán para su compañía, y que siente lo que dice y hace cosas en las que cree[527].» Los empleados de Apple conocían aquella vertiente de Tim Cook desde hacía muchos años, pero el público podía apreciarlo por primera vez. Fue una victoria para Apple, puesto que entre el público eran muchos los que no aprobaban de entrada la decisión de Apple de impedir al FBI el acceso a la información del iPhone.

Apple obtuvo una nueva victoria a finales de febrero, cuando un tribunal de Nueva York rechazó una petición del FBI para ordenar a Apple abrir el teléfono de un traficante de drogas de segunda fila. El juez James Orenstein se mostró de acuerdo con la postura de Apple de que la All Writs Act no podía utilizarse para ordenar a la compañía desbloquear sus productos. «Las implicaciones de la postura del gobierno son de amplio alcance, tanto en términos de lo que se permitiría en la actualidad como de lo que implica con respecto a las resoluciones tomadas por el Congreso en 1789[528]», declaró.

A pesar de que este caso en particular no fue vinculante para el tribunal del caso de San Bernardino, Sewell comentó que aportó a la compañía la munición que tanto necesitaban para poder combatir a la prensa. «Para nosotros fue tremendamente importante —dijo—. Nos permitió dirigirnos a la prensa y dirigirnos al público, que en general habían sido detractores, y decirles: "Esto no tiene nada que ver con el beneficio comercial de Apple. Esto no tiene nada que ver con que Apple sea aquí el malo de la película. Se trata de una posición de

---

527. Entrevista del autor con Bruce Sewell, marzo de 2018.

528. Spencer Ackerman, Sam Thielman y Danny Yadron, «Apple Case: Judge Rejects FBI Request for Access to Drug Dealer's iPhone», *Guardian*, 29 de febrero de 2016, consultado el 14 de septiembre de 2018, www.theguardian.com/technology/2016/feb/29/apple-fbi-case-drug-dealer-iphone-jun-feng-san-bernardino.

principios, y el único juez del país que se lo ha estudiado a fondo se ha mostrado de acuerdo con nosotros"[529]». Cook y Sewell confiaron en que, con el juez Orenstein de su lado, pronto serían muchos más los que se sumarian a su bando.

En los Estados Unidos no hay privacidad

A medida que la batalla se recrudeció, el apoyo por parte de los defensores de la privacidad aumentó, pero la opinión pública con respecto a la decisión de Apple seguía muy dividida. Un sondeo llevado a cabo por la NBC[530] en marzo de 2016, y en el que participaron mil doscientos norteamericanos, descubrió que el 47% de los encuestados creía que la compañía no debería cooperar con el FBI, mientras que el 42% creía que debía hacerlo. El 44% de los encuestados declaró tener miedo de que el gobierno pudiera ir demasiado lejos y violar la privacidad de los ciudadanos si Apple satisfacía sus exigencias.

Las Naciones Unidas declararon[531] su apoyo a Apple, y su ponente David Kaye argumentó que la encriptación es «fundamental para el ejercicio de la libertad de opinión y de expresión en la era digital». Kaye continuó diciendo que «la orden del FBI implica a la seguridad, y por lo tanto a la libertad de expresión, de un número desconocido, pero seguramente muy grande, de personas que confían en las comunicaciones seguras». Pero el FBI continuó con su ofensiva de relaciones públicas, con su entonces director, James Comey, diciendo a los asistentes a una

---

529. Entrevista del autor con Bruce Sewell, marzo de 2018.

530. Devlin Barrett, «Americans Divided over Apple's Phone Privacy Fight, WSJ/NBC Poll Shows», *Wall Street Journal,* 9 de marzo de 2016, consultado el 14 de septiembre de 2018, www.wsj.com/articles/americans-divided-over-apples-phone-privacy-fight-wsj-nbc-poll-shows-1457499601.

531. Buster Hein, «U.N. Backs Apple, Calls Encryption Fundamental to Freedom», Cult of Mac, 3 de marzo de 2016, consultado el 14 de septiembre de 2018, www.cultofmac.com/415765/u-n-backs-apple-calls-encryption-fundamental-to-the-exercise-of-freedom/.

conferencia sobre ciberseguridad celebrada en marzo en el Boston College que «no existe lugar que quede fuera del alcance judicial. [...] La privacidad absoluta es algo que no existe en los Estados Unidos[532]».

El punto más bajo para Apple fue cuando la fiscal general Loretta Lynch criticó a la compañía durante un discurso en la RSA de San Francisco, una conferencia especializada en cuestiones de seguridad. Lynch acusó[533] básicamente a Apple de desafiar a la ley y a los tribunales. Sus comentarios fueron ampliamente difundidos y presentados en las noticias de la noche. «Nada podría estar más alejado de la realidad —dijo Sewell—. Que la fiscal general salga en la televisión y diga "Apple está quebrantando una orden judicial y, por lo tanto, está actuando ilegalmente" es inflamatorio. [...] Muchos medios de comunicación lo interpretaron como si la fiscal general estuviera diciendo que Apple estaba [...] ignorando una orden judicial. Pero no había ninguna orden judicial[534].» El mandato del juez pedía a Apple ayuda en el caso; no obligaba a la compañía a hacerlo, una distinción que muchos críticos pasaron por alto o ignoraron por completo. Apple no estaba quebrantando ninguna ley y, por mucha presión que estuviera ejerciendo el gobierno, la compañía estaba decidida a luchar por la privacidad del usuario.

La demanda queda desestimada

Seis semanas después de que el juez presentara la demanda contra Apple, el 28 de marzo, Sewell y el equipo legal viajaron a San Bernardino para

---

532. Eugene Scott, «Comey: "There Is No Such Thing as Absolute Privacy in America"», CNN, 9 de marzo de 2017, consultado el 14 de septiembre de 2018, www.cnn.com/2017/03/08/politics/james-comey-privacy-cybersecurity/index.html.

533. SecureWorld News Team, «U.S. Attorney General Loretta Lynch Has Strong Words for Apple at RSA 2016», Cybersecurity Conferences & News, 9 de marzo de 2016, consultado el 14 de septiembre de 2018, www.secureworldexpo.com/industry-news/rsa-2016-us-attorney-general-loretta-e-lynch-has-strong-words-apple-0.

534. Entrevista del autor con Bruce Sewell, marzo de 2018.

defender sus argumentos ante el juez. Cook se estaba preparando[535] para viajar al día siguiente y testificar.

Pero aquella noche, el FBI se echó atrás y solicitó al tribunal que suspendiera con carácter indefinido la demanda contra Apple. El FBI anunció que[536] había conseguido acceder con éxito a los datos almacenados en el teléfono, aunque no explicó cómo. Posteriormente se reveló[537] que el FBI había logrado acceder al iPhone de Farook con la ayuda de una compañía israelí especializada en análisis forenses de teléfonos móviles, Celebrite. En una audiencia judicial ante el Senado[538] celebrada en mayo, la senadora Dianne Feinstein reveló que la operación le había costado al FBI 900.000 dólares. Previamente, se había reconocido[539] que el FBI no había encontrado ninguna información que no conociera y ninguna evidencia de que hubieran existido contactos con el ISIS u otras organizaciones. El FBI tuvo que dejar correr su batalla contra Apple porque, según explicó Sewell, su postura era que no podía acceder al iPhone sin la ayuda de Apple. Cuando resultó que sí pudieron acceder al teléfono, el caso se derrumbó.

Los defensores de la privacidad celebraron el final del caso y la aparente victoria de Apple. «La credibilidad del FBI ha alcanzado un nuevo

535. Entrevista del autor con Bruce Sewell, marzo de 2018.

536. Matt Zapotosky, «FBI Has Accessed San Bernardino Shooter's Phone Without Apple's Help», *Washington Post*, 28 de marzo de 2016, consultado el 14 de septiembre de 2018, www.washingtonpost.com/world/national-security/fbi-has-accessed-san-bernardino-shooters-phone-without-apples-help/2016/03/28/e593a0e2-f52b-11e5-9804-537defcc3cf6_story.html?utm_term=.7b37b9cb0d2e.

537. Ellen Nakashima, «FBI Paid Professional Hackers One-Time Fee to Crack San Bernardino iPhone», *Washington Post,* 12 de abril de 2016, consultado el 14 de septiembre de 2018, www.washingtonpost.com/world/national-security/fbi-paid-professional-hackers-one-time-fee-to-crack-san-bernardino-iphone/2016/04/12/5397814a-00de-11e6-9d36-33d198ea26c5_story.html?utm_term=.f8234cc590a4.

538. «Senator Reveals That the FBI Paid $900,000 to Hack into San Bernardino Killer's iPhone», CNBC, 8 de mayo de 2017, consultado el 14 de septiembre de 2018, www.cnbc.com/2017/05/05/dianne-feinstein-reveals-fbi-paid-900000-to-hack-into-killers-iphone.html.

539. Luke Dormehl, «FBI Found No New Information on San Bernardino Shooter's iPhone», Cult of Mac, 20 de abril de 2016, consultado el 14 de septiembre de 2018, www.cultofmac.com/424064/fbi-found-no-new-information-on-san-bernardino-shooters-iphone/.

mínimo —declaró Evan Greer, director de campaña de Fight for the Future, un grupo activista que fomenta la privacidad en la web—. Mintieron repetidamente ante los tribunales y ante el público en busca de un precedente peligroso que nos habría hecho menos seguros a todos. Por suerte, los usuarios de Internet se movilizaron rápidamente y con energía para educar al público sobre los peligros de las puertas traseras, y juntos obligamos al gobierno a echarse atrás[540].»

Pero Cook se sintió personalmente decepcionado al ver que el caso no acababa en un juicio. Por mucho que Apple hubiera «ganado» y no se hubiera visto obligada a crear una puerta trasera de acceso a su software, nada se había resuelto del todo. «Tim se quedó bastante decepcionado al ver que el caso no acababa en sentencia —explicó Sewell—. Tenía la sensación de que habría sido lo justo, y que lo más apropiado para nosotros habría sido poder demostrar nuestras teorías ante los tribunales. […] A pesar de que la situación al final no fue mala para nosotros, él habría preferido seguir adelante y someter el caso a juicio[541].» El tema sigue hoy en día pendiente de resolución. Puede resucitar en cualquier momento y, con la administración Trump, es muy probable que acabe haciéndolo. Aquello no fue más que otra escaramuza en la guerra por la privacidad y la seguridad y, a medida que la tecnología siga evolucionando, es más que posible que la batalla vuelva a surgir en el futuro.

Cook redobla la privacidad

Apple siguió mejorando sus protecciones de privacidad con el lanzamiento de iOS 11.3 en abril de 2018, que incorporó un nuevo icono

---

540. «FBI Backs Down After Public Outcry, Opens San Bernardino iPhone Without Apple's Help After Repeatedly Claiming That Was Impossible», Fight for the Future, 28 de marzo de 2016, consultado el 14 de septiembre de 2018, www.fightforthefuture.org/news/2016-03-28-fbi-backs-down-after-public-outcry-opens-san/.

541. Entrevista del autor con Bruce Sewell, marzo de 2018.

que deja explícitamente claro a los usuarios en qué momento un servicio de Apple recopila sus datos personales. «No aparecerá en todas las prestaciones, puesto que Apple recopila esta información solo cuando necesita activar prestaciones, asegurar sus servicios o personalizar la experiencia del usuario —explica la notificación que saluda a los usuarios después de actualizar su sistema operativo a iOS 11.3—. Apple considera que la privacidad es un derecho humano fundamental, y por ello todos los productos Apple están diseñados para minimizar la recopilación y la utilización de los datos del usuario, se sirven del procesamiento en el mismo dispositivo siempre que es posible y proporcionan transparencia y control de la información personal[542].»

La introducción de iOS 11.3[543] coincidió con la creciente controversia en torno a las prácticas de privacidad de Facebook, después de que saliera a la luz que Cambridge Analytica, una consultora política británica, había estado recopilando datos de usuarios de Facebook para producir comunicaciones estratégicas con la intención de influir la opinión de los votantes durante la campaña presidencial de Trump. Facebook confirmó que[544] hasta ochenta y siete millones de usuarios se habían visto afectados por las prácticas «inapropiadas» de recopilación de datos llevadas a cabo por Cambridge Analytica, y pidió perdón por no haber hecho más por monitorizar a sus desarrolladores. El escándalo encendió una discusión entre Cook y el CEO de Facebook, Mark Zuckerberg, que claramente tenían opiniones distintas en lo referente a la gestión de los datos del usuario.

---

542. William Mansell, «Apple Adds New Animoji, Battery Improvements with Latest iOS 11 Update», *Newsweek,* 30 de marzo de 2018, consultado el 14 de septiembre de 2018, www.newsweek.com/ios-113-update-whats-new-animoji-battery-issues-privacy-ios-11-features-867630.

543. Scott Detrow, «What Did Cambridge Analytica Do During the 2016 Election?», NPR, 20 de marzo de 2018, consultado el 14 de septiembre de 2018, www.npr.org/2018/03/20/595338116/what-did-cambridge-analytica-do-during-the-2016-election.

544. Anthony Cuthbertson, «How to Find Out If Your Facebook Data Has Been Compromised», *Independent,* 9 de abril de 2018, consultado el 14 de septiembre de 2018, www.independent.co.uk/life-style/gadgets-and-tech/news/facebook-cambridge-analytica-users-personal-data-how-to-find-out-information-shared-a8295836.html.

«Creo que esta situación es tan extrema y se ha hecho tan enorme que considero necesario implementar una regulación bien elaborada —dijo Cook durante una presentación en el China Development Forum, celebrado en Beijing a finales de marzo—. La posibilidad de que cualquiera sepa qué cosas has estado buscando en Internet desde hace años, quiénes son tus contactos, quiénes son los contactos de tus contactos, qué te gusta y qué no, y hasta el último detalle íntimo de tu vida, es algo que, desde mi punto de vista, no debería existir[545].» Cuando Kara Swisher, de Recode, le preguntó a Cook qué haría él de encontrarse en la situación de Zuckerberg con el Congreso exigiendo respuestas a estos asuntos, se limitó a responder: «Yo no estaría en esa situación[546]». Y así ha sido, hasta la fecha. Los usuarios de Apple pueden estar tranquilos, porque la compañía no está utilizando sus datos como lo ha estado haciendo Facebook, gracias a que Apple tiene un líder que valora por encima de todo la privacidad de sus usuarios.

545. «Apple's Tim Cook Calls for More Regulations on Data Privacy», Bloomberg, 24 de marzo de 2018, consultado el 14 de septiembre de 2018, www.bloomberg.com/news/articles/2018-03-24/apple-s-tim-cook-calls-for-more-regulations-on-data-privacy.

546. Peter Kafka, «Tim Cook Says Facebook Should Have Regulated Itself, but It's Too Late for That Now», Recode, 28 de marzo de 2018, consultado el 14 de septiembre de 2018, www.recode.net/2018/3/28/17172212/apple-facebook-revolution-tim-cook-interview-privacy-data-mark-zuckerberg.

10

Redoblando esfuerzos en diversidad

D espués de tres años como CEO al timón de Apple, Cook estaba alcanzando su pleno potencial como líder de la compañía.
Se mostraba más relajado en público, improvisaba en sus discursos,
intercalaba chistes durante las entrevistas y accedía encantado a hacerse *selfies* allí donde iba. Su colega Greg Joswiak comentó que todo
el mundo estaba deslumbrado con él, que incluso atletas famosos y
estrellas de cine querían fotografiarse con Cook. «Incluso entre las
celebridades, Tim parece una de las más grandes, aunque no actúa
como si lo fuera —dijo Joswiak—. No se le pasa ni por la cabeza.
Nunca se comporta como una celebridad. Se comporta como
Tim[547].»

Lejos de la mirada pública, los seis valores de Cook estaban cambiando la cultura de Apple. La compañía nunca se había mostrado tan
consagrada a fomentar la diversidad, la igualdad, la educación y la accesibilidad. El año 2014 fue trascendental para Cook como CEO, pero
pasaría a la historia por una razón muy especial.

---

547. Entrevista del autor con Greg Joswiak, marzo de 2018.

El 30 de octubre[548], Cook escribió un sentido artículo para Bloomberg, titulado «Tim Cook Speaks Up» («Tim Cook se sincera»), en el que reveló públicamente que era gay. Habían corrido rumores sobre su sexualidad y Cook dice que se había mostrado abierto con «numerosos» colegas de Apple, pero aquella era la primera vez que lo confirmaba ante el mundo. «A pesar de que nunca he negado mi sexualidad, tampoco la he reconocido públicamente, hasta ahora —escribió—. Así que voy a ser muy claro: me siento orgulloso de ser gay, y considero que ser gay es uno de los mejores regalos que Dios me ha dado.» Cook, el primer CEO de una compañía Fortune 500 que salía del armario, continuaba su escrito diciendo que «ser gay me ha ayudado a comprender con profundidad lo que significa formar parte de la minoría, y me ha proporcionado una ventana desde la que observar los retos a los que se enfrentan a diario los integrantes de otros grupos minoritarios».

Ser gay, explicó Cook, le hacía ser más empático y le proporcionaba confianza para ser él mismo, para seguir su propio camino y alzarse por encima de la diversidad y la intolerancia. «Me ha dado también la piel de un rinoceronte, algo que resulta muy útil cuando eres el CEO de Apple.» Destacó lo mucho que había cambiado el mundo desde que era niño, que los Estados Unidos estaban avanzando hacia el matrimonio entre miembros del mismo sexo y que el hecho de que otras figuras estuviesen saliendo también del armario hacía que la cultura del país fuese «más tolerante». Afirmó no considerarse un activista, pero dijo ser consciente de lo mucho que se había beneficiado del sacrificio de otros. «Así que, si oír que el CEO de Apple es gay puede ayudar a otros a afrontar su condición, o aportar consuelo a quien se sienta solo, o inspirar a otras personas para que defiendan la igualdad, entonces vale la pena sacrificar mi propia privacidad.»

---

548. «Tim Cook Speaks Up», Bloomberg, 30 de octubre de 2014, consultado el 13 de septiembre de 2018, www.bloomberg.com/news/articles/2014-10-30/tim-cook-speaks-up.

Posteriormente, en *The Late Show* de la CBS, Cook dijo que había decidido hacer pública su orientación sexual después de comprender que con ello podía ayudar la juventud homosexual del país. «Los niños sufren acoso en el colegio, los niños sufren discriminación, los propios padres de esos niños reniegan de ellos. Necesitaba hacer alguna cosa —declaró—. Valoro mucho mi privacidad, pero tenía la sensación de que lo que podía hacer por otras personas era mucho más valioso si cabe. Por eso he querido revelar a todo el mundo mi verdad[549].»

La decisión de Cook de hacer pública su homosexualidad, cuatro meses después de encabezar la comitiva de ocho mil empleados de Apple en la cuadragésima tercera edición de la San Francisco Annual Pride Parade, fue recibida como una gran noticia entre los fans de Apple y la comunidad tecnológica, un paso que cosechó reacciones mayoritariamente positivas. «De un hijo del Sur y fanático de los deportes a otro, me quito el sombrero», tuiteó el antiguo presidente de los Estados Unidos, Bill Clinton[550]. «Palabras inspiradoras del CEO de Apple, Tim Cook, sobre ser gay y defender la igualdad[551]», añadió el emprendedor multimillonario Richard Branson. Lloyd Blankfein, presidente y CEO de Goldman Sachs, dijo: «Es el director ejecutivo de la compañía número uno de Fortune. Las cosas tienen consecuencias según quien las haga, y estamos hablando de Tim Cook y de Apple. Esto tendrá un eco muy potente[552]». Bob Iger, CEO de Walt Disney Company, dijo: «Tim

---

549. «Tim Cook on Speaking Up for Equality», YouTube, publicado por *The Late Show with Stephen Colbert*, 16 de septiembre de 2015, consultado el 14 de septiembre de 2018, www.youtube.com/watch?v=ZEq1qwos0w4.

550. Bill Clinton, entrada de Twitter, 30 de octubre de 2014, 10.15 horas, https://twitter.com/billclinton/status/527871526637699073.

551. Richard Branson, entrada de Twitter, 30 de octubre de 2014, 7.35 horas, https://twitter.com/richardbranson/status/527831152137355264.

552. James B. Stewart, «The Coming Out of Apple's Tim Cook: "This Will Resonate"», *New York Times*, 31 de octubre de 2014, consultado el 14 de septiembre de 2018, www.nytimes.com/2014/10/31/technology/apple-chief-tim-cooks-coming-out-this-will-resonate.html.

ha sacrificado su privacidad para garantizar que toda una generación joven entienda que es importante, no importa quién seas[553]». El *Huffington Post* declaró que Cook había «cambiado América de un modo que Jobs nunca logró cambiar[554]». Teniendo en cuenta que no había otros CEO de compañías de la lista Fortune 500 que hubieran salido del armario, cabría esperar que la revelación de Cook fuera mal aceptada. Pero, en realidad, no hubo una gran reacción. El artículo de Cook nunca fue considerado una bomba de relojería.

Lisa Jackson, vicepresidenta de medioambiente e iniciativas políticas y sociales de Apple, recibió un correo de Cook la noche antes de la publicación de su carta. Quería que ella la viera antes de que llegara a los quioscos. «Me sentí como si estuviera siendo testigo de un acto de servicio, valentía y coraje, de un liderazgo como jamás había visto en mi vida —dijo, claramente conmovida—. Sabes lo que eso significa para muchísima gente. Sabes lo que significa para muchísimos niños. Conoces a gente joven, adolescentes, estudiantes, gente que tiene la sensación de que no hay nadie ahí preocupándose por ellos. [...] Tim es un luchador, y tenerlo de tu lado es, sin lugar a dudas, muy bueno[555].»

Por cada tuit, publicación en Facebook o columna celebrando la noticia, hubo el doble de chistes graciosos. «¿No habría sido más interesante que Cook confesase que utiliza Windows?[556]», dijo un usuario de Twitter. Y alusiones a Samsung en toda regla: «¡Samsung acaba de anunciar que su próximo CEO será gay! —bromeó David Wolf, añadien-

553. «Tim Cook Receives the HRC Visibility Award», YouTube, publicado por Human Rights Campaign, 3 de octubre de 2015, consultado el 14 de septiembre de 2018, https://youtu.be/iHguhlFE_ik.

554. Mark Gongloff, «Tim Cook Just Changed America in a Way Steve Jobs Never Could», *Huffington Post,* 5 de noviembre de 2014, consultado el 14 de septiembre de 2018, www.huffingtonpost.com/2014/10/30/tim-cook-coming-out-water_n_6075388.html.

555. Entrevista del autor con Lisa Jackson, marzo de 2018.

556. David Lazarus, entrada de Twitter, 30 de octubre de 2014, 10.48 horas, https://twitter.com/Davidlaz/status/527879616963170304.

do—: "Nuestro CEO gay será un 25% más gay que Tim Cook", ha declarado Samsung en una nota de prensa[557]».

Wall Street tampoco se mostró desconcertado ante el artículo de Cook y, en cuanto saltó la noticia, la acción de Apple se mantuvo exactamente en las mismas condiciones que antes de abrir la sesión, cayendo menos de un 1% después de la apertura oficial del mercado. «Por decirlo de otro modo: el CEO de la compañía más valiosa del mundo ha anunciado que es un hombre gay y a Wall Street le trae completamente sin cuidado[558]», escribió Seth Fiegerman de Mashable. Gene Munster, analista de Apple, describió la noticia como «algo sin relevancia, puesto que Tim ya ha demostrado que es un CEO excelente». En un artículo de opinión para la CNBC, escrito en colaboración con el analista de Piper Jaffray, Doug Clinton, Munster dijo: «Podría parecer extraño que analistas de Wall Street reflexionen sobre un tema tan personal, y reconocemos que el anuncio es más grande que las acciones de AAPL. Pero la decisión de Cook de anunciar que es gay podía en teoría haber tenido un impacto sobre el valor de la acción, y muchos se preguntaban si lo impactaría. Vimos satisfechos cómo los inversores votaron por mantener el precio de la acción prácticamente inalterable, lo que demuestra que Tim Cook es un CEO tan capaz hoy como lo era antes del anuncio[559]».

Se desconoce si Cook tiene alguna relación. Jamás ha sido fotografiado en pareja por los *paparazzi* y apenas corren rumores sobre su vida privada. Un rumor —el de que mantenía una relación con un capitalista de riesgo de Silicon Valley— fue rápidamente retirado de la cuenta

---

557. David [Wolf], entrada de Twitter, 30 de octubre de 2014, 11.04 horas, https://twitter.com/WolfSnap/status/527883649153527808.

558. Seth Fiegerman, «Tim Cook Just Publicly Declared He's Gay and Wall Street Doesn't Care», Mashable, 30 de octubre de 2014, consultado el 14 de septiembre de 2018, https://mashable.com/2014/10/30/tim-cook-gay-wall-street-doesnt-care/#S9sz_Qn8psq6.

559. «Investors Don't Care That Tim Cook Is Gay», CNBC, www.cnbc.com/2014/10/31/investors-dont-care-that-tim-cook-is-gaycommentary.html.

Instagram que lo publicó (y que ahora es privada). Había numerosas fotografías del hombre en cuestión con su pareja, y no era Tim Cook. Cook vive aparentemente solo en Palo Alto. Si tiene una relación, debe de resultarle muy complicado mantenerla en privado. Uno se pregunta si sale a cenar fuera, si asiste a fiestas o si se toma vacaciones. Para la investigación de este libro no he profundizado en absoluto en su vida personal. Cook sigue manteniendo privada su vida privada y lo respeto encantado.

Casi un año después del artículo publicado en Bloomberg, Cook fue galardonado con un Visibility Award[560] en la decimonovena cena nacional anual de Human Rights Campaign (HRC), la organización a favor de los derechos civiles de la comunidad LGTBI más importante de los Estados Unidos. «Tim Cook es un visionario cuyo liderazgo de Apple debe calificarse de remarcable —dijo el presidente de HRC, Chad Griffin—. Su disposición a revelar con valentía y transparencia su verdad no solo ha dado esperanzas a innumerables personas de todo el mundo, sino que además ha salvado vidas. Gracias a su ejemplo, y al compromiso con la igualdad de Apple, los jóvenes LGTBI contemplan ahora la increíble carrera profesional de Tim Cook y saben que ya nada les retiene. Pueden soñar todo lo grande que su mente les permita; incluso, si lo desean, pueden soñar con ser el CEO de una de las compañías más grandes del mundo.» La HRC galardonó a Cook por su impacto en «la comunidad empresarial norteamericana y en todo el mundo», por hacer de Apple uno de los primeros y principales apoyos del Acta e Igualdad y por prestar su voz a favor de la plena igualdad de la comunidad LGTBI.

«Me siento orgulloso de formar parte de esta comunidad —dijo Cook a la multitud congregada con motivo de la cena anual de HRC—. Como algunos recordaréis, escribí un artículo profundamente perso-

---

560. «Tim Cook at the Human Rights Campaign Annual Gala», C-SPAN, 3 de octubre de 2015, consultado el 14 de septiembre de 2018, www.c-span.org/video/?328534-2/tim-cook-human-rights-campaign-annual-gala.

nal. Quería prestar mi voz a todas aquellas personas que tal vez no estaban aún preparadas para hacer oír la suya. Fue una carta abierta al público, pero estaba dirigida a todos aquellos que habían sido rechazados por sus amigos, por sus comunidades, por sus familias, simplemente por ser quienes son». Cook afirmó no haber escrito aquel ensayo para reclamar la atención hacia su persona, por mucho que nunca nadie sugiriera que ese había sido su objetivo, y añadió, que a pesar de ser una persona muy privada, «a veces tienes que expresarte en voz alta. Porque la gente necesita oír que ser gay no es ninguna limitación —dijo, radiante—. La gente necesita oír que ser gay no restringe tus opciones en la vida. La gente necesita oír que puedes ser gay, o transgénero, y ser en la vida todo aquello que desees ser».

Durante el discurso de aceptación del galardón, Cook reveló que la respuesta a su artículo había sido abrumadora, que le había contactado gente de todo el mundo para hablarle sobre su lucha y que muchos le habían manifestado su deseo de poder hacer más cosas para ayudar a sus seres queridos. Hubo quien incluso le comentó que sus palabras habían sido una fuente de inspiración a partir de la cual poder compartir por primera vez detalles sobre su orientación sexual. «Algunas de las cartas más conmovedoras que he recibido están remitidas por padres que aman a sus hijos por encima de todo y que sufren viéndolos luchar por ser aceptados —prosiguió—. Y muchas de las cartas más esperanzadoras son de personas que simplemente manifiestan que se sienten felices al ver que el mundo está cambiando para mejor». Compartió con el público un mensaje que había recibido de un veterano de Vietnam residente en Oregón: «Tim, confío en que llegue el día en que la gente escuche anuncios como el que tú acabas de hacer y los reciba con un bostezo de aburrimiento —decía—. Tendríamos que aprender a aceptar a las personas simplemente por lo que son, porque son buenos seres humanos y porque intentan mejorar nuestra vida dando lo mejor de sí mismas. ¿Acaso no es esto la forma de vida americana?»

Cook manifestó estar de acuerdo con esta postura, pero reconoció también que a Estados Unidos le queda aún mucho camino por recorrer antes de que todos sus ciudadanos puedan disfrutar de una protección igualitaria. A pesar de los cambios que está experimentando la sociedad norteamericana, con la sentencia del Tribunal Supremo a favor de la legalización del matrimonio entre personas del mismo sexo y la aparición de series de televisión como *Will & Grace* y *Modern Family*, con homosexuales en los papeles protagonistas, los Estados Unidos tienen aún mucho trabajo que hacer en este sentido. Cook señaló directamente a los treinta y un estados de los Estados Unidos que en aquel momento seguían sin tener leyes que protegieran de la discriminación a las personas homosexuales y transexuales, y la ausencia de protección legal a nivel estatal para aquellas personas que sufren despidos o desahucios por «ser quién son y por amar a quién aman». Condenó a los padres que envían a sus hijos a sesiones de terapia en busca de «una cura a su enfermedad» y a los acosadores que empujan a muchos al borde del suicidio. Reconoció asimismo que la comunidad LGTBI no era la única que se enfrentaba a desigualdades. «Mi punto de vista al respecto es muy simple: cualquier tipo de discriminación es un atraso —dijo, recibiendo el aplauso ensordecedor de los asistentes—. Y como todos nosotros sabemos, la discriminación es algo que no desaparece de la noche a la mañana. Que no se elimina por sí solo. Hay que rechazarla, desafiarla, superarla y, luego, mantenerla a raya. Y esto exige determinación. Exige mantenerse alerta». Y concluyó pidiendo que defensores de la causa y activistas como HRC y compañías globales como Apple, jugarán un papel importante en la lucha por la igualdad. «Porque juntos, allanaremos el camino soleado que nos conducirá hacia la justicia.»

El antiguo vicepresidente, Joe Biden, que dio el discurso inaugural de la cena de HRC, acompañado por una cifra record de funcionarios LGTBI de la administración Obama, elogió la decisión de Cook de hacer pública su orientación sexual. Biden describió a Cook como un hombre «que ha puesto el mundo bocabajo, que comprende que la igualdad no es solo un imperativo moral, sino que además está en el corazón de nuestro poder económico y de nuestro dinamismo». Cook «ha animado como nunca a muchos hombres y mujeres brillantes de la comunidad LGTBI», añadió.

Greg Joswiak, vicepresidente[561] mundial de marketing de producto de Apple, comentó que la revelación de Cook representó el punto de inflexión de su liderazgo en Apple. Internamente, el personal de Apple ya había visto que era un líder excepcional, pero el mundo no se había enterado todavía. La salida del armario de Cook fue el acto de liderazgo que dijo con claridad al mundo que Cook tenía personalidad propia. «El mundo estaba empezando a respetar todo el trabajo que estaba haciendo —añadió Joswiak—. Y para mí fue el punto de inflexión. [...] Creo que fue cuando el mundo lo reconoció.»

Personaje del Año

En 2014, como resultado de sus logros personales y de los resultados de Apple[562], Cook fue nombrado Personaje del Año por el *Financial Times*. «Los éxitos financieros y la asombrosa tecnología habrían bastado para que el duro CEO de Apple recibiera los votos de *FT* para ser designado Personaje del Año 2014, pero la valiente exposición de sus valores que ha hecho el señor Cook lo ha distinguido también», explicaron Tim Bradshaw y Richard Waters, del mencionado periódico.

El Financial Times elogió a Cook por haber mantenido la templanza durante los ataques recibidos por determinados inversores y durante los

561. Entrevista del autor con Greg Joswiak, marzo de 2018.

562. Tim Bradshaw y Richard Waters, «Person of the Year: Tim Cook of Apple», *Financial Times,* 11 de diciembre de 2014, consultado el 14 de septiembre de 2018, www.ft.com/content/4064a6fe-7fd7-11e4-adff-00144feabdc0.

episodios de pérdida de fe entre quienes temían que Apple no seguiría su carrera de éxitos después del fallecimiento de Jobs; por defender la diversidad, la sostenibilidad y la transparencia en la cadena de suministro de la compañía; y, por encima de todo, por haber revelado públicamente su orientación sexual. «Fue vislumbrar de forma excepcional su tan íntimamente preservada vida personal, lo que supuso además un riesgo para la marca Apple en lugares del mundo menos tolerantes —dijo el periódico, aludiendo al ensayo que había publicado Cook—. Su elocuente defensa de la igualdad llegó tras un año de avances titubeantes en la causa del matrimonio gay en los Estados Unidos y en un momento en que las discusiones sobre la falta de diversidad entre la gente que dirige las compañías de Silicon Valley, que de un modo tan importante conforman nuestra cultura, son encarnizadas.»

Cook fue reconocido asimismo por haber incorporado tres mujeres al que en su día fuera un equipo ejecutivo integrado única y exclusivamente por hombres de raza blanca, y por cambiar los estatutos de la compañía para integrar en ellos el compromiso de buscar candidatos de minorías para cubrir los puestos directivos. «Pensé que sería imposible sustituir a Steve y, hasta cierto punto, es cierto —reconoció al *Financial Times* el profesor Michael Cusumano, de la MIT Sloan School of Management—. Pero internamente, su espíritu sigue vivo y la compañía se está organizando en torno a una cultura menos beligerante. Y eso tenemos que reconocérselo a Tim[563].»

La igualdad y la diversidad son buenas para el negocio

La orientación sexual de Cook influyó evidentemente en su visión de la igualdad y la diversidad. A menudo sucede que para defender a otros

563. Bradshaw y Waters, «Person of the Year: Tim Cook of Apple».

marginados hay que ser un marginado. Cook estaba creando en Apple una cultura menos beligerante y más justa, donde se defendía la igualdad y la diversidad. En noviembre de 2013[564] redactó su primer artículo de opinión como CEO de Apple para el *Wall Street Journal,* que tituló «Workplace Equality Is Good for Business» («La igualdad en el entorno laboral es buena para el negocio») y en el que reiteraba su compromiso con «la creación de un lugar de trabajo seguro y acogedor para todos los empleados, independientemente de su raza, género, nacionalidad u orientación sexual».

«Mucho antes de que empezara a trabajar como CEO de Apple, tomé consciencia de una verdad fundamental —empezaba el artículo—. La gente está mucho más dispuesta a dar al máximo cuando su personalidad se ve totalmente reconocida y aceptada.» Animó a los senadores a dar su apoyo a la Ley de No Discriminación Laboral y de este modo prohibir la discriminación laboral sobre la base de la orientación sexual o la identidad de género, real o percibida. «Mientras la ley siga silenciando los derechos laborales de los gais y las lesbianas norteamericanos, estaremos, como nación, consintiendo de forma efectiva a la discriminación contra ellos —concluyó—. El Congreso debería aprovechar la oportunidad para dar un golpe contra esta intolerancia aprobando la Ley de No Discriminación Laboral.» La ley fue aprobada por el Senado en noviembre de 2013, con apoyo bipartito, por una votación de 64-32.

Innovación a través de la diversidad

La diversidad en el lugar de trabajo —uno de los valores básicos de Cook— forma también parte de su estrategia de innovación. Cook cree

---

564. Tim Cook, «Workplace Equality Is Good for Business», *Wall Street Journal,* 3 de noviembre de 2013, consultado el 14 de septiembre de 2018, www.wsj.com/articles/workplace-equality-is-good-for-business-1383522254.

que una fuerza laboral diversa no solo es buena por derecho propio, sino que es además algo que ayudará a Apple a innovar, aportando una variedad de voces y experiencias al proceso de desarrollo de productos. De hecho, lo ha plasmado en términos más potentes si cabe: la diversidad es «el futuro de nuestra compañía[565]», dijo en 2015. Cook había dicho que Apple es una «compañía mejor» y crea mejores productos siendo más diversa en experiencia, conocimiento y puntos de vista. «Una de las razones por las que los productos Apple funcionan realmente bien [...] es porque las personas que trabajan en ellos no son solo ingenieros e informáticos, sino también artistas y músicos. Es esta intersección de las artes liberales y las humanidades con la tecnología lo que crea productos mágicos.»

Compañías como Apple, que se extienden por todo el planeta, necesitan gente capaz de trabajar con compañeros de todo el mundo y de ofrecer sus servicios a clientes de todo el mundo, explicó Cook en una entrevista concedida al *Auburn Plainsman,* el periódico estudiantil de la universidad donde cursó sus estudios. «El mundo actual está entretejido, mucho más que cuando yo salí de esta universidad —dijo—. Por eso es imprescindible comprender a fondo las culturas del mundo. —Y añadió—: He aprendido no solo a valorar esto, sino también a apreciarlo. Lo que hace del mundo un lugar interesante son nuestras diferencias, no nuestras similitudes[566].»

Cook valora mucho un equipo ejecutivo diverso, y explicó a Charlie Rose que los miembros de su equipo, que poseen un talento excepcional, eran «capaces de hacer cosas increíbles» y estaban contribuyendo al enorme éxito de él y de su compañía gracias a sus diferencias. Destacó a Jony Ive, a Craig Federighi, a Jeff Williams, a Dan Riccio y a la nueva

565. Christina Warren, «Exclusive: Tim Cook Says Lack of Diversity in Tech Is "Our Fault"», Mashable, 8 de junio de 2015, consultado el 14 de septiembre de 2018, https://mashable.com/2015/06/08/tim-cook-apple-diversity-women-future/.

566. Corey Williams, «Tim Cook Discusses Diversity, Inclusion with Students», *Auburn Plainsman,* 6 de abril de 2017, consultado el 14 de septiembre de 2018, www.theplainsman.com/article/2017/04/tim-cook-discusses-diversity-inclusion-with-students.

directora del canal minorista, Angela Ahrendts, y dijo: «Trabajar con ellos es un privilegio del que se disfruta una vez en la vida». Destacó que esos ejecutivos, con sus distintos talentos, complementaban el suyo. «Creo en la diversidad con D mayúscula —le dijo a Rose—. Y me refiero a diversidad de ideas y a diversidad en cualquier sentido que quieras tener en cuenta. Y por eso, la gente que me rodea no es como yo. Poseen competencias que yo no poseo. —Y continuó—: Todos son expertos funcionales. Y luego, nosotros, colectivamente, hacemos las cosa, trabajamos juntos como equipo. Porque en nuestra compañía el trabajo se desarrolla a nivel horizontal, no vertical.» Reconoció que los ejecutivos de Apple discuten y debaten, y que no siempre se ponen de acuerdo en todo. «Pero tenemos un gran respeto el uno por el otro, confiamos el uno con el otro y nos complementamos el uno con el otro. Y eso hace que todo funcione[567].»

Pero, por mucho que este equipo ejecutivo sea diverso en cuanto a ideas, carece de verdadera diversidad en lo que a raza y género se refiere. La mención que hace Cook de «diversidad con D mayúscula» es una forma de esquivar el hecho evidente de que el liderazgo de Apple sigue siendo abrumadoramente blanco y masculino. Cook ha dado pasos de gigante en cuanto a incorporar más mujeres y personas de color a los cargos directivos de Apple, pero es evidente que no son suficientes. Cook parece sincero en sus esfuerzos para cambiar Apple y el sector tecnológico en un sentido más amplio, y también es verdad que esos cambios llevan su tiempo, pero Apple podría y debería estar haciendo mucho más para llegar a ser una compaña más diversa.

Cook ha estado animando proactivamente la contratación de empleados de minorías infrarrepresentadas, como minusválidos y veteranos de guerra, y cree que los líderes no están hablando lo bastante sobre di-

---

567. Sam Colt, «Tim Cook Gave His Most In-Depth Interview to Date–Here's What He Said», Business Insider, 20 de septiembre de 2014, consultado el 13 de septiembre de 2018, www.businessinsider. com/tim-cook-full-interview-with-charlie-rose-with-transcript-2014-9.

versidad. Citó la frase «el espantoso silencio de la gente buena», del doctor King, diciendo que parte del problema está en que la gente con buenas intenciones no alza la voz. No es un tema con el que se comprometan muchos CEO. Alzar la voz puede ser difícil «porque, por desgracia, la sociedad recompensa la actitud de pasar desapercibido [...] pero seguir así no conseguirá nunca [...] que el país avance, que las industrias o las compañías avancen. El problema de la diversidad no se soluciona de esta manera». La solución implica hablar sobre el problema y enfrentarse a él, además de instituir programas que lo aborden. «Intento mirarme al espejo y preguntarme sí estoy haciendo lo suficiente —dijo—. Y si la respuesta es no, intento hacer algo más.»

Cook se muestra optimista y piensa que el cambio acabará produciéndose. «Estoy convencido de que acabaremos cambiando radicalmente la situación —le dijo a Mashable—. No es algo que pueda suceder de la noche a la mañana, lo sabemos. Pero, por otro lado, no es un tema irresoluble. Es fácilmente solucionable. La mayoría de los problemas están creados por el hombre y, por lo tanto, pueden solventarse.» Y él piensa hacer todo lo que esté en sus manos para solventarlo. «Si crees, como creemos nosotros, que la diversidad lleva a la creación de mejores productos, y si nuestro objetivo es crear productos que enriquezcan la vida de la gente, es evidente que pondremos una tonelada de energía para impulsar la diversidad del mismo modo que tú pondrías una tonelada de energía para impulsar cualquier cosa que sea realmente importante[568].»

La promoción de las mujeres

Cook ha expresado a menudo su preocupación con respecto a la escasa cantidad de mujeres que trabaja en el sector tecnológico. «Creo que los

---

568. Warren, «Exclusive: Tim Cook Says Lack of Diversity in Tech Is "Our Fault"».

Estados Unidos perderán su liderazgo en la tecnología si esto no cambia —explicó al *Plainsman*—. Las mujeres forman una parte muy importante de nuestra fuerza laboral. Si los campos relacionados con las ciencias y la tecnología siguen teniendo esta representación tan escasa de mujeres, no habrá innovación suficiente en los Estados Unidos. Es así de simple[569].»

Cook dijo que, cuando el sector tecnológico se encoge colectivamente de hombros con indiferencia y argumenta que a las mujeres no les interesa hacer carrera profesional en el ámbito de la tecnología, se está «escurriendo el bulto». Cree que el sector tiene que adquirir la responsabilidad de atraer a más mujeres. «Pienso que la culpa es nuestra [...] de la comunidad tecnológica —dijo—. Creo que, en términos generales, no hemos hecho suficiente para llegar a las mujeres jóvenes y demostrarles que puede llegar a ser muy interesante y divertido[570].»

Una manera importante de fomentar una participación mayor de mujeres en las carreras científicas y tecnológicas es teniendo más modelos a imitar femeninos. Hasta muy recientemente, Bozoma Saint John era una de las líderes de Apple de alto nivel. En Apple tenía un perfil muy público. Ver a mujeres ocupando puestos de liderazgo en el sector tecnológico es importante, defiende Cook. Que un colectivo esté debidamente representado es importante.

Durante el desempeño de su puesto como CEO de Apple, Cook se ha mostrado proactivo en cuanto a incrementar la diversidad en la compañía. Ha fomentado el fichaje y la promoción de mujeres y miembros de minorías para ocupar puestos ejecutivos. En septiembre de 2011[571]

569. Williams, «Tim Cook Discusses Diversity, Inclusion with Students».

570. Warren, «Exclusive: Tim Cook Says Lack of Diversity in Tech Is "Our Fault"».

571. Eric Slivka, «Apple's Eddy Cue Promoted to Senior Vice President for Internet Software and Services», MacRumors, 1 de septiembre de 2011, consultado el 14 de septiembre de 2018, www.macrumors.com/2011/09/01/apples-eddy-cue-promoted-to-senior-vice-president-for-Internet-software-and-services/.

ascendió al cubano norteamericano Eddy Cue al puesto de vicepresidente sénior de software y servicios de Internet. En mayo de 2013 contrató a Lisa Jackson, la primera afroamericana al mando de la EPA, para dirigir las iniciativas medioambientales de la compañía. En octubre de aquel mismo año contrató a Angela Ahrendts, antigua CEO de Burberry, para supervisar las tiendas de Apple. En 2014 promocionó[572] a Denise Young Smith como directora de recursos humanos, y en mayo de 2017[573] volvió a promocionarla como vicepresidenta de diversidad e inclusión. Aquel mismo año[574], Sue Wagner, socia fundadora y directora de BlackRock, fue nombrada miembro de la junta directiva de Apple.

Cook instituyó también un informe anual[575] de «inclusión y diversidad», similar a los informes anuales de responsabilidad medioambiental y con los proveedores de la compañía. Estos informes públicos de alta visibilidad dan fe de la seriedad de Apple con respecto a estas iniciativas. Estos informes parecen estar diseñados para que la presión sobre compañía y los ejecutivos no afloje en ningún momento.

Bajo la dirección de Cook, Apple ha incrementado el número de personas de color que aparecen en sus campañas publicitarias y de marketing. Todos los anuncios y materiales de marketing de Apple exhiben un elenco diverso. Apple ha incrementado asimismo el número de mujeres que aparece en sus conferencias de presentación. Mientras que en tiempos de Jobs era principalmente Steve Jobs quien ocupaba el escena-

572. Peter Burrows, «Apple Promotes Young Smith to Run Human Resources», Bloomberg, 11 de febrero de 2014, consultado el 14 de septiembre de 2018, www.bloomberg.com/news/articles/2014-02-11/apple-promotes-young-smith-to-run-human-resources.

573. Buster Hein, «Apple Promotes Denise Young Smith to Lead Diversity Efforts», Cult of Mac, 23 de mayo de 2017, consultado el 14 de septiembre de 2018, www.cultofmac.com/482976/apple-promotes-denise-smith-lead-diversity-efforts/.

574. «Sue Wagner Joins Apple's Board of Directors», Apple, 17 de julio de 2014, consultado el 14 de septiembre de 2018, www.apple.com/newsroom/2014/07/17Sue-Wagner-Joins-Apple-s-Board-of-Directors/.

575. Megan Rose Dickey, «Apple Releases First Diversity Report Under New VP of Diversity and Inclusion», TechCrunch, 8 de noviembre de 2017, consultado el 14 de septiembre de 2018, https://techcrunch.com/2017/11/09/apple-diversity-report-2017/.

rio, con Cook son muchos más los empleados de Apple, con frecuencia mujeres, los que se encargan de presentar los productos. Una sarcástica publicación de Quartz[576] de 2015 mostraba en un gráfico todas las veces que una mujer había aparecido en las presentaciones de nuevos productos de Apple en los dos años anteriores: 0, 0, 0, 0, 0 0 y 0. Pero después de que Cook dijera[577] que estaba «completamente» de acuerdo con que era necesario tener más mujeres en el escenario, la presentación en la WWDC de junio de 2018 tuvo seis mujeres presentadoras, todas ellas ocupando puestos de liderazgo en la compañía.

Cook habla muy en serio cuando dice que quiere fomentar la diversidad pero, por desgracia, el ritmo del cambio es glacial, puesto que depende no solo de que se produzca un cambio en la actitud de la gente, sino también de la rotación de la fuerza laboral. La mayoría de los líderes actuales de Apple lleva décadas en la compañía y probablemente seguirá allí muchos años más. Lo mismo puede decirse del personal de base. La mayoría de los empleados de Apple seguirá en la compañía veinte años o más, y el cambio de cara del personal llevará décadas. El cambio se está produciendo, pero no al ritmo que debería.

La composición del personal de Apple

El primer informe de diversidad de Apple fue publicado en agosto de 2014 y reveló lo que mucha gente ya sabía: que Apple es una compañía mayoritariamente masculina y blanca. En 2014, el 70% de los

576. Dan Frommer, «All the Women on Stage at Apple Keynotes, Charted», Quartz, 8 de junio de 2015, consultado el 14 de septiembre de 2018, https://qz.com/422340/all-the-women-on-stage-at-apple-keynotes-charted/.

577. «Apple Brought More Women to the Front at WWDC This Year. But Are the Numbers Good Enough?», *Economic Times*, 5 de junio de 2018, consultado el 14 de septiembre de 2018, https://economictimes.indiatimes.com/magazines/panache/apple-brings-more-women-to-the-front-at-wwdc-this-year-but-are-the-numbers-good-enough/articleshow/64461770.cms.

empleados de Apple[578] a nivel global eran hombres, y solo un 30% eran mujeres. En los Estados Unidos, el 55% del personal de Apple era de raza blanca, siendo los asiáticos el segundo grupo étnico en importancia, con un 15%. Los hispanos sumaban el 11% y un 7% se identificaba como negro (en comparación con cerca del 13% de la población norteamericana en general). Los que no declaraban su etnia formaban el 12% restante. Por desgracia, la mayoría de los empleados de minorías infrarrepresentadas trabajaban en las tiendas de Apple, no en puestos de ingeniería bien remunerados o en puestos directivos.

Cook expresó su decepción con los resultados. «Como CEO, no me siento satisfecho[579] con los números que veo en esta página —dijo en una declaración recogida en la página web donde se publicó el informe—. No es ninguna novedad para nosotros, y llevamos ya tiempo trabajando duro para mejorarlos. Estamos haciendo avances, y tenemos el compromiso de ser tan innovadores en la mejora de la diversidad como lo somos con el desarrollo de nuestros productos.» Reafirmó su compromiso con incrementar la diversidad en Apple.

Pero la situación no ha mejorado mucho en los últimos años. En noviembre de 2017[580], el porcentaje de mujeres se había incrementado mínimamente, mientras que el de los grupos minoritarios había perdido terreno. En los Estados Unidos, la fuerza laboral con perfil tecnológico —las bases, incluyendo los trabajadores de las tiendas— estaba integrada por un 52% de empleados de raza blanca y un 77% de hombres. El año anterior, los porcentajes estaban en 55% de raza blanca y

578. Josh Lowensohn, «Apple's First Diversity Report Shows Company to Be Mostly Male, White», The Verge, 12 de Agosto de 2014, consultado el 14 de septiembre de 2018, www.theverge.com/2014/8/12/5949453/no-surprise-apple-is-very-white-very-male.

579. Lowensohn, «Apple's First Diversity Report Shows Company to Be Mostly Male, White».

580. Juli Clover, «Apple Publishes New Diversity and Inclusion Report», MacRumors, 9 de noviembre de 2017, consultado el 14 de septiembre de 2018, www.macrumors.com/2017/11/09/apple-diversity-inclusion-2017-report/.

77% de hombres. La proporción de minorías infrarrepresentadas[581] —negros, hispanos y personas multirraciales— había caído ligeramente, del 18 al 17%.

Por otro lado, el liderazgo de Apple sigue siendo predominantemente blanco y masculino. Según el informe[582], el liderazgo de Apple es un 71% masculino, un 66% de raza blanca (1 punto porcentual por debajo del año anterior) y un 23%, asiático (un incremento del 21% respecto al año anterior). El porcentaje de negros, hispanos y personas multirraciales no había cambiado. La página correspondiente al liderazgo de Apple[583] ilustra la falta de diversidad en la cima. De los diecisiete altos ejecutivos que aparecen mencionados, once son hombres blancos y tres son mujeres blancas. Hay una mujer afroamericana, un hombre hispano y una mujer asiática. Pero Apple afirma que está[584] intentando acelerar el cambio, y la mitad de las personas contratadas en el año que ocupa el informe (julio 2016 a julio 2017) fueron mujeres o miembros de grupos minoritarios.

Por desgracia, Apple gana[585] en este sentido a bastantes de sus rivales en Silicon Valley. Otras compañías tecnológicas —Facebook, Intel, Google, Twitter y Microsoft— tienen un perfil de empleados 50% blanco, 30-40% asiático y el resto con porcentajes similares de hispanos y

581. Caroline Cakebread, «Apple Reiterated Its Commitment to Diversity—but It Made Little Progress in the Last Year and Is Still Predominantly White and Male», Business Insider, 9 de noviembre de 2017, consultado el 14 de septiembre de 2018, www.businessinsider.com/apple-releases-2017-diversity-report-showing-little-progress-2017-11.

582. Tony Romm y Rani Molla, «Apple Is Hiring More Diverse Workers, but Its Total Shares of Women and Minorities Aren't Budging Much», Recode, 9 de noviembre de 2017, consultado el 14 de septiembre de 2018, www.recode.net/2017/11/9/16628286/apple-2017-diversity-report-black-asian-white-latino-women-minority.

583. «Apple Leadership», Apple, consultado el 14 de septiembre de 2018, www.apple.com/leadership/.

584. «Inclusion & Diversity», Apple, consultado el 14 de septiembre de 2018, www.apple.com/diversity/.

585. Rani Molla, «Facebook's and Twitter's Executive Leadership Are Still the Most White Among Big Silicon Valley Companies», Recode, 3 de julio de 2017, consultado el 14 de septiembre de 2018, www.recode.net/2017/7/3/15913360/diversity-tech-report-google-gender-race.

negros (en torno al 10%). Mientras que Apple presenta un porcentaje más elevado de empleados hispanos y negros, en su mayoría ocupa puestos en tiendas y con sueldos bajos, puestos que a menudo son también a tiempo parcial, con menos beneficios extra salariales y oportunidades para ascender a puestos mejores.

La presión de los accionistas

Apple vive bajo la presión de los accionistas, que piden un incremento de la diversidad, sobre todo a nivel ejecutivo. En mayo de 2017, Cook ascendió a la veterana de Apple, Denise Young Smith, al puesto de vicepresidenta de diversidad e inclusión, pero estuvo en el cargo menos de un año. Tras una larga y exitosa carrera[586] en Apple, abandonó la compañía en circunstancias misteriosas, después de realizar un extraño y sorprendente comentario en una conferencia que al parecer marcó su destino: «Puede haber doce hombres blancos, rubios y con ojos azules en una sala, y también serán diversos porque aportarán a la conversación una experiencia vital diferente y una perspectiva de la vida diferente».

El comentario se vio[587] como una defensa torpe del liderazgo casi exclusivamente blanco y masculino de la compañía, y fue muy difundido. Smith pidió posteriormente disculpas a través de un mensaje interno, pero unos meses más tarde abandonó la compañía. No está claro si se marchó voluntariamente o fue despedida. Llevaba veinte años en Apple y había sido promocionada en diversas ocasiones, pasando en su último

---

586. Chris Weller, «Apple's VP of Diversity Says '12 White, Blue-Eyed, Blonde Men in a Room' Can Be a Diverse Group | Markets Insider», Business Insider, 11 de octubre de 2017, consultado el 14 de septiembre de 2018, https://markets.businessinsider.com/news/stocks/apples-vp-diversity-12-white-men-can-be-diverse-group-2017-10-1003866971.

587. Matthew Panzarino, «Apple Diversity Head Denise Young Smith Apologizes for Controversial Choice of Words at Summit», TechCrunch, 13 de octubre de 2017, consultado el 14 de septiembre de 2018, https://techcrunch.com/2017/10/13/apple-diversity-head-denise-young-smith-apologizes-for-controversial-choice-of-words-at-summit/.

ascenso de directora de reclutamiento para el sector minorista a directora de diversidad, de modo que su marcha repentina fue una sorpresa. Fue sustituida por Christie Smith, directiva de la consultora Deloitte.

En diciembre de 2013, y después de haber recibido una queja de dos grupos de accionistas, Trillium Asset Management LLC y el Sustainability Group, Apple revisó sus estatutos corporativos para incrementar la diversidad en el consejo de administración. En aquel momento, Andrea Jung, antigua CEO de Avon, era la única mujer de la junta. Como consecuencia de la queja, Apple revisó sus estatutos, que quedaron, según Bloomberg, como sigue: «El consejo nombrado adquiere el compromiso de buscar proactivamente mujeres e individuos de grupos minoritarios de elevada cualificación para incluirlos en el grupo a partir del cual se eligen los miembros del consejo[588]».

La compañía está asimismo bajo la presión de un accionista activista que desea incrementar la diversidad en el equipo directivo y el consejo de administración de Apple. En la junta de accionistas[589], y ya en dos ocasiones, el accionista de Apple Antonio Avian Maldonado II ha instado a Apple a adoptar una «política de reclutamiento acelerada» con el fin de aumentar la diversidad entre los altos ejecutivos y la junta directiva. Maldonado argumenta que la compañía es aun mayoritariamente blanca y que esto acabará perjudicando el negocio. «Muchas de las excusas que dan Apple y los demás, que no hay gente suficiente entre la que poder seleccionar, que esto, que lo otro. Tonterías, eso es lo que son», afirma Maldonado.

En la reunión de accionistas de Apple de 2015, Maldonado formuló una pregunta directamente a Cook sobre la minoría en el liderazgo de la compañía. Y no quedó satisfecho con la respuesta. «Tim Cook se puso

588. Adam Satariano, «Apple Facing Criticism About Diversity Changes Bylaws», Bloomberg.com, 6 de enero de 2014, consultado el 14 de septiembre de 2018, www.bloomberg.com/news/articles/2014-01-06/apple-facing-criticism-about-diversity-changes-bylaws.

589. Anders Keitz, «Apple Investors Reject Diversity Proposal», TheStreet, 28 de febrero de 2017, consultado el 14 de septiembre de 2018, www.thestreet.com/story/14019740/1/apple-investors-reject-diversity-proposal.html.

muy a la defensiva y presentó las dos personas negras que tiene como directivos, pero no altos directivos, como signo de su diversidad —explicó Maldonado—. Personalmente, me lo tomé como un insulto. Los puse bajo el punto de mira, diciéndoles que eso no es más que una cortina de humo, y no quiso aceptarlo[590].»

Hasta el momento, el consejo de administración de Apple ha declinado la propuesta de Maldonado. Ha declarado que una política de reclutamiento acelerada[591] «no es ni necesaria ni apropiada porque ya hemos demostrado nuestro compromiso con una visión holística de la inclusión y la diversidad y facilitamos información detallada sobre nuestras iniciativas de inclusión y diversidad, y de los avances que hemos hecho en lo referente a dichas iniciativas, en nuestra página web apple.com/diversity».

Pero lo que Maldonado saca a relucir es interesante. Apple no es una compañía muy diversa, sobre todo en los niveles más altos, y la respuesta de la junta fue una forma hipócrita de escurrir el bulto. Apple trata de esconder el problema bajo la alfombra. Como dice Maldonado, la compañía debería tener una política acelerada de reclutamiento, a todos los niveles y muy en especial en los niveles más altos, porque el cambio no se está produciendo a la velocidad que debería. «Un cambio importante lleva su tiempo —declara Apple en su informe sobre diversidad—. Nos sentimos orgullosos de nuestros logros, pero aún queda muchísimo trabajo que hacer[592].»

590. Jacob Kastrenakes, «Apple Shareholders Are Demanding More Diversity, but the Company Is Fighting Back», The Verge, 15 de febrero de 2017, consultado el 14 de septiembre de 2018, www.theverge.com/2017/2/15/14614740/apple-shareholder-diversity-proposal-opposition.

591. Megan Rose Dickey, «Apple Shareholders Make Another Push to Increase Diversity at the Senior and Board Levels», TechCrunch, 2 de febrero de 2017, consultado el 14 de septiembre de 2018, https://techcrunch.com/2017/02/02/apple-shareholders-make-another-push-to-increase-diversity-at-the-senior-and-board-levels/.

592. Buster Hein, «Apple Diversity Report Shows the Company Is Still White and Male», Cult of Mac, 9 de noviembre de 2017, consultado el 14 de septiembre de 2018, www.cultofmac.com/513275/apple-diversity-report-shows-company-still-white-male/.

Las iniciativas educativas de Cook

Cook ha puesto en marcha varias iniciativas para intentar aumentar la diversidad a todos los niveles. Para conseguirlo, Apple necesita incrementar la cifra de mujeres y miembros de minorías infrarrepresentadas que se gradúan en la universidad en carreras científicas y tecnológicas. El crecimiento futuro de puestos de trabajo en los Estados Unidos[593] será mayoritariamente en áreas tecnológicas, pero solo el 17,1% de los ingenieros industriales del país son en la actualidad mujeres. «La realidad es —declaró Cook— que acabas teniendo todo un conjunto de puestos de trabajo que no se llenan. Pierdes fuerza laboral con talento que tendría que existir. Pienso que es imperativo que todo el país se ponga manos a la obra para cambiar la situación[594].»

Para ayudar a contrarrestar la escasez de candidatas femeninas y de minorías, Apple ha puesto en marcha diversas alianzas multimillonarias y de larga duración con organizaciones educativas sin ánimo de lucro. En esta línea, Apple presentó la Product Integrity Inclusion and Diversity Scholarship[595], una beca de 10.000 dólares para colaborar en el pago de los estudios de «estudiantes universitarios mujeres, negros/afroamericanos, hispanos o nativos norteamericanos». El programa se inició en 2014, poco después de que Apple publicara su primer informe sobre diversidad, que demostró que la composición de los empleados de la compañía estaba dominada a nivel mundial por hombres blancos. Apple confía en que las becas animen a mujeres y minorías a plantearse estu-

---

593. «Statistics», National Girls Collaborative Project, consultado el 14 de septiembre de 2018, https://ngcproject.org/statistics.

594. Corey Williams, «Special to The Plainsman: Tim Cook on Diversity at Auburn», *Auburn Plainsman,* 6 de abril de 2017, consultado el 14 de septiembre de 2018, www.theplainsman.com/article/2017/04/special-to-the-plainsman-tim-cook-on-diversity-at-auburn.

595. Aldrin Calimlim, «Apple Launches New $10,000 Scholarship Program as Part of Its Push for Diversity», AppAdvice, 3 de septiembre de 2014, consultado el 14 de septiembre de 2018, https://appadvice.com/appnn/2014/09/apple-launches-new-10000-scholarship-program-as-part-of-its-push-for-diversity.

diar una carrera dentro en el sector tecnológico y a poder disfrutar algún día de un futuro profesional en Apple Park.

En 2015, Apple donó[596] más de 50 millones de dólares a grupos que aspiran a que haya más mujeres, minorías y veteranos trabajando en el sector tecnológico. Apple aportó 40 millones de dólares al Thurgood Marshall College Fund, que brinda su apoyo a institutos y universidades públicas históricamente negras, lo que se conoce como HBCU (Historically Black Colleges and Universities), entre las que destacan Howard University, Grambling State University y North Carolina A&T State University. La donación cubre becas y formación del profesorado, así como un programa de prácticas remuneradas en Apple. Johnny Taylor, presidente y CEO del Thurgood Marshall College Fund, comentó que es la alianza más importante de la historia del fondo. «Lo que diferencia este acuerdo con Apple es que abarca todo lo que nosotros hacemos; es el programa más amplio que se haya ofrecido jamás una organización HBCU[597]», declaró.

Apple ha colaborado también con el National Center for Women and Information Technology (NCWIT) para facilitar la incorporación de más mujeres al sector tecnológico. A lo largo de cuatro años, Apple ha donado 10 millones de dólares[598] al NCWIT —lo que supone la donación más cuantiosa que ha recibido la organización en su historia— para apoyar programas de prácticas, becas y otros programas edu-

596. «Thurgood Marshall College Fund Head Discusses $40 Million Apple "Investment" in HBCUs», Thurgood Marshall College Fund, 7 de mayo de 2015, consultado el 14 de septiembre de 2018, www.tmcf.org/tmcf-in-the-news/thurgood-marshall-college-fund-head-discusses-40-million-apple-investment-in-hbcus/4168.

597. Michael Lev-Ram, «Apple Commits More Than $50 Million to Diversity Efforts», Fortune, 10 de marzo de 2015, consultado el 14 de septiembre de 2018, http://fortune.com/2015/03/10/apple-50-million-diversity/.

598. Micah Singleton, «Apple Donates over $50 Million to Improve Diversity in Tech», The Verge, 10 de marzo de 2015, consultado el 14 de septiembre de 2018, www.theverge.com/2015/3/10/8184241/apple-donates-50-million-diversity-in-tech.

cativos que lleguen a diez mil chicas de enseñanza secundaria en los próximos años.

Pero Apple no está sola. La NCWIT está subvencionada también[599] por Microsoft, Google, Symantec y otros grandes del sector, mientras que el Thurgood Marshall College Fund ha recibido generosas donaciones de la National Basketball Association y de Walmart. Tanto Facebook como Google[600] han establecido también alianzas con distintos grupos con el fin de animar a más mujeres a estudiar carreras tecnológicas. Facebook ha llegado a un acuerdo con Girls Who Code, un programa que refuerza la enseñanza de la tecnología en la escuela primaria, mientras que Google ha puesto en marcha una iniciativa que lleva por nombre Made with Code, que imparte cursos de impresión en 3D y moda[601].

«Queremos crear oportunidades para que candidatos de las minorías puedan tener su primer puesto de trabajo en Apple —manifestó Young Smith, antigua directora de inclusión y diversidad de Apple—. Es algo que tiene un potencial tremendo y estamos convencidos de que, sin ser diversos e inclusivos, la innovación es imposible[602].»

Sembrando las primeras semillas

Para incrementar el flujo de candidatos, Apple busca más allá de las universidades y siembra en institutos y escuelas de secundaria y primaria. «Estamos intentando fomentar el aprendizaje y el desarrollo en el campo de las ciencias y la tecnología, porque queremos asegurarnos

---

599. Lev-Ram, «Apple Commits More than $50 Million to Diversity Efforts».

600. KPMG U.S. publicado en Facebook, 28 de Julio de 2018, www.facebook.com/KPMGUS/photos/weve-teamed-up-with-girls-who-code-gwc-a-national-non-profit-organization-workin/979141295592861/.

601. Made with Code | Google, consultado el 14 de septiembre de 2018, www.madewithcode.com/.

602. Singleton, «Apple Donates over $50 Million to Improve Diversity in Tech».

de tener un flujo abundante de candidatos y por eso empezamos desde preescolar hasta el final de la secundaria[603]», explicó la vicepresidenta de recursos humanos de Apple, Deirdre O'Brien. Se trata de un tema personal para Cook, y una de las razones por las que la educación es uno de sus valores básicos para Apple. Como dijo en 2015: «Yo no estaría donde estoy hoy sin haber disfrutado de una gran educación en la enseñanza pública. Hay muchos niños que no reciben una buena enseñanza pública. Y no es justo[604]».

El compromiso de Apple con la educación[605] dio como resultado una donación de 100 millones de dólares al programa ConnectED del gobierno de los Estados Unidos en 2014, lo que proporcionó a la compañía una mención en el discurso sobre el Estado de la Unión del presidente Barack Obama. Puesta en marcha bajo el mandato del presidente Barack Obama[606] en junio de 2013, la iniciativa ConnectED es un plan de 10.000 millones de dólares para fomentar la conectividad de banda ancha en las aulas de enseñanza primaria y secundaria de todo el país. Cuando el programa se inició, menos del 40% de las escuelas tenía acceso a conectividad de banda ancha, según la Casa Blanca. La administración Obama quería que ese porcentaje se situase en el 99% en 2018. Un informe sobre el Estados de los Estados publicado en 2017 por EducationSuperHighway, un grupo de presión que realiza el seguimiento de la implementación de la conectividad de banda ancha en las aulas, afirmó que el 94% de los distritos escolares públicos tenía Internet de alta velocidad, lo que representa

603. Entrevista del autor con Deirdre O'Brien, marzo de 2018.

604. Aaron Smith, «Tim Cook Says Diversity Is Key to Great Companies», CNNMoney, 24 de agosto de 2015, consultado el 14 de septiembre de 2018, http://money.cnn.com/2015/08/24/technology/tim-cook-apple-diversity/index.html.

605. «ConnectED», National Archives and Records Administration, consultado el 14 de septiembre de 2018, https://obamawhitehouse.archives.gov/issues/education/k-12/connected.

606. «FACT SHEET: Opportunity for All—Answering the President's Call to Enrich American Education Through ConnectED», National Archives and Records Administration, 4 de febrero de 2014, consultado el 14 de septiembre de 2018, https://obamawhitehouse.archives.gov/the-press-office/2014/02/04/fact-sheet-opportunity-all-answering-president-s-call-enrich-american-ed.

casi 40 millones de estudiantes norteamericanos. Se trata de un logro grandioso[607], pero queda aún más trabajo por hacer: 6,5 millones de estudiantes siguen necesitando Internet de alta velocidad en sus escuelas.

Apple y Cook consideran el programa como un enorme éxito por haber dado a las escuelas de todo el país acceso a la tecnología, soporte y una infraestructura muy importante. «Estos niños han nacido en la era digital, y si al ir a la escuela [...] se encontraran con un entorno analógico, no sería propicio al aprendizaje —dijo Cook a Robin Roberts, de ABC, durante una gira que llevó a cabo en 2016 por las escuelas de la ciudad de Nueva York acogidas al programa ConnectED—. No sería propicio a la creatividad. Estamos consiguiendo que accedan a la tecnología digital, y nos centramos en las escuelas más necesitadas. —Y añadió—: Está yendo de fábula. Nos sentimos realmente bien[608].»

Bajo la dirección de Cook, Apple ha puesto en marcha[609] una iniciativa propia, que lleva el nombre de «Everyone Can Code» («Programación para todos»), que ofrece un currículo amplio para que los alumnos aprendan a programar y que se extiende desde el primer curso de enseñanza preescolar hasta el acceso a la universidad. Incluye desde guías y lecciones preparadas para los maestros hasta recursos de programación y acceso a foros de educadores, todo ello basado en Swift, el lenguaje de programación de código abierto diseñado por Apple. Cook cree que la programación se ha convertido en una herramienta esencial para todo estudiante, y que se debería enseñar en todas las escuelas del mundo.

«Si fuera un estudiante francés y tuviera diez años de edad, creo que para mí sería más importante aprender a programar que aprender inglés

---

607. Education Superhighway, «2017 State of the States: Fulfilling Our Promise to America's Students», septiembre de 2017, https://s3-us-west-1.amazonaws.com/esh-sots-pdfs/educationsuperhighway_2017_state_of_the_states.pdf.

608. «Exclusive: Apple CEO Tim Cook Talks Classroom Tech Initiative», ABC News, 14 de septiembre de 2016, consultado el 14 de septiembre de 2018, https://abcnews.go.com/GMA/video/exclusive-apple-ceo-tim-cook-talks-classroom-tech-42072293.

609. «Everyone Can Code», Apple, consultado el 14 de septiembre de 2018 www.apple.com/everyone-can-code/.

—declaró Cook en 2017 a la publicación francesa *Konbini* en el transcurso de una visita a Francia—. No pretendo decir con esto que la gente no aprenda inglés, pero sí que el lenguaje de la programación es un idioma universal que te facilita poder conversar con siete mil millones de personas. Pienso que todas las escuelas públicas del mundo tendrían que enseñar a programar y por ello nos esforzamos al máximo para hacerlo accesible, creando un lenguaje de programación, que llamamos Swift, que es tan fácil de aprender como lo son nuestros productos de utilizar. Es el idioma que todo el mundo necesita[610].»

Cook reiteró esta idea durante una entrevista para el programa de MSNBC, que llevó por título «Revolution: Apple Changing the World» («Revolución: Apple está cambiando el mundo»), cuando dijo: «Quiero, por encima de todo, que los Estados Unidos sean fuertes, y creo que, para conseguirlo, necesitamos programar. Es un idioma y está en nuestra vida, por todas partes. Se trata de solución de problemas. Para saber distinguir lo falso de lo real se necesita pensamiento crítico. —Y añadió—: Como Apple, asumimos esta responsabilidad. Los negocios tendrían que servir para algo más que para obtener ingresos y beneficios[611]».

Además de la iniciativa «Everyone Can Code»[612], Apple ofrece unos talleres gratuitos en sus establecimientos, que llevan por nombre «Hour of Code» («La hora de la programación»), en los que se enseña a programar. Los talleres tienen como objetivo enseñar lo básico de Swift, independientemente de que el alumno sea niño o adulto, aficionado o desarrollador avanzado. Y para quienes no puedan acercarse[613] a una Apple

610. *Konbini*, entrada de Facebook, www.facebook.com/konbinifr/videos/10155995633024276/.

611. Shirin Ghaffary, «Full Audio: Our Extended, Uncut Interview with Apple CEO Tim Cook», Recode, 7 de abril de 2018, consultado el 14 de septiembre de 2018, www.recode.net/2018/4/7/17210064/kara-swisher-tim-cook-chris-hayes-full-extended-uncut-interview-audio-podcast-download.

612. «Apple Celebrates Hour of Code at All Apple Stores», Apple, 28 de noviembre de 2017, consultado el 14 de septiembre de 2018, www.apple.com/newsroom/2017/11/apple-celebrates-hour-of-code-at-all-apple-stores/.

613. www.apple.com/swift/playgrounds/.

Store, existe la aplicación Swift Playgrounds para iPad, que facilita a los niños el acceso a los inicios de la programación desde casa o desde la escuela. «En Apple nos importa mucho la educación porque amamos a los niños y amamos a los maestros —dijo Cook a los asistentes de un evento formativo organizado por Apple en la Lane Tech College Prep High School de Chicago, en marzo de 2018, antes de presentar el nuevo iPad—. Amamos la creatividad y la curiosidad, y sabemos que nuestros productos pueden ayudar a sacar a relucir el genio creativo que esconde cada niño. Por eso, la educación forma una parte muy importante de lo que somos como compañía, y así viene siendo desde hace cuarenta años[614].» En la actualidad, el iPad es más caro que los baratísimos Chromebooks que dominan las aulas, pero Apple confía en que los descuentos educativos, junto con ClassKit y Schoolwork, un entorno de trabajo y una aplicación que hicieron su debut junto con iOS 11.4, ayuden a que se produzca un cambio en este sentido en los años venideros.

Con ClassKit, los desarrolladores pueden crear aplicaciones educativas que proporcionen a alumnos y profesores una capacidad de conexión sin precedentes. Este entorno permite a los profesores descubrir actividades de aprendizaje específicas dentro de una aplicación de iPad y luego lanzarla a los iPad de sus alumnos —donde habrán descargado las aplicaciones necesarias— con solo un clic. De este modo, los alumnos pueden compartir sus avances de forma privada y segura con los profesores, que pueden personalizar la formación cuando les parezca necesario. La aplicación Schoolwork aprovecha este entorno para que los profesores puedan poner deberes en las aplicaciones iPad que tengan descargadas sus alumnos y controlar sus avances.

En conjunto, Apple, bajo el liderazgo de Cook, ha lanzado al mercado un conjunto amplio de iniciativas, en ámbitos que van desde la

---

614. Stefano Esposito and Mitch Dudek, «Apple Unveils New iPad in Chicago», *Chicago Sun-Times*, 27 de marzo de 2018, consultado el 14 de septiembre de 2018, https://chicago.suntimes.com/business/apple-unveils-new-ipad-in-chicago/.

enseñanza primaria hasta la universidad, con el fin de mejorar las cifras de mujeres y miembros de minorías infrarrepresentadas que se decantan por carreras tecnológicas. «Básicamente, hemos llegado a la conclusión de que en vez de limitarnos a esperar a entrar en el sistema universitario de cuatro años y ver cuántas mujeres y cuántos miembros de minorías se gradúan en programación, lo cual sería una cifra pésima, tenemos que apoyar la causa —dijo Cook en una entrevista con *USA Today*—. Si queremos cambiar de verdad la diversidad, tenemos que empezar desde la enseñanza primaria y secundaria[615].»

Cook dijo que Apple está haciendo avances, sobre todo en lo referente a fichar más mujeres. «Sospecho que, con el tiempo, el sector tecnológico, en general, tendrá un aspecto dramáticamente distinto al que tiene hoy en día —dijo—. Es como una ola. […] La ola avanza con el paso de los años y va cambiando[616].» El último informe de Inclusión y Diversidad de Apple, publicado en diciembre de 2017, afirma que la representación femenina en la compañía «sube ininterrumpidamente». La compañía ha declarado que el 36% de sus empleados menores de treinta años son mujeres, un incremento del 5% con respecto a 2014. En términos generales, las mujeres representan el 32% de la fuerza laboral de Apple. El 29% de los líderes de Apple son mujeres, y lo son también el 39% de líderes menores de treinta años. La razón por la que Apple hace esta diferenciación por empleados menores de treinta años es porque es el segmento que representa sangre nueva: el futuro de la compañía. A medida que vaya incorporándose gente nueva y más joven[617], la compañía se irá haciendo más diversa.

615. Aamer Madhani, «Apple CEO Tim Cook Wants to Teach Every Chicago Public School Student to Code», *USA Today*, 12 de diciembre de 2017, consultado el 14 de septiembre de 2018, www.usatoday.com/story/news/2017/12/12/apple-teach-every-chicago-public-school-student-code/942609001/.

616. Madhani, «Apple CEO Tim Cook Wants to Teach Every Chicago Public School Student to Code».

617. «Inclusion & Diversity», Apple, consultado el 14 de septiembre de 2018, www.apple.com/diversity/.

Accesibilidad

La accesibilidad es otro punto importante para Cook. Todos los productos y el software de Apple llegan al cliente con prestaciones asistenciales diseñadas para que todos puedan utilizarlos. «Queremos que todo el mundo disfrute de los momentos cotidianos que ofrece la tecnología —declara Apple en su página web—. Y por eso nos esforzamos para que todos los productos Apple sean accesibles desde el minuto cero[618].»

Todos los productos que crea Apple —Mac, iPhone, iPad y Apple Watch— están diseñados para que puedan ser utilizados por personas con minusvalías, incluidos ciegos y sordos. La tecnología VoiceOver de Apple, por ejemplo, describe en voz alta todo lo que aparece en pantalla y es una de las características que ayuda a las personas con problemas visuales a utilizar los productos. Funciona con iPhone, iPad y Mac e incluso con Apple Watch.

iOs soporta Braille en más de veinticinco idiomas y lleva un teclado Braille incorporado. Para los usuarios con problemas de audición, es posible activar el flash led del iPhone para que proyecte una luz intermitente cuando entra una llamada. FaceTime, una aplicación gratuita para hacer videollamadas, es una forma popular entre los usuarios sordos para realizar llamadas utilizando el lenguaje de los signos. Para ayudar a las personas con dificultades visuales, la cámara del iPhone utiliza el reconocimiento facial y VoiceOver para anunciar que está enfocando a alguien, de modo que una persona ciega pueda hacer una fotografía. Los propietarios de un Apple Watch pueden realizar seguimiento de ejercicio físico en silla de ruedas. Live Listen, una característica incorporada en iOS12, convierte los AirPod de Apple en audífonos que utilizan un iPhone como micrófono para amplificar los sonidos.

---

618. «Accessibility», Apple, consultado el 14 de septiembre de 2018, www.apple.com/accessibility/.

290 . LA APPLE DE TIM COOK

«Las personas con minusvalías se encuentran a menudo inmersas en una lucha para que su dignidad humana quede reconocida —dijo Cook en 2013, durante su discurso de aceptación del International Quality of Life Award (IQLA) de la Universidad de Auburn—. Con frecuencia, quedan a la sombra de avances tecnológicos que son una fuente de empoderamiento y logros para los demás, pero los ingenieros de Apple luchan también contra esta realidad inaceptable. Hacen esfuerzos extraordinarios para que nuestros productos sean accesibles a personas con diversas minusvalías, desde la ceguera hasta la sordera, pasando por múltiples trastornos musculares[619].»

Cook reconoció incluso que hacer productos accesibles puede llevar a perder dinero a la compañía, pero afirmó que no le importaba. «Diseñamos nuestros productos para sorprender y deleitar a todo aquel que los utiliza, y nunca, jamás, analizamos el retorno de la inversión —dijo—. Lo hacemos porque es lo justo y lo correcto, y eso es lo que exige el respeto por la dignidad humana, y forma una parte de Apple de la que me siento especialmente orgulloso[620].»

Cook destaca con frecuencia el compromiso de Apple con la accesibilidad. Cada verano, durante la conferencia anual de programadores WWDC, su discurso incluye detalles sobre accesibilidad, bien sea en el escenario, bien a través de un vídeo. Además, la compañía subraya la accesibilidad en su App Store, con eventos especiales con motivo del aniversario de la Americans with Disabilities Act (ADA o Ley de Americanos con Discapacidades) y el Autism Awareness Month (Mes de Concienciación sobre el Autismo). La accesibilidad ocupa un lugar prioritario en la página web de Apple, con abundante información para los consumidores y recursos de software de dis-

---

619. «Tim Cook Receiving the IQLA Lifetime Achievement Award», YouTube, publicado por la Universidad de Auburn, 14 de diciembre de 2013, consultado el 4 de octubre de 2018, www.youtube.com/watch?v=dNEafGCf-kw.

620. «Tim Cook Receiving the IQLA Lifetime Achievement Award».

tintos desarrolladores. Durante varios años, Apple ha patrocinado el Global Accessibility Awareness Day[621] (Día Mundial de Concienciación sobre la Accesibilidad) durante todo el mes de mayo, celebrando actos, conferencias y talleres sobre accesibilidad en sus tiendas. Desde 2017, Apple ha celebrado más de diez mil sesiones sobre accesibilidad.

Para celebrar el Global Accessibility Awareness Day de 2018, Apple anunció sus planes para formar equipo con destacados educadores de la comunidad de invidentes y sordos de los Estados Unidos con el fin de llevar a sus escuelas el programa «Everyone Can Code». Ha colaborado con ingenieros, educadores y programadores de distintas comunidades que trabajan con la accesibilidad para que el programa sea lo más accesible posible, y ha prometido seguir trabajando con las escuelas para incrementar el currículo.

«Nos emociona poder anunciar el inicio de nuestra alianza con Apple —dijo Clark Brooke, administrador de la California School for Deaf—. Este programa representa un medio fantástico para dar vida a las ideas y la imaginación de nuestros estudiantes sordos a través de la programación, y de construir además los cimientos para futuras carreras profesionales en el ámbito del desarrollo del software y de la tecnología[622].»

Apple ha recibido diversos galardones relacionados con la accesibilidad, incluyendo el Helen Keller Achievement Award for VoiceOver de la American Foundation for the Blind. Después de que Apple recibiera el premio, quedó claro que, como declaró Greg Joswiak, «la accesibilidad se ha convertido en parte integrante del ADN de la compañía». «Los productos de Apple son intuitivos y accesibles no bien los sacas de

621. «Apple Brings Everyone Can Code to Schools Serving Blind and Deaf Students Nationwide», Apple, 17 de mayo de 2018, https://www.apple.com/newsroom/2018/05/apple-brings-everyone-can-code-to-schools-serving-blind-and-deaf-students/.

622. «Apple Brings Everyone Can Code to Schools Serving Blind and Deaf Students Nationwide».

292 • LA APPLE DE TIM COOK

la caja —dijo el presidente y CEO de AFB, Carl R. Augusto—. Apple juega realmente en su propia liga[623].»

«Consideramos que la accesibilidad es un derecho humano básico», le explicó Sarah Herrlinger, directora global de políticas e iniciativas de accesibilidad de Apple, al periodista discapacitado Steve Aquino, que escribe para TechCrunch. Según Aquino, «las características de accesibilidad de iOS están consideradas las mejores de la industria. Lo cual no es un logro pequeño que pueda pasarse por alto, sobre todo cuando recuerdas cómo eran los teléfonos móviles antes de que apareciera el iPhone[624]».

«Piensa en alguien con graves problemas de visión —escribió el periodista—. Es posible que se haya estado peleando durante un tiempo con un "teléfono tonto", con una pantalla del tamaño de un sello de correos y un teclado donde cada botón tiene varias funciones. Y entonces aparece el iPhone y su mundo cambia por completo. [...] De pronto puede enviar mensajes de texto a sus familiares y amigos, puede buscar direcciones en un mapa y, además, con una fluidez que jamás se había imaginado. Por lo tanto, no es ninguna hipérbole decir que las características de accesibilidad de iOS han supuesto un cambio radical en las reglas del juego para los discapacitados, puesto que el iPhone está pensado para el mercado de gran consumo[625].» Estos reconocimientos y premios demuestran que Apple ha dado pasos de gigante en todo lo relativo a la accesibilidad, y que sus productos hacen del mundo un lugar mejor y más inclusivo.

Cook recordó a los clientes de Apple el interés de la compañía por la accesibilidad en octubre de 2016, cuando inauguró un acto de presenta-

---

623. Bill Holton, «Apple Receives AFB's Prestigious Helen Keller Achievement Award», *AccessWorld Magazine,* junio de 2015, www.afb.org/afbpress/pubnew.asp?DocID=aw160602.

624. Steven Aquino, «When It Comes to Accessibility, Apple Continues to Lead in Awareness and Innovation», TechCrunch, 19 de mayo de 2016, https://techcrunch.com/2016/05/19/when-it-comes-to-accessibility-apple-continues-to-lead-in-awareness-and-innovation/.

625. Aquino, «When It Comes to Accessibility, Apple Continues to Lead in Awareness and Innovation».

ción de importantes productos (la línea de ordenadores portátiles Mac-Book Pro) con un vídeo titulado «Sady», que muestra el modo en que personas con discapacidad utilizan los productos Apple para aprender, comunicarse, ser productivas y disfrutar de sus aficiones. Una de las protagonistas de la película es Sady Paulson[626], editora de vídeos con parálisis cerebral, que creó el vídeo utilizando Switch Control en un Mac. «Esa experiencia fue lo mejor que me ha pasado en la vida y jamás la olvidaré —escribió posteriormente Paulson en su blog—. Me siento bendecida, y estoy agradecida por todo lo que tengo. ¡Gracias, Apple y Tim Cook, por esta maravillosa oportunidad! ¡Valoro muchísimo todo lo que hacéis para que la tecnología sea accesible a todo el mundo![627]»

Para celebrar el Global Accessibility Awareness Day en mayo de 2017, Cook se sentó con tres YouTubers para hablar sobre las características de accesibilidad incorporadas en los productos Apple, y para explicar por qué la compañía pone tanto empeño en garantizar que todo el mundo pueda utilizar sus productos. «Apple está basada en la idea de poder dar a la gente poder para crear cosas, para hacer cosas que no podría hacer sin estas herramientas –le explicó Cook a Rikki Poynter, un «vloggero» defensor de los sordos—. Y siempre hemos considerado que la accesibilidad es un derecho humano. E, igual que los derechos humanos son para todo el mundo, queremos que nuestros productos sean accesibles a todo el mundo[628].»

Cook reiteró que la compañía fomenta la accesibilidad no pensando en obtener beneficios de ello, sino porque quiere hacer lo que considera correcto. «Tenemos la firme convicción de que todo el mundo se merece

---

626. «Apple–Accessibility–Sady», YouTube, publicado por Apple, 27 de octubre de 2016, consultado el 4 de octubre de 2018, www.youtube.com/watch?v=XB4cjbYywqg.

627. Sady Paulson, «Late Post (Apple)», *Sady Paulson* (blog), 22 de junio de 2017, https://sadypaulson.com/2017/06/22/late-post-apple/.

628. Coffee with Tim Cook CEO of Apple», YouTube, publicado por Accessible Hollywood, 17 de mayo de 2017, consultado el 4 de octubre de 2018, www.youtube.com/watch?v=58ZZFUDIM0g&feature=youtu.be.

una igualdad de oportunidades y una igualdad de acceso a los productos —explicó—. Por lo tanto, no pensamos en esto como algo de lo que obtener un retorno de la inversión. Eso nos trae sin cuidado.» Una afirmación que no le da ningún miedo hacer.

Apple no es la única compañía que ofrece tecnología de asistencia, pero sí una de las pocas que consideran la accesibilidad como uno de sus puntos centrales en todo lo que hacen. Los valores que Jobs instiló en Apple mucho tiempo atrás no han hecho más que desarrollarse y crecer en importancia con Cook al timón de la compañía.

11

Coches sin conductor
y el futuro de Apple

El 2 de agosto de 2018[629], Apple se convirtió en la primera compañía de la historia que alcanzaba un valor de mercado de 1 billón de dólares. Una cifra gigantesca, una cifra con doce ceros: 1.000.000.000.000 de dólares. La acción de Apple alcanzó los 207,05 dólares justo antes del mediodía de aquel día. Este incremento en el precio de la acción se ha vivido principalmente bajo la dirección de Tim Cook. Desde que Cook se puso al mando de la compañía, la acción AAPL ha triplicado su valor. Algunos expertos atribuyen[630] este valor billonario al éxito del iPhone, y muy en especial al del iPhone X. A pesar de que el iPhone X ha vendido menos unidades que anteriores iPhone, el nuevo diseño permitió a Apple subir su precio, contribuyendo de este modo a la obtención de unos ingresos mayores. Por mucho que Steve Jobs fuera quien diera vida

629. Sara Salinas, «Apple Hangs Onto Its Historic $1 Trillion Market Cap», CNBC, 2 de agosto de 2018, www.cnbc.com/2018/08/02/apple-hits-1-trillion-in-market-value.html.

630. Tarun Pathak, «iPhone X Drove Apple's «Revenue Super Cycle»», Counterpoint, 10 de septiembre de 2018, www.counterpointresearch.com/iphone-x-drove-apples-revenue-super-cycle/.

al iPhone, Cook ha conducido el producto hacia nuevos horizontes, y la compañía ha prosperado con ello.

El valor billonario de Apple es prueba del asombroso crecimiento que ha vivido la compañía bajo el timón de Cook. En un mensaje dirigido a los empleados, celebró el éxito de Apple y agradeció a todo el personal su trabajo duro. A pesar de decir que deberían sentirse orgullosos de ese logro, dejó también claro que «esta no es la medida más importante de nuestro éxito[631]». Subrayó la importancia de los valores, reiterando como siempre que «los beneficios financieros son […] el resultado de las innovaciones de Apple, de poner a nuestros productos y nuestros clientes por delante de todo y de mantenernos siempre fieles a nuestros valores». El mensaje deja patente que Cook valora profundamente la contribución de todos los empleados de Apple, desde los de menor rango hasta los altos ejecutivos. Cook acabó su mensaje reconociendo a Steve Jobs el mérito de crear una compañía tan increíble como Apple y reforzando el asombroso papel que sus productos desempeñan en la vida de gente de todo el mundo:

Steve fundó Apple con la creencia de que el poder de la creatividad humana puede resolver incluso los desafíos más grandes, y que las personas que están lo suficientemente locas como para pensar que pueden cambiar el mundo son las que acaban haciéndolo. En el mundo actual, nuestra misión es más importante que nunca. Nuestros productos no solo crean momentos de sorpresa y placer, sino que hacen que personas de todo el mundo puedan enriquecer su vida y la vida de los demás. Del mismo modo que hizo Steve en momentos como este, todos deberíamos mirar hacia el brillante fu-

---

631. «Here's the Memo Apple CEO Tim Cook Sent to Employees After Hitting $1 Trillion», CNBC, 3 de agosto de 2018, www.cnbc.com/2018/08/03/apple-ceo-calls-1-trillion-value-a-milestone-but-not-a-focus.html.

turo que Apple tiene por delante y el gran trabajo que haremos todos juntos.

Iniciativas de futuro

Y a pesar de que no sabemos que está planeando Apple, lo que es evidente es que el futuro de la compañía es realmente brillante. Pero el éxito de
Apple ha estado también salpicado por contratiempos. Para Cook y para
Apple será complicado seguir adelante con el iPhone, tal vez el producto
de mayor éxito de todos los tiempos, pero si Cook y sus lugartenientes
están buscando otro sector que poder revolucionar, el del automóvil y el
de la sanidad podrían estar ocupando un lugar prioritario en su lista. Son
las dos industrias más grandes del planeta. El sector sanitario es el más
importante de los Estados Unidos, valorado en 24.500 millones de dólares en 2016, según Inc. 5000, una lista anual que incluye las compañías
privadas de mayor crecimiento en los Estados Unidos. La logística y el
transporte[632] ocupan el cuarto lugar, con 12.800 millones de dólares. El
Apple Watch va de camino de convertirse en una nueva categoría destacada en el sector sanitario, pero el proyecto automovilístico de Apple, el
Proyecto Titan, parece haberse estancado, estar incluso moribundo.

El Proyecto Titan, uno de los más ambiciosos e intrigantes bajo
el liderazgo de Cook, es un proyecto secreto relacionado con un coche autónomo que ha sufrido innumerables giros y cambios. Este
proyecto supersecreto salió inesperadamente a la luz en 2015, cuando Apple fue demandada por A123 Systems, un fabricante de baterías eléctricas para coches con sede en Massachusetts, por haberle
robado supuestamente un gran número de sus ingenieros. «Apple

---

632. Zoë Henry, «Top 5 Industries (by Revenue) on the 2017 Inc. 5000», *Inc.*, 22 de agosto de 2017,
consultado el 14 de septiembre de 2018, www.inc.com/zoe-henry/inc5000-2017-5-biggest-industries-
revenue.html.

está desarrollando una división de baterías a gran escala para competir en el mismo terreno que A123[633]», alegó la compañía en su demanda, en la que acusó a Apple de embarcarse «en una campaña agresiva para robarle» a sus empleados y «asaltar» su negocio. Alegaban que Apple estaba llevándose tantos ingenieros especializados que A123 se estaba viendo obligada a cerrar proyectos, y que «tenía dificultades para encontrar personal sustituto, con el coste sustancial que ello conlleva».

Carl Icahn, el multimillonario inversor de Apple, echó más leña al fuego varios meses después, cuando escribió una carta abierta a Cook en la que se hacía eco de los crecientes rumores sobre un «Apple Car», que supuestamente llegaría al mercado del automóvil en 2020. «Creemos estos rumores —escribió Icahn—. Y mientras que respetamos y admiramos la predilección de Apple por el secretismo, la agresividad de los gastos en investigación y desarrollo que presenta la compañía […] ha apuntalado nuestra confianza en que Apple entrará en dos nuevas categorías de producto: la televisión y el automóvil. Combinados, estos dos mercados representan 2.200 millones de dólares, tres veces más que los actuales mercados de Apple[634].»

Se sabe que Cook aprobó el Proyecto Titan en 2014 y lo asignó a Steve Zadesky, antiguo ingeniero de Ford que estaba trabajando en Apple como vicepresidente de diseño de producto. Pero las discusiones en torno a un Apple Car se remontan a 2008, cuando Jobs, que acababa de presentar al mundo el iPhone, empezó a mostrar interés por Tesla Motors y su nuevo coche eléctrico, que estaba causando en aquel momento un auténtico maremoto en la industria automovilística. Tony

633. Matt Egan, «Apple Accused of Stealing Employees from Battery Maker», CNNMoney, 19 de febrero de 2015, consultado el 14 de septiembre de 2018, http://money.cnn.com/2015/02/19/technology/apple-stealing-employees-lawsuit/.

634. Carl C. Icahn, «Carl Icahn Issues Open Letter to Tim Cook», Carlicahn.com, 18 de mayo de 2015, consultado el 14 de septiembre de 2018, http://carlicahn.com/carl-icahn-issues-open-letter-to-tim-cook/.

Fadell, antiguo director de la división iPod[635], fue uno de los ejecutivos de Apple que participó en aquella discusión.

Fadell creía que Apple podía construir un coche, y comparó el diseño de un vehículo a motor con el de un producto que la compañía ya dominaba. «Un coche tiene baterías, tiene un ordenador, tiene un motor y tiene una estructura mecánica. Si miras un iPhone, tiene exactamente las mismas cosas», dijo Fadell. Apple parecía preparada para acceder al sector del automóvil. «Pero lo más complicado es la conectividad y cómo hacer que los coches sean autónomos[636]», continuó explicando, y Jobs decidió finalmente no dedicarse a la creación de coches autónomos, en parte porque la industria del automóvil estaba pasando por graves problemas en aquel momento. Pero cinco años más tarde, Cook vislumbró una oportunidad para que Apple conmocionara la gigantesca industria del automóvil y volviera a dejar su marca distintiva en el universo.

A principios de 2015, Zadesky recibió permiso para contratar a mil personas para poner en marcha el Proyecto Titán, y A123 Systems no fue la única compañía a la que Apple le robó empleados; diseñadores e ingenieros de compañías como BMW y Mercedes Benz se trasladaron también a Cupertino para formar parte del equipo que construiría el primer coche de Apple. Empezaron a estudiar la manera de reinventarlo prácticamente todo en un coche, incluyendo puertas motorizadas que se abrían y cerraban sin hacer ruido, pantallas de realidad virtual o aumentada y sistemas de sensores mejorados que no fueran tan obvios como los sensores de otros coches autónomos. El equipo investigó incluso la posibilidad de reinventar el volante haciéndolo esférico, como un globo, para permitir mejores movimientos en sentido lateral.

---

635. Doug Bolton, «Steve Jobs Wanted to Make an Apple Car in 2008, Former Colleague Says», *Independent*, 5 de noviembre de 2015, consultado el 14 de septiembre de 2018, www.independent. co.uk/life-style/gadgets-and-tech/news/steve-jobs-apple-car-2008-tony-fadell-a6722581.html.

636. Dawn Chmielewski, «Steve Jobs Tinkered with the Idea of an Apple Car the Year After the iPhone Premiered», Recode, 4 de noviembre de 2015, consultado el 14 de septiembre de 2018, www.recode. net/2015/11/4/11620350/steve-jobs-tinkered-with-the-idea-of-an-apple-car-the-year-after-the.

Apple le echó también el ojo al talento de Tesla. Fichó tantos empleados de Tesla que su CEO, Elon Musk, dijo en una ocasión que el proyecto del Apple Car era un «cementerio de Tesla». «Han contratado a gente que nosotros hemos despedido —explicó Musk al periódico alemán *Handelsblatt* a finales de 2015—. Si no lo consigues en Tesla, te vas a trabajar a Apple.» Musk consideraba que un coche era para Apple, «lógicamente, el siguiente producto donde poder ofrecer una innovación importante[637]», pero alertó que crear un coche es muy difícil. Y Apple descubrió esta realidad a las duras.

Cuando en enero de 2016, después de dieciséis años en la compañía, Zadesky marchó de Apple por «motivos personales», empezaron a emerger rumores sobre turbulencias en el equipo del Proyecto Titan. Se decía que los empleados que trabajaban en el Apple Car tenían que cumplir plazos de entrega imposibles, mientras que el equipo directivo no parecía tener del todo claro qué quería que ofreciese el Proyecto Titan. El plan de Zadesky[638] era construir un coche semiautónomo, que incorporase ciertas características de conducción robotizada pero que siguiera necesitando un conductor humano, mientras que el equipo de diseño industrial de Jony Ive presionaba por conseguir un sistema totalmente autónomo que permitiera a Apple «reimaginar por completo la experiencia automovilística». Pero, de un modo u otro, lo que empezó como un plan para construir el coche autónomo de la marca Apple acabó convirtiéndose en un proyecto para construir sistemas que impulsaran coches construidos por otros fabricantes.

En julio de 2016, Apple asignó el Proyecto Titan a Bob Mansfield, antiguo vicepresidente sénior del hardware de Mac, que se jubiló en junio de 2012, después de trece años en la compañía, y se reincorporó solo cuatro meses más tarde para trabajar en «proyectos futuros» como vicepresi-

---

637. «All Charged Up in Berlin», *Handelsblatt Global*, 30 de noviembre de 2015, consultado el 14 de septiembre de 2018, https://global.handelsblatt.com/companies/all-charged-up-in-berlin-316503.

638. Daisuke Wakabayashi, «Apple Scales Back Its Ambitions for a Self-Driving Car», *New York Times*, 22 de Agosto de 2017, consultado el 14 de septiembre de 2018, www.nytimes.com/2017/08/22/technology/apple-self-driving-car.html.

dente sénior de tecnologías. En septiembre de 2016 se informó de que se había despedido a docenas de empleados después de que Apple «reinicializara» el proyecto para darle un enfoque real. Más de cien empleados marcharon un mes después[639], momento en el cual Bloomberg informó de que Apple daba a su iniciativa automovilística un plazo, hasta finales de 2017, antes de tomar una última decisión sobre cuál sería su destino.

El futuro del Proyecto Titan pintaba mal en aquel momento, y el sueño de un Apple Car —o, como mínimo, de un coche impulsado por Apple— empezaba a diluirse. Daba la sensación de que CarPlay, el sistema de *infotainment* ('informacion y entretenimiento') basado en iOS, que Apple lanzó junto con iOS 7 en 2014, era lo más lejos que la compañía iba a llegar en su incursión en el sector del automóvil. Pero igual que muchos proyectos de Apple, que sufrieron inicios convulsos y plagados de problemas, el Proyecto Titan sobrevivió y se volvió más prometedor con el inicio de 2017.

Después de que, en enero de 2017, Apple consiguiera un permiso del Departamento de Vehículos Motorizados de California para probar coches autónomos en carreteras públicas, la compañía sacó a la calle su plataforma de conducción. Apple la había integrado en unos cuantos SUV Lexus RX450h, cargados con un montón de cámaras, radares y sensores, incluyendo un sensor Lidar Velodyne de 64 canales, diseñado para que barcos y vehículos marinos puedan detectar automáticamente objetos y navegar. Cook habló por primera vez sobre el Proyecto Titan[640] en junio de 2017, cuando confirmó a Bloomberg que Apple se estaba «centrando en sistemas autónomos». «Se trata de una tecnología clave que consideramos muy importante. —Y añadió—: Lo vemos un poco

639. Mark Gurman y Alex Webb, «How Apple Scaled Back Its Titanic Plan to Take on Detroit», Bloomberg, 17 de octubre de 2016, consultado el 14 de septiembre de 2018, www.bloomberg.com/news/articles/2016-10-17/how-apple-scaled-back-its-titanic-plan-to-take-on-detroit.

640. Alex Webb y Emily Chang, «Tim Cook Says Apple Focused on Autonomous Systems in Cars Push», Bloomberg, 13 de junio de 2017, consultado el 14 de septiembre de 2018, www.bloomberg.com/news/articles/2017-06-13/cook-says-apple-is-focusing-on-making-an-autonomous-car-system.

como la madre de todos los proyectos de inteligencia artificial. Es tal vez uno de los proyectos de inteligencia artificial más difíciles en los que actualmente estamos trabajando.»

Apple aumentó su flota con la llegada de 2018, y se cree que tiene en la actualidad unos cuarenta y cinco Lexus autónomos dando vueltas por Silicon Valley. Su tecnología de coche autónomo se está incorporando también a un servicio de transporte que la compañía ha bautizado como «PAIL», el acrónimo de «Palo Alto Infinite Loop» (o «desde Palo Alto hasta Infinite Loop»), que transportará a los empleados entre las distintas oficinas de Apple en Silicon Valley. Los empleados que conocen el proyecto[641] explicaron al *New York Times* que Apple utilizará de nuevo un vehículo comercial retroalimentado con su tecnología autónoma.

El estado actual del Proyecto Titan no está claro. Puede estar todavía en marcha, o no. Pero hay que recordar que muchos de los mayores proyectos de Apple pasaron por un verdadero infierno durante su fase de desarrollo. El concepto de la Apple Store, por ejemplo, se cortó en seco en el último minuto y se empezó de nuevo desde cero. De un modo similar, nada funcionó bien en el iPhone hasta los últimos meses de su desarrollo. Pero el Proyecto Titan parece fallar por otras cuestiones. No es solo el desarrollo de producto lo que ha ido mal, sino también la contratación de personal, su gestión y, tal vez, su visión. Es «el mayor fracaso de la era Tim Cook —dijo el analista Horace Dediu—. Porque es evidente que le han dedicado mucho trabajo. [...] Han contratado a muchísima gente, y está claro que no hay nada que enseñar[642].»

Apple centra muchos esfuerzos en la fabricación, pero eso no se extendió al Proyecto Titan. Querían crear una nueva manera de fabricar coches. Apple, probablemente, lo estudió todo, desde materiales alternativos para la carrocería (la industria automovilística actual trabaja básica-

---

641. Wakabayashi, «Apple Scales Back Its Ambitions for a Self-Driving Car».

642. Entrevista del autor con Horace Dediu, marzo de 2018.

mente con láminas de acero) hasta diferentes modelos de compra. Y también es probable que no lograran encontrar buenas respuestas para algunas, muchas o todas sus preguntas. La decisión llegó hasta la junta directiva, se rumorea, y la junta directiva no quedó convencida de que hubiera base suficiente para justificar la enorme cantidad de mano de obra y gasto que implicaba querer revolucionar la industria del automóvil.

Cook cometió un pecado capital en una organización tan funcional como Apple: contratar con excesiva rapidez demasiados elementos externos. Si los rumores son ciertos, Apple contrató a más de mil expertos del sector de la automoción y en solo un par de años los despidió. Apple hizo crecer el proyecto a demasiada velocidad, en vez de hacerlo de un modo más orgánico. Dediu contó la historia[643] de Doug Melton, el veterano programador de Apple que creó el navegador Safari a principios de la década de 2000. En aquel momento, Apple estaba utilizando el navegador Internet Explorer de Microsoft, pero Steve Jobs no quería depender de Microsoft para una aplicación tan importante como aquella. Cuando Melton fue contratado para crear Safari, le dijeron que podía contratar una persona más. Los dos construyeron una versión de demo que simulaba el funcionamiento futuro de Safari. Cuando Jobs les compró la idea, les permitió contratar a una tercera persona. «Solo se les permitió crecer igual que crecería una start-up —explicó Dediu—. Demostrando que iban avanzando en el proyecto». Esperemos que Cook haya aprendido de sus errores, pero solo el tiempo nos dirá cómo acaba el Proyecto Titan.

Apple Park

Los cuarteles generales de Apple, que simulan una gigantesca nave espacial, fueron el último producto de Steve Jobs en Apple y, en ciertos

---

643. Entrevista del autor con Horace Dediu, marzo de 2018.

aspectos, el primero de Cook. Apple Park se inauguró en abril de 2017, estando aún en construcción el campus. Los empleados de Apple se fueron trasladando en pequeños grupos a sus nuevas oficinas, mientras los obreros daban los toques finales al impresionante edificio y sus jardines. El traslado fue una empresa de envergadura que llevó más de un año. Mientras los empleados de Apple abandonaban el antiguo campus, el Infinite Loop, a menos de cuatro kilómetros de distancia de las nuevas instalaciones, Apple empezó a vaciar también edificios que tenía alquilados por todo Silicon Valley y trasladando trabajadores a las oficinas ahora vacías del Infinite Loop. Fue «una pesadilla logística[644]», dijo un empleado de Apple que solicitó mantenerse en el anonimato.

En abril de 2006, Jobs anunció[645] al ayuntamiento de Cupertino que Apple había adquirido nueve propiedades contiguas con el fin de construir un segundo campus. El sueño era tener a todo el mundo (o al máximo de gente posible) bajo un mismo techo, algo que ya sucedía en el campus de Disney Pixar en Emeryville, en cuyo diseño Jobs había tenido mucho que ver y que en muchos sentidos era un prototipo de Apple Park.

Durante los últimos dos años de su vida, Jobs dedicó una cantidad enorme de tiempo al campus de Apple. En junio de 2011[646], solo un par de meses antes de que dejara su puesto como CEO de Apple y cuatro meses antes de su muerte, se personó de nuevo en el ayuntamiento de Cupertino para solicitar los permisos para la construcción del campus. El campus, que tenía que albergar doce mil personas, se construiría en una antigua propiedad de Hewlett-Packard entre las avenidas North

---

644. Entrevista del autor con un empleado de Apple, abril de 2018.

645. «Steve Jobs' City Council Visit in 2006», YouTube, publicado por City of Cupertino, 18 de abril de 2016, consultado el 14 de septiembre de 2018, www.youtube.com/watch?v=XH7HcWQKxns.

646. «Steve Jobs Presents to the Cupertino City Council (6/7/11)», YouTube, posted by City of Cupertino, 7 de junio de 2011, consultado el 14 de septiembre de 2018, www.youtube.com/watch?v=gtuz5OmOh_M.

Tantau y North Wolfe, Homested Road y la autopista 280. En la actualidad, la dirección consta como[647] 1 Apple Park Way.

Se trataba de una extensa parcela de setenta hectáreas. La propuesta de Jobs consistía en un enorme edificio circular que rápidamente fue apodado como la «nave nodriza», debido a su parecido a un ovni. «Es un poco como una nave espacial que ha aterrizado[648]», dijo Jobs. Años antes, había bromeado diciendo que la primera generación de iMac parecía «de otro planeta, un buen planeta. Un planeta con mejores diseñadores[649]». Aquel edificio se parecía a la nave que ese planeta podría haber enviado a la Tierra.

«En este edificio no hay ni un solo fragmento de cristal recto[650]», dijo Jobs. En el campus no habría apenas coches visibles gracias al gigantesco aparcamiento subterráneo, que reduciría en un 90% el aparcamiento al aire libre, dejándolo con una capacidad de solo mil doscientas plazas. El nuevo campus funcionaría además con su propio generador de energía, utilizando «gas natural y otros medios más limpios y más baratos» que la red eléctrica normal. El edificio tendría su propio auditorio, para poder celebrar los actos de presentación de Apple que tanto había perfeccionado Jobs. (El espacio recibiría posteriormente el nombre de Steve Jobs Theater.) Habría un centro de visitantes, un gimnasio de 75 millones de dólares y una cafetería lo bastante grande como para dar de comer a tres mil personas a la vez, y a los catorce mil empleados cada día. Jobs no se cortaba en absoluto al explicar sus ambiciones. «Tenemos como objetivo construir el mejor edificio de oficinas del mundo

647. Michael Steeber, «Apple Marks Completion of New Campus with First Corporate Address Change Since 1993», 9to5Mac, 17 de febrero de 2018, consultado el 14 de septiembre de 2018, https://9to5mac.com/2018/02/16/apple-new-campus-corporate-address-one-apple-park-way/.

648. Alexia Tsotsis, «Jobs to Cupertino: We Want a Spaceship-Shaped, 12K Capacity Building as Our New Apple Campus», TechCrunch, 7 de junio de 2011, consultado el 14 de septiembre de 2018, https://techcrunch.com/2011/06/07/steve-jobs-cupertino/.

649. Walter Isaacson, *Steve Jobs, la biografía*. Debolsillo, Barcelona, 2013, p. 570.

650. Tsotsis, «Jobs to Cupertino: We Want a Spaceship-Shaped, 12K Capacity Building as Our New Apple Campus».

—explicó a los miembros del consejo—. Los estudiantes de arquitectura vendrán hasta aquí para verlo[651]», se jactó.

Los planes de la compañía eran grandiosos[652]. El terreno tenía ya 3.700 árboles plantados y Jobs quería duplicar prácticamente esa cifra, hasta los seis mil árboles, y con este fin contrató a un arboricultor de Stanford. Se dice que el diseño cubierto de verde del terreno se inspiró en el Dish de la Universidad de Stanford, una zona de senderismo próxima al campus, con colinas coronadas por un radiotelescopio gigante. Pero fue concebido también para que el flujo de aire procedente de las montañas cercanas entrara en el edificio, para colaborar en la ventilación natural.

Jobs se mostró tan exigente como siempre. Trabajó estrechamente tanto con el arquitecto Norman Foster como con el jefe de diseño de Apple, Jony Ive, que se apartó temporalmente de su trabajo diario en la dirección del estudio de diseño industrial de Apple para supervisar la construcción del campus. Una descripción de Apple Park, escrita por Steven Levy, destacó parte de los detalles de perfeccionismo, característicamente «jobsianos». Levy describió la gran cantidad de atención que se había «dedicado a los gigantescos paneles de cristal, a los pomos de las puertas personalizados para el edificio y al gimnasio y centro de salud y bienestar de casi 10.000 metros cuadrados, complementado con una sala de yoga de dos plantas con techo de piedra extraída de una cantera concreta de Kansas, que había sido descolorada cuidadosamente, como un par de pantalones vaqueros, para que tuviera el mismo aspecto que la piedra del hotel favorito de Jobs en Yosemite».

Stefan Behling, un socio de Foster que fue uno de los líderes del proyecto, recordaba las exigencias de Jobs. «Sabía exactamente qué ma-

651. Tsotsis, «Jobs to Cupertino: We Want a Spaceship-Shaped, 12K Capacity Building as Our New Apple Campus».

652. Steven Levy, «Apple's New Campus: An Exclusive Look Inside the Mothership», *Wired*, 6 de septiembre de 2018, consultado el 14 de septiembre de 2018, www.wired.com/2017/05/apple-park-new-silicon-valley-campus/#slide-x.

dera quería, pero no decía simplemente "Me gusta el roble" o "Me gusta el arce". Sabía que quería la madera cortada en perpendicular a los anillos del árbol, y que tenía que estar cortada en invierno, idealmente en enero, para que tuviera el mínimo contenido en savia y azucares. En las reuniones, un montón de arquitectos con el pelo canoso nos mirábamos entre nosotros y pensábamos ¡Madre mía![653]»

La inauguración del campus

Originalmente, el plan era inaugurar el campus en 2015, pero los retrasos en la construcción hicieron que no fuera posible hasta abril de 2017. El primer acto tuvo lugar en el Steve Jobs Theater el 12 de septiembre de 2017, para la presentación del iPhone X y el iPhone 8, coincidiendo además con el décimo aniversario del producto más popular de Apple. Cook inauguró el acto con un emocionado tributo a Jobs. «Steve significa mucho para mí y para todos nosotros —dijo—. No hay día que pase sin pensar en él[654].»

El nombre «Apple Park» fue anunciado al público en febrero de 2017. Era un nombre sencillo, como Apple Watch, alejándose del prefijo «i» que había acompañado los nombres en la era Jobs. «¿Debería llamarse tal vez Steve Jobs Campus?[655]», se preguntó Stephen Fry durante una visita a la obra durante su construcción. «Steve dejó muy clara su opinión al respecto», replicó Cook. Lo cual resume a la perfección la relación entre las eras Cook y Jobs en Apple. Jobs seguía siendo el refe-

653. Levy, «Apple's New Campus: An Exclusive Look Inside the Mothership».

654. Irina Ivanova, «Apple iPhone 8, iPhone X, Watch Unveiled: As It Happened», CBS News, 12 de septiembre de 2017, consultado el 14 de septiembre de 2018, www.cbsnews.com/news/iphone-8-release-apple-event-as-it-happened.

655. Stephen Fry, «When Stephen Fry Met Jony Ive: The Self-Confessed Tech Geek Talks to Apple's Newly Promoted Chief Design Officer», Telegraph, 26 de mayo de 2015, consultado el 14 de septiembre de 2018, www.telegraph.co.uk/technology/apple/11628710/When-Stephen-Fry-met-Jony-Ive-the-self-confessed-fanboi-meets-Apples-newly-promoted-chief-design-officer.html.

rente en Apple, sus principios perfeccionistas dictaban incluso cómo tenía que ser el nuevo edificio, pero no cómo debía llamarse. Porque era también el Apple de Cook.

No todo fue un éxito

No todo fue tan feliz en la puesta en marcha de los nuevos cuarteles generales de Apple. En cuestión de semanas[656], se supo que varios empleados habían tenido que acudir a los servicios de urgencias por haberse producido cortes en la cabeza al chocar contra paredes y puertas de cristal.

Y tampoco no todo el mundo estaba enamorado de la nueva sede. El Apple Park solo era accesible a los empleados de Apple. Una valla alta impedía que la gente se acercara al edificio. Una columna de opinión publicada en *Wired* criticaba la estructura por estar expresamente distanciada del público. «Los mejores y más inteligentes arquitectos y diseñadores del mundo podrían haber intentado hacer algo nuevo —decía el artículo—. Pero han hecho un edificio que tiene más o menos la forma de un ombligo, y luego se han limitado a mirar a su interior[657].»

Alissa Walker, escritora y editora de Curbed, página web especializada en arquitectura y diseño de interiores, criticó también ese aislamiento. «¿Piensa Apple abrir al público sus instalaciones para que todos podamos disfrutar de los 50.000 millones en árboles que plantarán? —escribió—. ¿Habrá algún tipo de programación en el nuevo auditorio para que las nuevas generaciones puedan vislumbrar las posibilidades de una carrera profesional en el ámbito de la tecnología y las cien-

---

656. Max A. Cherney, «People Are Walking into Glass at the New Apple Headquarters», Market-Watch, 18 de febrero de 2018, consultado el 14 de septiembre de 2018, www.marketwatch.com/story/people-are-walking-into-glass-at-the-new-apple-headquarters-2018-02-15.

657. Levy, «Apple's New Campus: An Exclusive Look Inside the Mothership».

cias? ¿Podrían ustedes compartir con el público su asombroso sistema privado de tránsito?[658]»

Allison Arieff, destacada autora especializada en arquitectura y diseño, criticó el campus por estar tan aislado tanto de las viviendas como del tránsito público. Dijo que la localización era garantía de desplazamientos penosos hasta el puesto de trabajo en una zona ya famosa por los desplazamientos penosos hasta el puesto de trabajo. «Construir un campus en zonas aisladas es garantía de largos desplazamientos hasta el puesto de trabajo, y este es uno de los peores lugares del país en este aspecto», escribió. Destacó que el edificio tenía tanto espacio dedicado a plazas de aparcamiento como a oficinas, y que no había guardería. Lo equiparaba a los parques de oficinas de las afueras de las ciudades de la década de 1950, y se preguntaba por qué Apple no habría tenido un planteamiento más progresista. «En una región donde la ruptura de las normas existentes lo es todo, ¿por qué persiste un paradigma de oficinas que tiene décadas de antigüedad?[659]»

Cuando visité el Park en marzo de 2018 para una serie de entrevistas con altos ejecutivos, el edificio me pareció impresionante pero estéril. Como muchas de las grandes tiendas de Apple, el edificio resulta imponente, pero la uniformidad de la madera y el acero le dan frialdad. Todo en su interior está construido bajo las mismas especificaciones; las mesas, las sillas, los taburetes y las zonas de café son exactamente iguales. Todos los puestos de trabajo tienen la misma disposición y el mismo mobiliario de oficina. Es uniforme a escala gigante, y no hay nada estrafalario o humano. Es una catedral gigantesca y perfecta de hormigón y cristal: exigente en cada detalle, pero carente de humanidad.

---

658. Alissa Walker, «Steve Goes to the Mayor (Again)», *A Walker in LA* (blog), 8 de junio de 2011, consultado el 14 de septiembre de 2018, www.awalkerinla.com/2011/06/08/steve-goes-to-the-mayor-again/.

659. Allison Arieff, «One Thing Silicon Valley Can't Seem to Fix», *New York Times,* 8 de julio de 2017, consultado el 14 de septiembre de 2018, www.nytimes.com/2017/07/08/opinion/sunday/silicon-valley-architecture-campus.html.

310 • LA APPLE DE TIM COOK

Fomentando la colaboración

Que el edificio principal de Apple Park fuera perfectamente redondo no fue el concepto inicial. Antes de decantarse por el campus circular, se sabe que Jobs insistió en que pareciera más una hoja de trébol. Pero cuando empezó a compartir los dibujos con su familia, su hijo Reed le dijo que, si se decantaba por aquel diseño, Apple Park parecería un pene enorme visto desde el aire. «Y es una visión que nunca te podrás sacar de la cabeza[660]», dijo Jobs cuando se lo comentó al equipo de arquitectos.

Pero la idea de la forma circular tenía sentido. Tenía pureza. El edificio circular de 260.000 metros cuadrados permitiría a Apple romper récords en cuanto a las piezas curvas de cristal empleadas en una edificación. Pero fomentaría, además, la colaboración. Lance Ulanoff, editor de Mashable[661], cuestionó a Phil Schiller al respecto, preguntando: «¿Qué pasaría si un equipo estuviera sentado en un lado del círculo y el otro en el lado opuesto? ¿Se vería afectada la colaboración?» Pero Schiller lo corrigió de inmediato. «Todo lo contrario —dijo—. El diseño del nuevo campus se basa en fomentar la colaboración [porque] la superficie interna y externa del anillo son pasillos, y atraviesan completamente el espacio. De modo que puedes recorrer caminando todo el espacio, tanto el perímetro interior como el exterior, e ir de sección en sección.»

La mayoría asocia esta apertura al Apple de Cook, pero contiene trazas de Steve Jobs. Cierto, a Jobs le gustaba tener equipos aislados, trabajando cada uno en sus propios proyectos. Pero, por otro lado, había empezado a aceptar un enfoque más colaborativo estando en Pixar, a finales de su carrera. La colaboración y la separación eran dos impulsos en competencia.

---

660. Levy, «Apple's New Campus: An Exclusive Look Inside the Mothership».

661. Lance Ulanoff, «Inside Apple's Perfectionism Machine», Mashable, 28 de octubre de 2015, consultado el 14 de septiembre de 2018, https://mashable.com/2015/10/28/apple-phil-schiller-mac/#lxgN3Cweqkqr.

En su libro *Creativity Inc.*[662], Ed Catmul, de Pixar, recuerda cómo estos dos impulsos entraron en conflicto cuando Jobs trabajaba en el diseño de los cuarteles generales de Pixar, años antes. «El primer paso de Steve en un diseño siempre estaba basado en alguna idea peculiar que tuviera sobre cómo forzar la interacción entre la gente», escribió. Jobs había propuesto colocar los baños de hombres y mujeres lejos del patio interior principal. Esperaba que, restringiendo los baños, los empleados se vieran obligados a caminar hacia el centro del edificio e interactuar por el camino con sus compañeros. Pero el plan no funcionó bien. En una reunión donde Jobs presentó aquel plan, los empleados de Pixar expresaron sus quejas y, a regañadientes, se vio obligado a guardarlo en el cajón.

Pero cuando Jobs y Catmull visitaron las oficinas de Disney, Jobs «fue directamente testigo de cómo los empleados de Disney se beneficiaban de la disposición en planta abierta, que facilitaba el poder compartir información y el *brainstorming*. Steve creía firmemente en el poder de la socialización casual; sabía que la creatividad no era una tarea solitaria».

Volviendo a Pixar, Jobs se reunió con los arquitectos y desarrolló un plan para un edificio único sin «barreras» que impidiesen la interacción del personal. Las escaleras eran «abiertas y tentadoras». Invitaban al personal a verse y a saludarse entre ellos a la llegada y la salida del trabajo. La mayoría de espacios compartidos del edificio (baños, salas de conferencias, la sala de clasificación de la correspondencia, las salas de proyecciones y las zonas de comedor) estaban situados en un lugar central, cerca del patio interior. «En aquel lugar, todo estaba diseñado para animar a la gente a socializar, a encontrarse y a comunicar —escribió Catmull—. Los empleados se cruzaban los unos con los otros todo el día, sin darse ni

---

662. Philip Elmer-Dewitt, «What Architects Don't Get About Steve Jobs' Spaceship», *Fortune*, 5 de agosto de 2014, consultado el 14 de septiembre de 2018, http://fortune.com/2014/08/05/what-architects-dont-get-about-steve-jobs-spaceship/.

cuenta de ello, lo que se traducía en una mejora del flujo de comunicación y en un incremento de los encuentros casuales. El edificio transpiraba energía.»

Parece que funciona

Y lo mismo se aplica a Apple Park. A pesar de que el edificio está cerrado al público, pude visitarlo un par de veces en marzo de 2018, y aquello era un hervidero de actividad. Los empleados de Apple estaban por todas partes, por los terrenos o en los pasillos interno o externo. Los pasillos y los patios del edificio están llenos de rincones para el café, así como de sillas y mesas para reuniones improvisadas. Muchos de estos espacios estaban ocupados por gente charlando. Era imposible adivinar de qué hablaban, claro está, pero daba la impresión de que estaban haciendo lo que Jobs esperaba que hicieran: reunirse e interactuar.

Greg Joswiak, vicepresidente mundial de marketing de producto, coincide con esta idea. Cree que el plan de Jobs de fomentar las reuniones y la colaboración mediante la arquitectura del edificio está funcionando. Siempre hay empleados reunidos en los distintos espacios creados a tal efecto por todo el campus. «A veces tenemos pequeñas reuniones improvisadas en las que puedes sacar provecho en solo diez o quince minutos, sin necesidad de tener una reunión de una hora entera en la que tenga que estar presente todo el mundo[663].» Dice que le encanta la disposición de planta abierta porque, cuando tiene que desplazarse «por el campus, siempre hay muchas posibilidades de que me encuentre con alguien durante el recorrido. Y siempre voy con un poco de tiempo porque seguro que acabo parándome a charlar». Se trata de un cambio cultural que «sin

---

663. Entrevista del autor con Greg Joswiak, marzo de 2018.

lugar a dudas está cambiando nuestra forma de trabajar en el día a día. [...] Es agradable ver que está dando sus frutos». Los nuevos e innovadores cuarteles generales de Apple están empezando a cambiar a Apple en positivo.

Llega el X, el iPhone de nueva generación

A las diez en punto de la mañana del 12 de septiembre de 2017, Tim Cook dio el pistoletazo de salida al primer evento de prensa de Apple que se celebraba en el Steve Jobs Theater, en el recientemente inaugurado Apple Park. Todos y cada uno de los mil asientos del auditorio subterráneo estaban ocupados por empleados de Apple que habían tenido la suerte de ser seleccionados y por miembros de los medios de comunicación que habían recibido la exclusiva invitación al acto, y todo el mundo esperaba la misma cosa: ver oficialmente por primera vez el iPhone del décimo aniversario.

«El primer iPhone revolucionó una década de tecnología y cambió con ello el mundo —recordó Cook a los asistentes—. Diez años después, es tremendamente adecuado que estemos aquí, en este lugar y en este día, para presentar un producto que marcará el camino de la tecnología en la próxima década[664].» El producto era, claro está, el iPhone X, al que Apple se refiere como «el futuro del teléfono inteligente[665]».

El iPhone X era especial, no solo porque marcaba la primera década del iPhone, sino también porque se olvidaba de un lenguaje de diseño al que los fans del iPhone se habían acostumbrado como acompañamiento

664. Seth Fiegerman, «iPhone X Features: 10 Things You Need to Know», CNNMoney, 20 de septiembre de 2017, consultado el 14 de septiembre de 2018, https://money.cnn.com/2017/09/12/technology/gadgets/iphone-x-features/index.html.

665. «The Future Is Here: iPhone X», Apple, 12 de septiembre de 2017, consultado el 14 de septiembre de 2018, www.apple.com/newsroom/2017/09/the-future-is-here-iphone-x/.

de las nuevas tecnologías desde que salió al mercado el iPhone original. Era el primer iPhone[666] con una pantalla Super Retina completa HD y Face ID, y Cook lo describió como «el mayor salto adelante desde el iPhone original».

Cook invitó a Phil Schiller a subir al escenario para deleitarse hablando sobre el diseño de cristal y acero inoxidable del iPhone X, así como de su perfecta pantalla OLED —la primera vez en un iPhone— que ofrecía soporte HDR y True Tone. Schiller, al igual que Cook, estaba emocionado de poder mostrar al público el teléfono inteligente más impresionante que Apple había creado hasta la fecha, pero los críticos y los fans de la marca no se mostraron tan entusiastas ante aquellos cambios radicales.

A muchos no les gustó que la pantalla completa del iPhone X no dejara espacio para un botón Inicio físico con sensor de huella Touch ID, mientras que su «agujero», en la parte superior de la pantalla y que albergaba la cámara frontal del teléfono, el altavoz y los sensores Face ID, era feo y molesto. Incluso a los que acogieron de buen grado[667] los avances de Apple les costó digerir el mareante precio del iPhone X, que partía de 999 dólares y se disparaba hasta los 1.149 dólares con memoria adicional.

Cook defendió encantado la decisión de Apple de poner un precio elevado, más elevado que el de ningún iPhone anterior. «En cuanto a nuestra forma de establecer los precios, pensamos en el tipo de valor que estamos ofreciendo —explicó durante una sesión de informe de resultados celebrada poco después de que el iPhone X saliese a la venta—. Simplemente, intentamos establecer el precio pensando en lo que ofre-

---

666. «CORRECTED-UPDATE 5-Apple Unveils iPhone X in Major Product Launch», Reuters, 12 de septiembre de 2017, consultado el 14 de septiembre de 2018, www.reuters.com/article/apple-iphone/corrected-update-5-apple-unveils-iphone-x-in-major-product-launch-idUSL2N1LT1BA.

667. Macworld Staff, «iPhone X: Everything You Need to Know About Apple's Top-of-the-Line Smartphone», *Macworld*, 1 de diciembre de 2017, consultado el 14 de septiembre de 2018, www.macworld.com/article/3222743/apple-phone/iphone-x-specs-features-release-date.html.

cemos. Y el iPhone X incorpora mucha tecnología nueva y puntera en la industria, y es, además, un producto fabuloso[668]».

Los analistas no estaban tan convencidos de que la valiente revolución de Apple fuera a salirle a cuenta. La mayoría predijo que el iPhone X se desplomaría y que Apple se vería obligada a bajar precios al año siguiente. Algunos sugirieron que la fabricación del iPhone X tocaría prematuramente a su fin porque Apple no vendería unidades suficientes en cuanto la demanda de los fans tempraneros empezara a tranquilizarse. Pero la realidad fue muy distinta.

Los pedidos del iPhone X[669] empezaron «muy fuertes», reveló Cook en noviembre de 2017, y siguieron así. Superó en ventas a cualquier otro teléfono inteligente de la línea de Apple trimestre tras trimestre, haciendo del ciclo de iPhone de 2017 «el primer ciclo en el que el modelo de iPhone más alto de la gama se convierte también en el más popular», declaró con orgullo Cook en el transcurso de una sesión informativa en mayo de 2018, antes de comparar su rendimiento como el de un equipo de fútbol americano de éxito. «Es una de esas cosas que pasan cuando un equipo gana la Super Bowl. A lo mejor te habría gustado que ganase por unos cuantos puntos más de ventaja, pero es el ganador de la Super Bowl y así es como nos sentimos —dijo—. No podría sentirme más orgulloso de este producto[670].»

El iPhone X sirvió para demostrar que, bajo la dirección de Tim Cook, Apple podía aún innovar y poner precios de alto nivel a sus productos.

---

668. Catherine Clifford, «Apple CEO Tim Cook on $999 New iPhone X: "We're Not Trying to Charge the Highest Price We Could Get"», CNBC, 3 de noviembre de 2017, consultado el 14 de septiembre de 2018, www.cnbc.com/2017/11/03/tim-cook-buying-a-999-iphone-x-is-like-buying-high-quality-coffee.html.

669. Neil Hughes, «Notes of Interest from Apple's Q4 2017 Conference Call», AppleInsider, 2 de noviembre de 2017, consultado el 14 de septiembre de 2018, https://appleinsider.com/articles/17/11/02/notes-of-interest-from-apples-q4-2017-conference-call.

670. Yoni Heisler, «iPhone X Is a Flop? Actually, It's Apple's Best-Selling iPhone Model», BGR, 2 de mayo de 2018, consultado el 14 de septiembre de 2018, https://bgr.com/2018/05/02/apple-iphone-x-sales-q2-2018-earnings/.

12

¿El mejor CEO de Apple?

Jobs fue un CEO único, de esos que probablemente nunca jamás volveremos a ver. Jobs no era solo el CEO, sino también el director de producto de Apple, la persona que tomaba las decisiones clave sobre los productos. Cook no ha asumido ese papel, lo cual es correcto, puesto que no tiene ninguna necesidad de hacerlo. Muchos esperaban que fracasara porque no era «un chico de producto», según el analista Horace Dediu. «Pero es que no tenía que serlo[671].»

Como sucede ahora en Apple, en la mayoría de compañías, el responsable de producto no suele ser el CEO, sino alguien que ocupa un escalafón bastante más abajo en la jerarquía, un diseñador o un ingeniero, quizás. Los chicos de producto suelen ser intercambiables. Por supuesto, también los hay que son grandes, como Jony Ive. Jony, el actual director de diseño de Apple, trabajó codo con codo con Jobs durante años. Hay quien se pregunta si necesita aún la opinión de Jobs, sus ideas y su ayuda para seguir diseñando grandes productos, pero viendo el seguido de productos que Apple ha lanzado al mercado desde el falleci-

---

671. Entrevista del autor con Horace Dediu, marzo de 2018.

miento de Jobs, parece claro que no. Apple sigue innovando con productos únicos mucho después de su fallecimiento.

Pero de lo que muchos tal vez no se dan cuenta es que lo más importante en una compañía madura como Apple no son tanto los productos, sino la logística: una cadena de suministro, distribución, finanzas y marketing eficientes. Y Cook ha demostrado su talento para todos esos aspectos. Como resultado de ello, según Dediu, es el mejor CEO que Apple ha tenido jamás.

Dediu es muy consciente de que esto puede parecer una herejía. ¿Cómo es posible que Cook pueda ser mejor CEO que Steve Jobs? Jobs es un personaje idolatrado. Es intocable, y prácticamente nadie discutiría que ha sido, con diferencia, el mejor CEO que ha tenido Apple. Fundó la compañía y la salvó. Es el responsable de algunos de los productos más revolucionarios del sector tecnológico, desde el primer PC (el Apple II) hasta el primer PC para todo el mundo y fácil de utilizar (el Mac), y después del iPod, el iPhone, el iPad y muchos más.

Pero «Steve Jobs nunca fue en realidad un CEO», explica Dediu. De hecho, cree que Jobs fue un CEO espantoso. «Fue siempre el jefe de producto.» Durante una gran parte de su carrera, puede decirse que fue un CEO espantoso. Alcanzó el éxito a pesar de sí mismo. Cuando Apple empezó, Jobs estaba por todas partes, pero la compañía solo sobrevivió porque otros se responsabilizaron de ella. Cuando regresó a Apple, fue estupendo, pero la compañía era mucho más pequeña, y él estaba en modo crisis. Cuando la cosa se apaciguó, cedió prácticamente toda la gestión de la compañía a Cook para de este modo poder concentrarse en lo que más le gustaba: crear nuevos productos con Jony Ive. Así que podría decirse que Cook era ya prácticamente el CEO cuando Jobs estaba allí, y que continuó desempeñando el papel después de su fallecimiento. Y Cook está capacitado para gestionar Apple en muchos más sentidos que Jobs. «Cuando te conviertes en una compañía gigantesca, con mucha gente en operaciones y un modelo de negocio con múltiples facetas —dice Dediu—, necesitas un CEO mucho más generalista. Y eso es lo que siempre fue Tim Cook. [...] Es la persona adecuada para el puesto.»

Los empleados de base de Apple confían plenamente en Cook. «Seguimos pensando que nuestro futuro es muy brillante —declaró Joswiak—. Tenemos cosas magníficas en desarrollo. Eso no se ha ralentizado» desde que Cook asumió el mando. «Los empleados de Apple confían mucho en el liderazgo de Tim [...] Dondequiera que vaya, veo a la gente encantada con Tim[672].»

¿Puede innovar Cook?

Por mucho que Cook cuente con el apoyo de los empleados de Apple, sobre su mandato sigue cerniéndose todavía una gran pregunta: ¿puede Apple seguir innovando como lo hacía bajo el liderazgo de Jobs? Jobs tiene una trayectoria espectacular. Al principio de su carrera profesional ayudó a poner en marcha la era del ordenador personal con el Apple II. Siguió con el primer Macintosh, y luego con el iPod, el iPhone, el Ipad y múltiples innovaciones de software, como Mac OS X, iTunes y la App Store.

Pero cuando Jobs era CEO, no era tan venerado como lo es ahora. Por aquel entonces, Apple luchaba en el mercado de los PC. La mayoría de expertos instaba a la compañía a adoptar el modelo de Microsoft de licenciar su software a otros fabricantes de PC, lo que probablemente habría significado la muerte de Apple. El iPod fue considerado un golpe de suerte excepcional (y los expertos animaron de nuevo a Apple a licenciar iTunes a otras compañías). El iPhone fue ridiculizado de entrada

---

672. Entrevista del autor con Greg Joswiak, marzo de 2018.

como un capricho caro. El entonces CEO de Microsoft, Steve Ballmer, dijo: «No hay ninguna posibilidad de que el iPhone vaya a tener una cuota de mercado importante[673]». Steve Jobs le demostró que estaba muy equivocado.

Pero no fue hasta que el iPhone despegó, que fue más o menos en el mismo momento en que Jobs cayó enfermo de cáncer, que su reputación dio un vuelco. Mientras estuvo vivo, la gente se preocupaba por su capacidad de innovación. «La gente se olvida de eso —comentó Joswiak—. A veces pasaba mucho tiempo entre innovación e innovación y, si quieres también, entre productos capaces de cambiar una categoría[674].»

De hecho, si se estudia la carrera profesional de Jobs, se observa que hay periodos de muchos años entre estos productos capaces de cambiar una categoría. El Apple II salió al mercado en 1977. El primer Mac lo siguió siete años más tarde, en 1984. Después del regreso de Jobs a Apple, el primer iMac salió al mercado en 1998, catorce años después. El iPod y Mac OS X le siguieron en 2001, tres años después del iMac, y el iPhone, lanzado al mercado en 2007, llegó seis años después del iPod. El iPad se introdujo en 2010, tres años después del iPhone.

Y muchos de estos grandes productos tardaron un tiempo antes de alcanzar el éxito. El iPod no empezó a cosechar buenas cifras de ventas hasta tres años después de su lanzamiento, cuando Apple incorporó el USB y el entorno Windows. El iPhone no empezó a venderse bien hasta tres años después de su lanzamiento. Muy pocos productos Apple han sido éxitos instantáneos desde el minuto uno. Steve Jobs es reconocido hoy en día por estos maravillosos productos, como debe ser, pero es importante recordar que no siempre lo tuvo fácil. Cook tiene tam-

673. Joel Hruska, «Ballmer: iPhone Has «No Chance» of Gaining Significant Market Share», Ars Technica, 30 de abril de 2007, consultado el 14 de septiembre de 2018, https://arstechnica.com/information-technology/2007/04/ballmer-says-iphone-has-no-chance-to-gain-significant-market-share/.

674. Entrevista del autor con Greg Joswiak, marzo de 2018.

bién sus batallas, y hay productos innovadores que han tardado en ser acogidos.

La innovación lleva tiempo

En la era Cook, el Apple Watch sigue un modelo de evolución similar. El Watch, la primera nueva categoría de productos lanzada al mercado bajo el liderazgo de Cook, fue recibido de entrada con escepticismo e, incluso, con burlas. Las primeras reseñas lo calificaban de juguete bonito, pero no como un producto que fuera a cambiar el mundo. Pero tres años más tarde, el Apple Watch es el reloj inteligente más importante del mercado, y su negocio es más grande que la totalidad de la industria relojera suiza. Se estima que Apple[675] ha vendido cuarenta y seis millones de unidades hasta la fecha. Y es probable que se desarrolle de forma significativa en los próximos años. El Apple Watch es una plataforma para las ambiciones que Apple tiene depositadas en el sector de la salud y el bienestar. Con iniciativas de software como HealthKit y Research-Kit, Apple está sentando las bases para un ordenador de muñeca que ayuda a sus usuarios a controlar y mejorar su salud y su forma física. Se rumorea además que Apple está incorporando nuevos sensores, posiblemente para el control de los niveles de azúcar en sangre. Lo cual será especialmente útil para las personas con diabetes, pero también para todo aquel que desee ver cómo afecta a los niveles de azúcar en sangre una determinada comida o un dónut. La alimentación nunca volverá a ser igual.

Aparte de los grandes productos que dominan el mundo, bajo el liderazgo de Cook, Apple ha innovado en muchas otras áreas. Los AirPod

---

675. Tyler Lee, «Analyst Estimates 46 Million Apple Watch Units Sold to Date», Ubergizmo, 4 de mayo de 2018, consultado el 14 de septiembre de 2018, www.ubergizmo.com/2018/05/46-million-apple-watch-units-sold/.

de Apple son un éxito gigantesco, y están remodelando el espacio de los auriculares inalámbricos. Apple Pay está despegando lentamente y está destinado a convertirse en el sistema de pago sin contacto más importante en los Estados Unidos, estimándose que en 2022 será el responsable de un tercio de todos los pagos. Cook es también un gran defensor de la realidad aumentada. Está en sus primeros tiempos, pero muchos predicen que la realidad aumentada cambiará nuestra manera de utilizar los dispositivos para interactuar con el mundo y que será más importante que las actuales aplicaciones móviles. Face ID, el sistema de reconocimiento facial que utiliza el iPhone X, ha sido bien recibido para convertir la seguridad en algo más fácil y cómodo.

Incluso algo tan simple como utilizar un Apple Watch para desbloquear nuestro Mac, algo que es sorprendentemente complejo por sus tecnicismos, es un pequeño pero revelador ejemplo de innovación en la era Cook. Igual que sucede con la persona de Cook, estas mejoras no se pregonan como grandes innovaciones, pero van sumando a la experiencia y lideran al resto del sector tecnológico. De hecho, tal vez muchos no sean conscientes de ello, pero así es como Apple ha funcionado siempre: las grandes revoluciones son excepcionales, pero las pequeñas mejoras que van sumando son habituales y, a menudo, esa suma da como resultado grandes productos nuevos y revolucionarios.

La innovación siempre está en la cabeza de todo el mundo en Apple, y los empleados a veces bromean diciendo que las paredes están repletas de pósters que preguntan: «¿Has innovado hoy?»[676] Pero «la innovación no es algo que baste con poner en un cartel que diga que la gente puede conseguirla —explica Joswiak—. Respetamos las grandes ideas, vengan de donde vengan, porque las grandes ideas no siempre vienen de nosotros, los líderes de arriba. Las grandes ideas salen de ingenieros brillantes que tal vez están enterrados un par de niveles por debajo de ti, en la or-

---

676. Entrevista del autor con Greg Joswiak, marzo de 2018.

ganización. [...] E intentamos prestar atención a estas cosas». Cook ha dejado claro que valora la innovación, a todos los niveles. Y que tiene buen ojo para las nuevas tecnologías. «Tiene facilidad para saber qué tipo de cosas pueden acabar siendo grandes —dice Joswiak—. Creo que su carrera en este sentido está siendo bastante buena.»

Lecciones aprendidas

Sobre el papel, Cook es un candidato poco probable a ser el CEO activista líder de los Estados Unidos. Hijo del Sur, de un estado intensamente rojo, es blanco y de clase trabajadora. Estudió cosas tan poco glamurosas como ingeniería y negocios y trabajó durante décadas para conseguir que los trenes llegaran puntuales. Al principio de su carrera, gestionando inventarios, se ganó la reputación de ser un hombre frío e implacable. Cerró tratos desagradables con proveedores y aparentemente lo único que le importaban eran los resultados. Su predecesor era mucho más liberal. Steve Jobs, hijo de la California moderada, con pelo largo, vestido como un *hippie*, emparejado con estrellas de rock y vegetariano. Le gustaba Bob Dylan y vivió en una comuna.

Jobs habría sido un candidato más probable a convertir Apple en una de las compañías más grandes y progresistas del país. Pero ahí está el problema. Con Jobs, Apple siempre tuvo reputación de ser una compañía liberal, pero no era especialmente liberal en sus actos. Era una máquina de matar en la lista Fortune 500. Eludía el pago de impuestos, no realizaba donaciones benéficas que fueran visibles y explotaba y envenenaba a trabajadores en países asiáticos. Jobs nunca se disculpó de estos comportamientos, y creía que las contribuciones de Apple eran las que aportaban sus productos.

Bajo la dirección de Cook, Apple es distinta. Cook ha demostrado que es un hombre ético, y sus valores han pasado a formar parte integral de la operativa de la compañía. Está impulsando a Apple en este sentido, y a todo el sector, generando una transformación ética. «Lentamente, las marcas se van percatando del hecho de que una ética fuerte y unos valores básicos no son algo "que está bien tener", sino que son una necesidad[677] —escribió en un artículo de opinión para Recode Patrick Quinlan, cofundador y CEO de Convercent, una compañía tecnológica que vende una plataforma de gestión de responsabilidad y cuestiones éticas—. Internet ha eliminado las barreras entre consumidores y marcas, lo que implica que la transparencia y la atención a la ética y a los valores están en sus máximos. Las marcas tienen que subirse al carro. Pensemos en algunas de las víctimas más conocidas de la transformación digital: Blockbuster, Kodak y Sears. Es el mismo destino que les espera a las compañías que no puedan o no quieran priorizar la ética y los valores.» A pesar de que Apple ha sido acusada de tener lapsus éticos (explotación laboral, eludir pago de impuestos y practicar la obsolescencia planificada de algunos productos, por nombrar solo unos cuantos), su postura en aspectos como la privacidad y el medioambiente contrasta con sus rivales en Silicon Valley y en otras partes.

Tim Cook ha puesto un énfasis claro en las iniciativas medioambientales. Mientras que la administración Trump está retirándose de cualquier actuación con respecto al cambio climático, compañías como Apple lideran la carga en sentido contrario. Apple ha realizado inversiones trascendentales en energías renovables, silvicultura responsable y fabricación sostenible. Cuando los centros de datos empezaron a consumir tanta energía como una ciudad de tamaño medio, los esfuerzos de Apple por construir plantas de energía solar y eólica fueron increíblemente importantes. Las instalaciones de Apple en veinticinco países funcionan hoy en día al 100 por cien con energías renovables, y la com-

---

677. Patrick Quinlan, «The Next Big Corporate Trend? Actually Having Ethics», Recode, 20 de julio de 2017, consultado el 1 de octubre de 2018, www.recode.net/2017/7/20/15987194/corporate-ethics-values-proactive-transformation-compliance-megatrend.

pañía está empezando a instalar este tipo de energía en toda su cadena de suministro. Si las estimaciones de Lisa Jackson son correctas[678], la cadena de suministro de Apple —responsable del 70% de su huella de carbono— será 100% renovable en el plazo de una década, o incluso menos. Y si otros fabricantes siguen el ejemplo de Cook, toda la industria manufacturera podría cambiar también a energías renovables.

Otra de las ideas osadas de Cook es la de la cadena de suministro circular. A pesar de que está aún pendiente de demostrar que sea un éxito, es una idea que merece la pena: crear productos nuevos a partir de productos viejos e intentar extraer de la tierra los mínimos recursos posibles. La idea tiene una larga historia. Los ecologistas y los diseñadores llevan décadas pidiendo procesos de fabricación «de la cuna a la tumba», pero que una compañía del tamaño de Apple ponga todo su peso detrás de este concepto es un paso enorme e importante para toda la industria y para el mundo entero.

Cook ha mejorado asimismo las condiciones laborales en la cadena de suministro, aunque en menor grado. Los abusos siguen siendo frecuentes, pero es importante que una compañía del tamaño de Apple esté exportando sus valores. Cook ha dejado claro que se trata de una de sus prioridades, y las demás compañías empiezan a tomar nota. Según Apple, más de 11,7 millones de trabajadores[679] han recibido formación para conocer sus derechos como empleados, las regulaciones en cuanto a salud y seguridad y el Código de Conducta de Apple. Apple ha gastado mucho dinero en el desarrollo de técnicas y procesos de fabricación avanzados. Y lo correcto es que esta misma inventiva se traslade a los trabajadores de las fábricas.

Cook ha demostrado también inventiva en su postura con respecto a la privacidad y la seguridad. Ha declarado que considera que la pri-

---

678. Entrevista del autor con Lisa Jackson, marzo de 2018.

679. Apple Inc., *Supplier Responsibility 2017 Progress Report*, www.apple.com/supplier-responsibility/pdf/Apple_SR_2017_Progress_Report.pdf.

vacidad es un derecho humano fundamental, junto con la libertad de expresión y otros derechos civiles. Pero la suya es una voz prácticamente solitaria en este aspecto, y su postura es contraria a la mayoría de Silicon Valley. No es algo que se reconozca a menudo, pero el principal modelo de negocio de Silicon Valley no son hoy en día los chismes y los artilugios, sino la publicidad, y en la era digital, la publicidad es más intrusiva que nunca. Los líderes de Facebook y Google confían en animar a sus clientes a proporcionar cada vez más datos. Apple no. Como resultado de ello, Apple podría estar rezagándose en lo referente a la Inteligencia Artificial y otras tecnologías que requieren los datos personales de sus usuarios, pero Cook ha tomado una postura a largo plazo que acabará dando mejores resultados tanto a la compañía como a sus clientes. Gracias a los valores de Cook, Apple nunca sufrirá escándalos de privacidad como los que ha sufrido Facebook. En marzo de 2018[680], estos escándalos restaron 100.000 millones de dólares al valor de mercado de Facebook y llevaron a Mark Zuckerberg ante el Congreso.

La accesibilidad, junto con la diversidad y la inclusión, son como las dos caras de la misma moneda. Cook ha demostrado su compromiso con la accesibilidad incorporándola a la cartera de Lisa Jackson, situándola, junto con las iniciativas educativas, en los niveles más altos de la dirección de Apple. Como resultado de ello, los productos de Apple han recibido grandes elogios de los defensores de la accesibilidad. En 2017, la compañía obtuvo tres importantes premios por sus innovaciones en el ámbito de la accesibilidad. Ser ciego no tendría por qué ser una barrera para utilizar el iPhone, y Apple está trabajando duro para garantizar que sus productos sean para todo el mundo.

---

680. Fred Imbert and Gina Francolla, «Facebook's $100 Billion-Plus Rout Is the Biggest Loss in Stock Market History», CNBC, 27 de julio de 2018, consultado el 14 de septiembre de 2018, www.cnbc.com/2018/07/26/facebook-on-pace-for-biggest-one-day-loss-in-value-for-any-company-sin.html.

El compromiso de Cook con la inclusión y la diversidad proceden de su experiencia criándose y viviendo como un hombre gay en un estado sureño. Salir del armario fue un valiente acto de deber cívico. Cook es probablemente el hombre más reservado del mundo en la compañía más visible del mundo, pero ha sacrificado una parte importante de su propia privacidad por un bien superior. Al revelar públicamente su orientación sexual, permitió que muchas personas marginadas se animaran a revelar su identidad. Ayudó a normalizar a las personas homosexuales, demostrando que un hombre gay puede dirigir perfectamente la compañía más grande del mundo. Y ha creado iniciativas para intentar garantizar la entrada de cualquier fuente de talento en el universo Apple. Cook tiene razón cuando dice que las mejores compañías de América son las más diversas, y Apple está en camino de tener una fuerza laboral más diversa. Los avances son lentos[681], pero resulta alentador saber que, en 2017, la mitad de los nuevos fichajes de Apple en los Estados Unidos fueron de grupos infrarrepresentados en el sector tecnológico.

Cook está demostrando el proverbio que dice que es posible hacer el bien y a la vez hacerlo bien. Steve Jobs dijo en una ocasión que las empresas eran el mejor invento del ser humano porque conseguían que grupos de gente caminaran en la misma dirección. Cook está llevando este concepto un paso más allá. Como dice: «No creo que los negocios deban ocuparse tan solo de asuntos comerciales. Para mí, una compañía no es más que un conjunto de personas. Si las personas tienen valores, también debería tenerlos, por extensión, una compañía[682]». Y a pesar de que Apple se ha convertido en la primera compañía billonaria del mundo bajo su liderazgo, Cook ha hecho mucho más que eso. Ha convertido Apple en una compañía mejor, y el mundo, en un lugar mejor.

---

681. «Inclusion & Diversity», Apple, consultado el 14 de septiembre de 2018, www.apple.com/diversity.

682. Karen Gilchrist, «Apple's Tim Cook Shares a Rule That Leaders Should Live By», CNBC, 26 de junio de 2018, consultado el 14 de septiembre de 2018, www.cnbc.com/2018/06/26/apple-ceo-tim-cook-advice-for-leaders-on-speaking-out.html.

Agradecimientos

Me gustaría darle las gracias a mi esposa, Traci, y a nuestros hijos, por su apoyo y su aliento, y por haber soportado con paciencia mis muchas ausencias durante las noches y los fines de semana.

Me gustaría también dar las gracias a mi agente literario, Ted Weinstein, y al equipo editorial de Portfolio / Penguin Random House, y muy en especial a Stephanie Frerich, Niki Papadopoulos y Rebecca Shoenthal. Se merecen todo mi agradecimiento por el gran trabajo que han realizado acompañando mi libro desde el concepto hasta su finalización.

No habría sido capaz de escribir este libro sin mis colegas del blog *Cult of Mac*. En particular, quiero expresar mi enorme agradecimiento a Killian Bell y Luke Dormehl, que me ofrecieron una ayuda valiosísima en la redacción y la investigación. Gracias también a Lewis Wallace, Buster Heine, Ed Hardy, Charlie Sorrel, Stephen Smith, David Pierini, Graham Bower, Ian Fuchs, Ami Icanberry y Erfon Elijah, por gestionar el blog y el pódcast *CultCast* durante mis muchas ausencias. Gracias asimismo a Natalie Jones por ayudarme con la investigación y las entrevistas.

Mi agradecimiento también para Steve Dowling y Fred Sainz, del departamento de relaciones públicas de Apple, que me ofrecieron una ayuda y una colaboración muy valiosas. Y quiero expresar asimismo mi agradecimiento a los ejecutivos de Apple que accedieron a hablar conmigo sobre Apple y Tim Cook: Greg Joswiak, Lisa Jackson, Deirdre O'Brien y Bruce Sewell, así como a un par de personas más que solicitaron permanecer en el anonimato.

Gracias también a todas las personas entrevistadas que me dedicaron parte de su tiempo para hablar sobre Apple y Tim Cook. El libro se ha beneficiado muchísimo de la información recopilada por otros, especialmente por Yukari Kane (*Haunted Empire*), Adam Lashinky (*Apple: el legado de Steve Jobs* y varios artículos escritos para *Fortune*) y Brent Schlender y Rick Tetzeli (*El libro de Steve Jobs*).

ECOSISTEMA DIGITAL

NUESTRO PUNTO DE ENCUENTRO

www.edicionesurano.com

2 AMABOOK
Disfruta de tu rincón de lectura
y accede a todas nuestras **novedades**
en modo compra.
www.amabook.com

3 SUSCRIBOOKS
El límite lo pones tú,
lectura sin freno,
en modo suscripción.
www.suscribooks.com

DISFRUTA DE 1 MES
DE LECTURA GRATIS

1 REDES SOCIALES:
Amplio abanico
de redes para que
participes activamente.

4 APPS Y DESCARGAS
Apps que te
permitirán leer e
interactuar con
otros lectores.